Ernst J. Kiphard

Motopädagogik

Psychomotorische Entwicklungsförderung – Band 1

Ernst J. Kiphard

Motopädagogik

verlag modernes lernen - Dortmund

Fotonachweis

Titelfoto: Benser - ZEFA

Leger:	14 - 17, 37, 44 - 49, 66 - 68, 72 - 77, 79, 81, 82
Archiv Diem, Bala:	62 - 65, 80 - 84
Archiv Diem, Berghoff:	70, 78
Güttinger-Willetts:	36, 38 - 39
K.-H. Schäfer:	42 - 43, 71
Schwietert:	51 - 61
Irmischer:	50, 69
Kiphard:	19 - 28
Simon:	40

6., unveränd. Aufl. 1995
Herstellung: Löer Druck GmbH, 44139 Dortmund

Bestell-Nr. 1104 ISBN 3-8080-0225-5

Inhaltsverzeichnis

Vorwort

In den letzten Jahrzehnten haben sich im Zuge einer geradezu sprunghaften industriellen Fortentwicklung eine Reihe bemerkenswerter gesellschaftlicher Veränderungen vollzogen. Sie sind vor allem an unseren Kindern nicht spurlos vorübergegangen. Sensorische Reizüberflutung und schulischer Dauerstreß mit überhöhten geistigen Leistungsanforderungen haben zu pathogenen Lernbelastungen geführt. Im Gesamtprozeß der Persönlichkeitsentwicklung kommen emotionale und soziale Werte eindeutig zu kurz. Die Zeit für zweckfreies Spiel und schöpferische Muße ist zu knapp geworden, der Bewegungs- und Aktionsraum zu klein. So kommt es häufiger als früher zu psychomotorischen Erregungs- und Gefühlsstauungen, deren Bedürfnisspannung sich bis ins Unerträgliche steigern kann. Die Folgen sind erhöhte Ablenkbarkeit, Reizbarkeit, Überaktivität und Bewegungsunruhe, mit Neigung zu aggressiven Kurzschlußreaktionen.

Durch solche wenig kindgemäßen Entwicklungsbedingungen ist in unserer Gesellschaft die Zahl der sog. Verhaltensgestörten in kürzester Zeit enorm angestiegen. Angesichts dieser alarmierenden Tatsachen erscheint die Frage durchaus berechtigt, ob die bei uns immer häufiger anzutreffenden kindlichen Verhaltens- und Leistungsstörungen nicht inzwischen fast die Norm darstellen. Dann wären aber nicht eigentlich die Kinder, sondern die moderne Industriegesellschaft selbst krank und therapiebedürftig. Für die pädagogisch Verantwortlichen erwächst daraus die Verpflichtung, sich über die täglichen Erziehungaufgaben hinaus gesellschaftspolitisch für kindgemäßere Umweltbedingungen einzusetzen.

Da jede grundlegende Veränderung stets im Kleinen beginnt, sollten aber auch die Chancen des pädagogischen Alltags ausgeschöpft werden. Eine der kindgerechtesten Möglichkeiten zu einer ausgleichenden Persönlichkeitserziehung ist die der psychomotorischen Handlungserziehung über lustvolle Bewegungs- und Sozialerfahrungen. Sie wurden bisher weder im Kindergarten noch in der Grundschule systematisch erprobt und genutzt. Das Konzept einer solchen 'Erziehung durch Bewegung' (KIPHARD/HUPPERTZ) wurde seit 1955 im täglichen Umgang mit behinderten Kindern entwickelt. Dabei hat sich gezeigt, daß ein ungesteuertes, ohne motopädagogische Einwirkung sich vollziehendes Entwicklungsgeschehen nicht ausreicht, um die Lernkapazität der Kinder optimal auszuschöpfen. Das gilt sowohl im Hinblick auf das perzeptiv-motorische Lernen als auch hinsichtlich emotionaler und sozialer Lernprozesse.

Die innerhalb zweier Jahrzehnte im Behindertenbereich gemachten Erfahrungen mit entsprechend ganzheitlich konzipierten und entwicklungsorientierten psychomotorischen Lernvollzügen waren so ermutigend, daß ihre Übertragung auf den Normalbereich durchaus sinnvoll erschien. Dabei wird es zunehmend auch für die Allgemeinpädagogik, die Medizin, Psychologie und Soziologie evident, daß über die Bewegung umfassend Einfluß zu nehmen ist auf die Gesamtpersönlichkeitsentwicklung des Kindes. Auch Sportpädagogik und Sportwissenschaft wenden sich - über die biomechanisch-funktionalen Aspekte der Leistungsmotorik hinaus - mehr als bisher den psychisch emotionalen Erlebsqualitäten der menschlichen Bewegung zu.

Es darf heute als gesichert angenommen werden, daß man durch psychomotorische Frühförderung im Elternhaus und Kindergarten kindlichen Fehlentwicklungen wirksam vorbeugen kann. Um diese Erkenntnis einer möglichst breiten Öffentlichkeit zu vermitteln, hat sich in Deutschland der 'Aktionskreis Psychomotorik e.V.' konstituiert. In einer interdisziplinären Grundlagenkommission, der auch der Verfasser angehört, wurden die praktischen motopädagogischen und mototherapeutischen Erfahrungen inzwischen auch theoretisch fundiert. Mit dem Adaptationsmodell (F. SCHILLING) wurde schließlich ein wichtiger wissenschaftlicher Beitrag zur Theorie der kindlichen Bewegungsentwicklung geleistet. Das vorliegende Buch orientiert sich in Aufbau und Inhalt weitgehend an den in der Grundlagenkommission des Aktionskreises Psychomotorik erarbeiteten motopädagogischen Konzepten. Dabei ist es ein besonderes Anliegen des Autors, Theorie und Praxis so weit als möglich miteinander zu verschmelzen, als eine für das pädagogische Handeln notwendige komplementäre Zweieinheit.

Der erste Buchteil befaßt sich mit dem historischen Werdegang und den Hintergründen, die zur Entwicklung eines neuen Fachgebietes geführt haben, dessen Tragweite erst allmählich erkannt zu werden scheint. Im zweiten Abschnitt geht es um die praktischen Möglichkeiten einer frühzeitigen sensomotorischen und psychomotorischen Diagnostik. Motodiagnostische Frühmaßnahmen dienen der Prävention, indem sie Auffälligkeiten und Rückständigkeiten in der Sinnes- und Bewegungsentwicklung rechtzeitig entdekken helfen. Sie bilden so die Grundlage jeder rehabilitativen Förderung. Gleiches gilt von den im dritten Hauptteil, dem eigentlichen praktischen Übungsteil aufgeführten Lerninhalten. Die hier unter motopädagogischen Gesichtspunkten anschaulich geschilderten motorischen Lernprozesse finden fast ohne Einschränkung auch in der Mototherapie Anwendung.

In der auf ärztliche Anweisung und unter ärztlicher Kontrolle durchgeführten Mototherapie haben wir es im Unterschied zum motopädagogischen Bereich mit behinderten Kindern zu tun, die unter den verschiedensten Lernschwierigkeiten und Leistungsstörungen leiden. Deshalb ist es hier notwendig, zwar die gleichen motopädagogischen Lerninhalte, jedoch unter speziellen methodischen Gesichtspunkten, anzuwenden. Darüber wird im zweiten Band dieser Schriftenreihe berichtet. Beide Bände wenden sich in erster Linie an bewegungspädagogische und bewegungstherapeutische Fachkräfte. Darüber hinaus sollen aber auch alle diejenigen Leser angesprochen werden, die in irgendeiner Form mit Kindern zu tun haben. Das sind neben Ärzten, Psychologen und Lehrern vor allem Eltern und Erzieher. Deshalb habe ich mich, soweit das bei einem Fachbuch möglich ist, um eine einfache und populärwissenschaftliche Darstellung der oft mehrdimensionalen Zusammenhänge bemüht. Fremdworte und Fachausdrücke werden am Ende des Buches in einem speziellen Verzeichnis erklärt und erläutert.

Mein Dank gilt den Kollegen des Vorstandes vom Aktionskreis Psychomotorik sowie denen, die in selbstloser Weise in der Grundlagen- und Curriculumkommission ihr Wissen und ihre Erfahrung zur Verfügung gestellt haben.

Hamm, im Jahre des Kindes
Oktober 1979

Dr. E. J. Kiphard

1. Motopädie und Motologie

1.1. Wie es begann

Die Geschichte der Psychomotorik ist relativ jung. Es mag zum Verständnis eines innerhalb weniger Jahrzehnte sich ereignenden dynamischen Entwicklungsprozesses beitragen, einmal kurz auf die Anfänge motopädagogischer und mototherapeutischer Erfahrungen einzugehen.

Im Jahre 1955 stellte ich mich erstmals der Aufgabe, sensomotorisch entwicklungsgestörte und in ihrer psychomotorischen Entfaltung behinderte Kinder über das Mittel der Bewegung in ihrer Gesamtentwicklung zu fördern.

Die damals in der Jugendpsychiatrischen Klinik in Gütersloh unter Leitung von Frau Dr.med.Elisabeth HECKER und in enger Kooperation mit Dr. med. Helmut HÜNNEKENS erzielten Anfangserfolge waren überaus ermutigend. Dennoch lag dem psychomotorisch-therapeutischen Bemühen damals noch kein umfassendes theoretisches Konzept zugrunde. Zu hypothetischen Vorüberlegungen und ausführlichen theoretischen Erörterungen fehlte einfach die Zeit. Zum anderen fehlten gleichgerichtete mototherapeutische Erfahrungen, auf die man hätte zurückgreifen können. Der Notstand behinderter Kinder forderte aber zum unverzüglichen Handeln, zur Soforthilfe auf.

Vielleicht ist es bezeichnend für die Entwicklung der psychomotorischen Übungsbehandlung, daß sie - aus der Not geboren - zuerst praktische Erfahrungen und Erfolge aufzuweisen hatte. Erst sehr viel später wurde daran gegangen, das Erarbeitete zu systematisieren und theoretisch zu fundieren. Letzteres dürfte auch zum heutigen Zeitpunkt noch nicht vollständig abgeschlossen sein. Mir scheint gerade die Tatsache , daß hier ein ständig im Fluß befindlicher , sich immer wieder neu orientierender dynamischer Prozeß im Gange ist, für die Lebensfülle und Wirklichkeitsbezogenheit der Psychomotorik zu sprechen.

1.2. Erste Untersuchungsergebnisse

Zum damaligen Zeitpunkt interessierte uns nur, inwieweit wir mit den angewandten Methoden und Übungsfolgen unserem Ziel möglichst nahekommen konnten: Motorik und Verhalten der uns anvertrauten Jungen und Mädchen zu verbessern. In einer 1957 bis 1958 entstandenen größeren Arbeit 1) konnte dargelegt werden, daß sich innerhalb eines sechswöchigen Intensivtrainings die motorische Leistungsfähigkeit signifikant verbessern läßt. In dieser relativ kurzen Zeit wurden aufgrund intensiver täglicher Übungsreize durchschnittlich fast zwei Jahre Bewegungsentwicklung aufgeholt, gemessen an den Wiederholungsergebnissen des OSERETZKY-Tests. Hierbei zeigte sich auch, daß die Kinder mit den größten Bewegungsrückständen am erfolgreichsten waren, indem sie am meisten aufholen konnten.

Aus den begleitenden psychologischen Retest-Ergebnissen (N = 72) sind folgende Fakten bemerkenswert:

1. Abnahme der psychischen Desintegration, verbunden mit einer Stärkung und Stabilisierung innerseelischer Kräfte.
2. Nachlassen der Intensität psychomotorischer Enthemmung und des Störverhaltens.
3. Vermehrte Anstrengungsbereitschaft und Konzentrationsfähigkeit bei Bewegungsaufgaben.
4. Gleichbleibend geringe Konzentrationsfähigkeit bei schulischen Arbeitsproben, wenn auch in der Verteilung über einen längeren Zeitraum ausgeglichener.

---

1) KIPHARD: Möglichkeiten motorischer und psychomotorischer Beeinflussung von Verhaltensstörungen bei schwererziehbaren Kindern. Gütersloh 1958, unveröffentl.

Hierbei spielen ganz sicher Motivationsaspekte eine große Rolle, so daß es im Grunde unkorrekt ist, von Konzentration schlechthin zu sprechen. Es sollte vielmehr immer gefragt werden, an welche spezielle Lernleistungssituation die Konzentration gebunden ist. Außerdem sollte korrekterweise differenziert werden in vorwiegend optische und akustische Konzentrationsleistung. Auch hier haben wir erhebliche individuelle Unterschiede aufgrund isolierter Wahrnehmungsschwächen gefunden.

Aus den Antworten einer später durchgeführten Umfrage (N = 128) wird eindeutig die Tatsache erhellt, daß über 90 % der befragten Eltern, Heimerzieher oder Lehrer eine positive Verhaltensänderung nach Abschluß einer 6- 8wöchigen Übungsbehandlung bemerkt haben. Die früheren Fehlverhaltensweisen traten jedoch im Laufe der Zeit wieder auf, wenn nicht binnen eines halben Jahres eine erneute psychomotorische Betreuung erfolgte.
Aufgrund dieser Tatsachen haben wir uns sehr um eine 'Anschlußbehandlung' bemüht. Über Adressenlisten von heilpädagogisch arbeitenden Rhythmik- und Gymnastiklehrerinnen, über Volkshochschulgruppen oder psychomotorische Gruppen innerhalb einer städtischen Erziehungsberatungseinrichtung sowie über Versehrtensportvereine mit Kinderabteilungen versuchten wir eine Weiterführung der Behandlung ambulant zu ermöglichen. Außerdem richteten wir stationäre Ferienkurse in Psychomotorik-Therapie ein, die von den Krankenkassen getragen werden.

1.3. Auf dem Wege zu einer wissenschaftlichen Fundierung

Jede Art von Bewegungspädagogik oder Bewegungstherapie, sei sie nun sportmotorischer, rhythmisch-musikalischer oder sinnesschulender Natur, zielt auf eine Verbesserung der Bewegungskontrolle und des Bewegungsverhaltens, damit das betreffende Kind sich harmonischer entwickelt und sein Leben besser bewältigt.

Bei behinderten Kindern sind die verschiedenen Therapiemittel je nach Behinderungsform und Entwicklungsalter differenziert worden, um damit eine höhere Übungseffizienz zu erreichen. Es fehlt gewiß nicht an systematischen Zuordnungsversuchen im Sinne entwicklungsorientierter und zielgruppenbezogener Schwerpunktarbeit (vgl. auch Checkliste psychomotorischer Therapieindikation in Band 2). Dennoch sind wir weit davon entfernt, definitiv sagen zu können, bei welchen Störungssymptomen, Alters- und Schadensbereichen welche Lerninhalte und welche Lehrweisen die besten Erfolge zeitigen.

Repräsentative wissenschaftliche Untersuchungen in dieser Richtung stehen noch aus. Derartige Versuchsanordnungen müssen sauber geplant werden, um andere Therapieeinflüsse weitestgehend auszuschalten.

Wir sind von jeher bemüht gewesen, die didaktisch-methodischen Prinzipien unserer psychomotorischen Arbeitsweise soweit wie möglich lehrbar zu machen. 1) Dabei sind wir uns der Tatsache bewußt, daß die Persönlichkeit des Pädagogen oder Therapeuten ganz wesentlich zum Übungserfolg beiträgt. Es wäre wirklichkeitsfremd zu glauben, man könne auf die vertrauenserweckende Herzenswärme und Emotionalität, auf den

1) Für den schulischen Bereich vgl. im Literaturverzeichnis KIPHARD/HUPPERTZ, im außerschulischen Bereich HÜNNEKENS/KIPHARD und KIPHARD/LEGER.

mitreißenden Schwung und die Begeisterungsfähigkeit des erwachsenen Übungsleiters verzichten. Es genüge, wenn er die Methodik und Technik des Trainings souverän beherrschte. Das wäre allenfalls richtig im Hinblick auf ein rein funktionelles, biomechanisches Training. In der Motopädagogik und Mototherapie hingegen stellen persönliche Attribute wie Geduld, Verständnis, Kontaktfähigkeit und Humor eine der wichtigsten Grundvoraussetzungen überhaupt dar.

So steht und fällt die effektive Anwendung psychomotorischer Übungspraktiken mit der Persönlichkeit des Pädagogen einerseits und seiner fundierten Sachkenntnis andererseits. Letzteres betrifft nicht allein die didaktisch-methodischen Mittel. Ebenso wichtig ist die Kenntnis der vielschichtigen Zusammenhänge und Wechselwirkungen des gesamten kindlichen Entwicklungsgeschehens. Dabei sind neben neurophysiologischen vor allem entwicklungspsychologische, wahrnehmungspsychologische und sozialpsychologische Aspekte von grundlegender Bedeutung.

Im Hinblick auf entwicklungsorientierte und funktionsorientierte kindgemäße Therapieformen sind darüber hinaus spezifisch sonderpädagogische, lern- und informationstheoretische und verhaltenstherapeutische Modelle und Techniken hilfreich. Sie erweitern und differenzieren die Möglichkeiten psychomotorischer Einflußnahme. Hinzu kommen Spezialkenntnisse der psychopathologischen und motopathologischen Besonderheiten einzelner Behinderungsgruppen.

Wir kommen heute um eine interdiziplinäre Annäherung und gemeinsam im Team zu bewältigende Forschungsarbeit auf dem Gebiete der Motologie und Psychomotorik nicht mehr herum. Entscheidende Impulse gingen von der Kinderpsychiatrie, Kinderneurologie und Kinderheilkunde aus. Genauso hat die Entwicklungspsychologie (vor allem PIAGET, 1972) wichtige pädagogische und therapeutische Erkenntnisse beigesteuert. In Zukunft müssen aber auch andere psychologische Disziplinen wie die Individualpsychologie (DREIKURS, 1970), die analytische Ich-Psychologie (ERIKSON, 1971) und vor allem auch die Handlungspsychologie der russischen Schule (GALPERIN, RUBINSTEIN, ROSENFELD, 1971) systematisch daraufhin ausgewertet werden, welchen Beitrag sie für die Motologie leisten können. Erst danach wird es optimal möglich sein, für die einzelnen Lernbereiche die entsprechenden motorischen, affektiven, kognitiven und sozialen Lernziele, Lerninhalte, Lernorganisationen und Lernmedien zuzuordnen sowie entsprechende Lernkontrollen durchzuführen.
(vgl. Handlungstheorien in der Mototherapie in Band 2).

1.4. Umweltanpassung und Umweltaneignung als Entwicklungsprozeß

Im Verlauf der letzten Jahre wurden wir zunehmend mit dem Problem konfrontiert, für sensomotorisch entwicklungsbehinderte Kinder schon sehr früh, das heißt möglichst schon in der Säuglingszeit, individuelle Therapieprogramme zu erstellen, die daheim von den Eltern ohne aufwendige Hilfsmittel durchgeführt werden können. Dabei handelt es sich keinesfalls um isolierte und rigide Übungen, die — womöglich gegen den Willen des behinderten Kindes — stur nach „Rezept“ absolviert werden. Es handelt sich im Gegenteil um lustbetonte, erlebnisreich und lebensnah angebotene ganzheitliche Bewegungs- und Wahrnehmungssituationen innerhalb eines komplexen, aber dennoch überschaubaren und für das Kind sinnvollen Handlungsrahmens. Entwicklungsförderung bedeutet in diesem Sinne, entsprechend vorstrukturierte, kindgemäße Lernsituationen mit Hilfe von hochmotivierenden Materialien vorgeben, die das Kind zum weitgehend selbsttätigen Handeln auffordern.

Gemäß einer ganzheitlichen Konzeption sollte die kindliche Entwicklung als ein Prozeß ständig steigender Ausdifferenzierung, Strukturierung und Organisierung zu höherer funktioneller Komplexität verstanden werden, und zwar in enger Wechselbeziehung zur Umwelt. Diese sowohl quantitative als auch qualitative Kapazitätssteigerung des kindlichen Organismus ist einerseits abhängig von der Intaktheit der eigenen Sinnes- und Bewegungsorgane. Andererseits ist es aber notwendig, daß die Außenwelt mit all ihrer Reizfülle und ihrem Informationsgehalt voll wirksam wird.

Mensch und Umwelt sind demgemäß als gegenüberliegende Glieder eines kreisförmigen Ganzen anzusehen (vgl.Abb.1). Der Gestaltkreis v. WEIZSÄCKERs und der Funktionskreis J. v. UEXKÜLLs können hierbei als anschauliche Modelle der vielschichtigen Wirkzusammenhänge herangezogen werden.

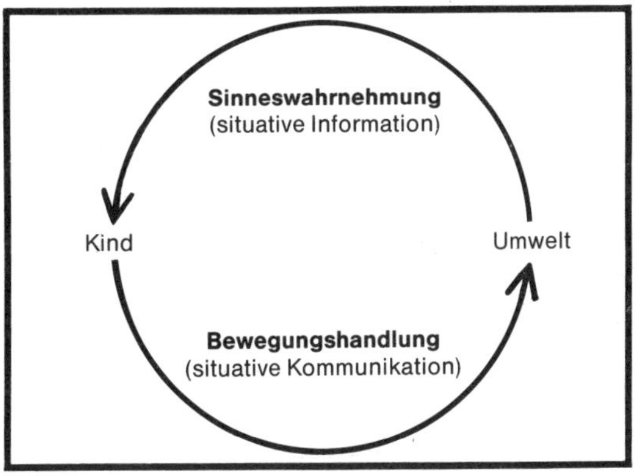

Abb. 1
Grundmodell des Gestaltkreises bzw. Funktionskreises

V. WEIZSÄCKER (1940, 1972) postuliert anhand seines Gestaltkreismodells die 'Zweieinheit' von Mensch und Umwelt. Eines wirkt ständig auf das andere ein und ist von ihm abhängig.

Innerhalb dieses bipolaren Kraftfeldes mit seinen vielfältigen Aktionen und Reaktionen besteht eine ‚Kohärenz'. Darunter versteht der Autor eine eng zusammenhängende, miteinander verklebte, aber dennoch zerreißbare Einheit. Organismus und Umwelt ergänzen sich wie Spiegelbilder. Sie existieren in ‚komplementärer Ergänzung'. Der Säugling riecht die ihm dargebotene Nahrung, und die Nahrung selbst sendet Duftstoffe aus. Beides geht ineinander über.

Man muß sich diese wechselnden und immer wieder neu geknüpften Sinnesverbindungen zur Außenwelt einmal vor Augen führen: Ständig werden durch unsere Fern- und Nahsinne Licht- und Schallwellen, mechanische und thermische Hautreize sowie Duft- und Geschmacksempfindungen aufgefangen. Es bestände aber nur eine einseitige Verbindung, wäre der Mensch nicht in der Lage, seinerseits handelnd auf die Umwelt einzuwirken. V. UEXKÜLL spricht in diesem Zusammenhang von der 'Wirkwelt', mit der der Mensch auf die Herausforderungen und die 'Handlungsanweisungen' der Umwelt reagiert.

Sinnvolle Bewegungsaktionen bedürfen nun ihrerseits wieder der Mitwirkung der Sinne, genauso wie die Sinne durch Motorik geschärft und leistungsfähiger gemacht werden. Eingedenk dieser Wechselwirkung sprechen wir von der Sensomotorik als einer funktionellen Einheit von Wahrnehmen und Sich-Bewegen. Der Ausdruck 'Psychomotorik' faßt diese Funktionseinheit noch weiter, indem das Emotionale mit einbezogen wird. So nimmt der Mensch wahr, nimmt gefühlsmäßig Stellung und handelt.

Am Anfang seiner Entwicklung befindet sich der Säugling noch in einer totalen Umweltabhängigkeit. Er beginnt zwar schon, Sinnesreize aus der Außenwelt aufzunehmen. Er kann aber zunächst nur reflexhaft und nicht planvoll handelnd darauf reagieren. Diese anfangs noch vollständige biologische Kind-Umwelt-Einheit, wie sie zwischen Baby und Mutter besteht, beginnt sich erst allmählich aufzulösen. Der Mensch fängt an, sich in dem Maße gegenüber seiner Umwelt abzusetzen, wie seine Individuation fortschreitet.

Indem das Kleinkind seine Identität entdeckt, tritt anstelle der bisherigen Umweltabhängigkeit nunmehr die aktive Umweltbegegnung. F.SCHILLING (1977) hat, aufbauend auf den Gedankengängen v. WEIZSÄCKERs, ein Adaptationsmodell entwickelt. Danach versucht der kindliche Organismus sich motorisch in die räumlichen und zeitlichen Gegebenheiten seiner näheren Umgebung einzuordnen und sich an sie anzupassen. So beim Erklettern einer Mauer, beim Überqueren eines Grabens oder beim Balancieren über einen Baumstamm.

Daneben entwickelt sich im Zuge erweiterter pragmatischer Bewegungserfahrungen die Fähigkeit, selbst verändernd auf die Dinge einzuwirken. Mit anderen Worten: das Kind paßt die Umwelt an seine Bedürfnisse an. (Abb. 2)

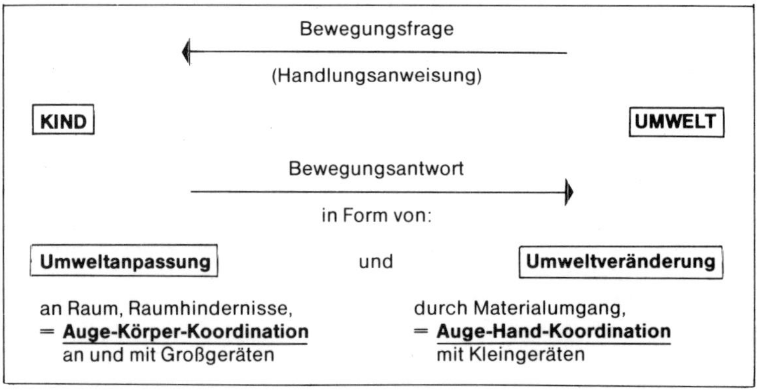

Abb. 2

Eine solche Art von Umweltveränderung geschieht im Grunde überall dort, wo ein Kind kleine oder große Objekte vom Fleck bewegt, wenn es also etwas wegschiebt, zieht, hebt, trägt, dreht, rollt oder wirft. Dabei testet es die Realität, indem es den jeweiligen Erfolg seiner Handlung mit Hilfe seiner Sinne kontrolliert. Je weitgehender ein Kind seine motorischen Fähigkeiten ausgebildet hat, je mehr Bewegungs- und Wahrnehmungsmuster ihm zur Verfügung stehen, desto umfassender wird seine Umwelteroberung und Umweltbeherrschung sein.

Beim therapeutischen Reiten, um ein Beispiel zu nennen, wird das Kind anfangs Mühe haben, sich an die Gangbewegungen des Pferdes anzupassen. Später, wenn diese Anpassung gelungen ist, wenn das Kind im Rhythmus der Reitbewegung aktiv mitschwingen kann, ist der Zeitpunkt nicht mehr fern, wo es dem 'Umweltobjekt' Pferd seinen eigenen Willen aufzwingt und dessen Gangart oder Richtung mittels Schenkeldruck oder Zügelführung verändert.

Mit dem Erwerb handwerklicher Fertigkeiten gelingt es dem älteren Kind mehr und mehr, sich die im Laufe der Menschheitsgeschichte entwickelten Kulturtechniken anzueignen - vom Malen, Zeichnen und Schreiben über den Gebrauch von Eßbesteck, Haushaltsgegenständen, der Handhabung von Sportgeräten, Musikinstrumenten und Werkzeugen bis hin zum Bedienen von Maschinen. LEONTJEW (1973) betont, daß dieser Lernvorgang der Umweltaneignung nicht so sehr durch die biologische Umwelt, sondern vielmehr durch ihre gesellschaftliche Repräsentation beeinflußt wird. Von daher ist die menschliche Entwicklung immer auch ein pädagogischer Prozeß innerhalb des sozialen Lernfeldes, an dessen Ende die Sozialisation mit ihren vielfältigen zwischenmenschlichen Kontakten und Beziehungen steht.

So erwirbt das Kind im Laufe seiner Entwicklung immer mehr Bewegungsfähigkeiten und -fertigkeiten, mit denen es sich die Welt bis zu einem gewissen Grade anzueignen vermag. Dabei ermöglicht ihm seine Sinnestätigkeit, die vielfältigen Umweltinformationen wahrzunehmen, sie geistig zu verarbeiten und schließlich seinerseits Mitteilungen in Form von Gestik, Urlauten, Sprachäußerungen und Handlungen an die Welt abzugeben.

Diese komplizierten sensomotorischen Regelvorgänge von Informationsaufnahme, Verarbeitung und Informationsabgabe funktionieren nach dem Prinzip der Stabilitäts- und Gleichgewichtssicherung (Homöostasie). Mit anderen Worten: Der menschliche Organismus ist bestrebt, den augenblicklichen Zustand konstant zu halten. Jede Veränderung der Umweltreize wirkt demzufolge als Störgröße (Stressor), die den organismischen Gleichgewichtszustand bedroht. Indem sich nun der menschliche Organismus den neuen (die bisherige Führungsgröße störenden) äußeren Gegebenheiten anpaßt, stellt er das verlorene Gleichgewicht wieder her. Hier mag der Thermostat als Beispiel dienen, dessen 'Fühler' bei Temperaturänderung sofort den entsprechenden Anpassungsmechanismus in Gang setzen.

Die Aufrechterhaltung des Stabilitätszustandes zwischen der Innenwelt des menschlichen Organismus und der Außenwelt geschieht selbstregulativ (kybernetisch) über die verschiedenen Rückkoppelungssysteme (feedback). Das heißt, jede Bewegungshandlung, jede sprachliche Mitteilung wird über die Wahrnehmungsmuster von Auge und Ohr, aber auch auf kinästhetischem Wege über den Muskelsinn kontrolliert. Im Grunde wird dieser Gleichgewichtszustand zwischen Organismus und Umwelt immer dann gestört, wenn der Mensch zum Handeln motiviert ist. Jede Handlungsabsicht bringt also ein Ungleichgewicht in dieses Bezugssystem hinein. Die darauf folgende Handlung führt dann zu einem erneuten Gleichgewichtszustand, der bis zur nächsten Handlungsabsicht dauert.

PIAGET weist darauf hin, wie wichtig es zur Entwicklung der praktischen Intelligenz ist, daß das Kind immer wieder handelnd seine Umwelt verändert. Das Wahrnehmen allein bringt noch keinen kognitiven Lernerfolg. In der Verbindung mit Bewegungshandlungen aber wird das Kind gezwungen, die im Bewegungsspiel immer wieder sich verändernden Umweltsituationen ständig kontrollierend und adjustierend in sich aufzunehmen.

1.5. Sensomotorische und psychomotorische Fehlanpassung

Behinderte Kinder weisen mehr oder weniger ausgeprägte Störungen innerhalb dieser Wahrnehmungs-Handlungs-Einheit zwischen Organismus und Umwelt auf. Das bedingt immer eine Einschränkung ihrer Handlungsfähigkeit, Umweltanpassung und Umweltaneignung. Diese Einschränkung und Beeinträchtigung der Handlungskompetenz wirkt sich sowohl im dinglichen wie im sozialen Umfeld negativ aus. Dadurch ist der Bewegungsbehinderte in seiner Persönlichkeitsentwicklung in vielerlei Hinsicht benachteiligt.

Die veränderten Bewegungsverhaltensmuster stellen zum großen Teil biologische und psycho-neurologische Kompensationsversuche des Organismus dar mit dem Ziel, ursächliche Störungsfaktoren auszugleichen. Hinter den verschiedenen Erscheinungsbildern motorischer Störungen und Verhaltensauffälligkeiten verbergen sich häufig multiple Bedingungsvariablen. Durch ihre vielfältigen Wechselbeziehungen lassen sie sich selbst im Einzelfall nur sehr unvollkommen erfassen. Grundsätzlich können folgende Störvariablen einzeln oder im Verbund wirksam werden:

1. Körperbehinderungen
Hierbei ist immer auch die Funktionsfähigkeit des Bewegungsapparates eingeschränkt. Körperbehinderungen führen deshalb naturgemäß zu erheblichen Veränderungen im gesamten Bewegungsablauf. Wir wissen von gliedmaßengeschädigten oder poliogelähmten Kindern, daß diese qualitativen Veränderungen des Bewegungsverhaltens durchaus sinnvolle Kompensationsmechanismen darstellen.

2. Bewegungsbehinderungen
Hier kann es trotz körperlicher Unversehrtheit zu einem mehr oder weniger gravierenden Verlust an Bewegungsqualität kommen. Koordinationsstörungen gehen meist auf eine frühkindliche Hirnschädigung zurück. Sie beeinträchtigen die Bewegungskontrolle und Bewegungsleistungsfähigkeit so stark, daß viele Kinder aufgrund häufiger Mißerfolge motorisch äußerst frustriert sind. Die Skurrilität und Bizarrheit ihrer pathologischen Bewegungsmuster erklärt sich häufig aus einer Art organischer Fehlanpassung in Form funktionaler Überkompensation.

3. Sinnesbehinderungen
Fehlende, unvollkommene oder pathologisch veränderte Sinneswahrnehmung darf als eine der Hauptursachen psychomotorischer Verhaltensstörungen angesehen werden. Denken wir an die Bewegungsstereotypien blinder, gehörloser oder autistischer Kinder. Viele dieser Anomalien im Bewegungsverhalten stellen unvollkommene Versuche des Organismus dar, durch Eigenreizung die fehlende Sinneswahrnehmung zu ersetzen. Andererseits kann gerade ein gleichzeitiges Überangebot an verschiedenen Wahrnehmungsqualitäten zu motorischen Verhaltensmerkmalen wie Unruhe und Zappeligkeit führen. Ist außerdem die Schutzfunktion der Wahrnehmungsselektion und -filterung gestört, so wäre ein solches Kind möglicherweise hilflos einem ungehindert hereinbrechenden Reizchaos ausgeliefert. Vielleicht erklären sich hieraus die angst- und wutgefärbten emotionalen Bewegungsstürme autistischer Kinder.

4. Kognitive Behinderungen
Eine Reihe motorischer und sensorischer Behinderungen sind gekoppelt mit geistiger Minderleistung. Die Frage, ob es eine typische 'Schwachsinnsmotorik' gibt, läßt sich bisher nicht eindeutig beantworten. Gerade bei Geistigbehinderten steigt mit dem Grade der kognitiven Leistungsschwäche die Undifferenziertheit und Ungesteuertheit des motorischen Gesamtverhaltens. Diese sowie andere motorische Leistungsdefizite dürften jedoch überwiegend auf eine hirnorganische Verursachung zurückzuführen sein. Dabei ist die Hirnschädigung wahrscheinlich die Ursache sowohl für die kognitive als auch für die motorische Behinderung.

5. Emotional-soziale Behinderung
Gegenüber den bisher genannten, vorwiegend endogenen Faktoren handelt es sich hier um exogene, umweltabhängige Gegebenheiten. Umweltreizentzug bei sozialer Deprivation, bei Hospitalismus- und Erziehungsschäden führt zu Entwicklungsbehinderungen auch im Motorischen. Sie betreffen vor allem den expressiven Bewegungsbereich und spielen häufig auch bei den genannten motorischen Verhaltensstereotypien ursächlich eine Rolle. Allerdings geht die typische autistische Wesensveränderung wahrscheinlich in erster Linie auf endogene Gegebenheiten zurück, deren physiologische Zusammenhänge heute noch größtenteils unbekannt sind. (vgl. Kapitel 'Autistische Behinderung' in Band 3)

Zwischen den genannten Bedingungsfaktoren bestehen vielschichtige Wechselbeziehungen. Sie vermögen sich auch gegenseitig aufzuschaukeln und zu verstärken. Dieser kumulative Effekt zeigt sich beispielsweise am Phänomen der psychomotorischen Hemmung und Ungeschicklichkeit, wobei Ursache und Wirkung kaum noch auseinandergehalten werden können. So mögen einerseits psychische Ängste primär vorhanden sein, die sich hemmend und blockierend auf die motorische Umwelteroberung auswirken. Es kann aber auch sein, daß ein solches Kind primär motorisch ungeschickt ist und daß sich die Hemmungen erst aufgrund zunehmender negativer Bewegungserfahrungen eingestellt haben.

Sinnes- und Bewegungsstörungen (einschließlich der Sprachstörung), vor allem aber auch Störungen und Schwierigkeiten bei der Interaktion zwischen Wahrnehmung und Handlung hemmen und bremsen die kindliche Persönlichkeitsentwicklung. Aufgrund unvollständiger Teilwahrnehmungen kommt es bei behinderten Kindern nach anfänglicher Verzögerung durch Unsicherheit bei der Beurteilung der Situation zu unbedachten und unangepaßten Handlungsimpulsen. Ihnen fehlt es an Übersicht, sie können nicht abstrahieren und generalisieren. Damit fehlt ihnen eine wesentliche Voraussetzung für das Bewegungslernen. Die zu erlernenden Abläufe und Vorgänge werden in ihrer Bewegungsstruktur nicht genügend erfaßt. Infolgedessen können behinderte Kinder Handlungssequenzen auch vom Visuellen und Kinästhetischen her schlecht im Gedächtnis speichern.

Komplexbewegungen und kombinationsmotorische Aufgaben stellen diese Kinder oft vor schwierige Probleme. Da sie den voraussichtlichen Effekt ihrer motorischen Handlung aus Erfahrung nicht genügend einzuplanen vermögen, kommen sie lange nicht über die Stufe des Versuch- und Irrtum-Lernens hinaus. Sprach- und gehörgeschädigte Kinder verfügen oft nur sehr bedingt über die zur kognitiven Strukturierung von Handlungsstrategien so überaus wichtige auditiv-verbale Komponente.

Hier wirksam Hilfe zu leisten, ist nur auf der Grundlage eines funktionsgegliederten Überblicks über das gesamte Entwicklungsgeschehen einschließlich aller Sinnes- und Bewegungsbereiche möglich. Dabei sind genaue Analysen über die im Einzelfall vorliegende Kombination von Störmerkmalen und Bedingungsfaktoren notwendig (vgl. den nachfolgenden Abschnitt über 'Motodiagnostik' ab Seite 25).

Ziel jeder therapeutischen Fördermaßnahme ist es, das behinderte Kind zu befähigen, die Umweltanpassung und Umweltaneignung trotz bestehender Störungen so gut wie möglich und so erfolgreich wie möglich zu vollziehen. Dazu muß die Außenwelt dosiert und gelenkt an das Kind herangebracht werden. Das soll derart geschehen, daß es trotz seiner verminderten sinnlichen Orientierungsmöglichkeiten bzw. der beeinträchtigten motorischen Handlungsmöglickeiten sowohl mit der materiellen als auch mit der sozialen Umwelt kommunizieren und Lernerfahrungen machen kann. Therapie versucht somit dort nachträglich etwas auszugleichen, wo die pädagogische Einflußnahme als Präventivmaßnahme gefehlt hat oder wo die Störungen so stark sind, daß mit pädagogischen Mitteln allein keine 'Entwicklungshilfe' geleistet werden konnte.

1.6. Teilaspekte der menschlichen Bewegung

Es ist gewiß schwierig, innerhalb der vielgestaltigen motorischen Erscheinungsformen bestimmte Aspekte herauszugreifen. Es hat sich aber für eine schwerpunktorientierte motopädagogische und mototherapeutische Arbeit als hilfreich erwiesen, die folgenden theroretischen Unterscheidungen vorzunehmen. (Abb. 3)

NEUROMOTORIK →	SENSOMOTORIK →	PSYCHOMOTORIK →	SOZIOMOTORIK
Reflexe Koordination	Wahrnehmen Reagieren	Gefühlserleben Kognition	Sozialwahrnehmung Kommunikation
Schwerpunkt: **Säuglingsalter**	Schwerpunkt: **Kleinkindalter**	Schwerpunkt: **Vorschulalter**	Schwerpunkt: **Grundschulalter**

Abb. 3

Neuromotorik

Damit ist vornehmlich die Reflexmotorik des Säuglings gemeint. Sie ist für den motopädagogischen Bereich praktisch ohne Bedeutung, erhält jedoch in der Mototherapie ihren Stellenwert. Das gilt besonders dort, wo krankhafte Störungen in den Reflexen die motorische Entwicklung behindern. Die rückständige oder in ihrem Ablauf gestörte neurologische Funktion und Organisation des kindlichen Zentralnervensystems kann durch gezieltes neuromotorisches Training verbessert werden. Es sind dies vor allem krankengymnastische Therapieverfahren, die besonders im Säuglingsalter Anwendung finden. Sie bedienen sich der Techniken der Reflexhemmung pathologischer bzw. der Anbahnung normaler Haltungs- und Bewegungsmuster bei hirngeschädigten Säuglingen und Kleinkindern (BOBATH, VOJTA).

Im Grunde kann aber ein neuromotorisches Koordinationstraining in jedem Lebensalter angewandt werden. Selbst im Alterssport zielen wesentliche Trainingsreize darauf, der allmählichen Verarmung an Bewegungsmustern und Innervationsschemata entgegenzuwirken.
Wenn wir also den Terminus Neuromotorik gebrauchen, so wird damit lediglich der neurologisch-koordinative Aspekt des Bewegungsgeschehens angesprochen.

Sensomotorik

Hierunter verstehen wir die Funktionseinheit von Input und Output, von Reiz und Reaktion, von Wahrnehmen und Handeln. Dementsprechend zielen sensomotorische Trainingsverfahren auf eine verbesserte Integration zwischen Sinneseindruck und Bewegungsantwort. Ihre Anwendungsmöglichkeiten erstrecken sich von frühkindlichen Entwicklungsförderprogrammen bis zu den gezielten Therapie- und Rehabilitationsmaßnahmen bei Hirngeschädigten.

Jede Verbesserung in der Wahrnehmungsfähigkeit hilft die Umwelt besser begreifen. Ein spezifisches Wahrnehmungstraining wirkt sich positiv auf die Bewegungs- und Handlungsfähigkeit auch des gesunden Kleinkindes aus. Deshalb haben wir die Sinnesübungen an den Anfang unserer motopädagogischen Angebote gestellt.

Psychomotorik

Dieser Terminus weist den überaus engen Kontext zwischen psychischer und motorischer Entwicklung im Kindesalter hin. Seelisches und Körperliches stehen miteinander in so enger Wechselbeziehung, daß man sie als zwei Seiten eines einzigen Geschehens ansehen muß. Innerseelische Gehalte wie Stimmungen, Gefühle und Affekte drängen nach außen und drücken sich in Haltung und Bewegung aus. Kinder hüpfen und tanzen häufig spontan, wenn sie sich freuen. Umgekehrt können Verstimmung, Ärger und Traurigkeit durch psychomotorische Übungen der Freude wie Hüpfen oder Tanzen positiv beeinflußt werden.

Psychomotorik betont aber nicht nur die Aspekte der Gefühlsbefindlichkeit während des Bewegungserlebnisses. In ihr sind auch kognitive Anteile enthalten, je nachdem, wie stark die betreffende Bewegungsaufgabe das kindliche Problemlösungsverhalten herausfordert. Außerdem spielt dabei immer eine Rolle, wie stark das motorische Handeln verbal reflektiert wird. So finden sich im zweiten, dem eigentlichen Hauptteil motopädagogische Lerninhalte mit starkem situativen Aufforderungscharakter zu experimentierender oder vorausdenkender Lösungsfindung. Dabei werden die verfügbaren Bewegungsmuster durch Abwandlung immer neuen Erfordernissen angepaßt. Das geschieht um so adäquater, je komplexer die jeweilige Bewegungssituation über intersensorielle Wahrnehmungskoppelung erfaßt wird. Das bedeutet, daß der sensorische Input, die Fähigkeit wahrzunehmen das psychomotorische Verhalten mitbestimmt.

Der natürliche Bewegungsdrang des Kleinkindes zur expansiven Umwelteroberung kann durch ständige Einschränkungen blockiert und zuletzt als schuldhaft empfunden werden. Dauernd unterdrückte motorische Impulse ziehen eine Verarmung des Ausdruckverhaltens nach sich. Sie führen zu starken inneren Spannungszuständen, die sich wiederum in muskulären Verspannungen äußern.

Gefühls- und Bewegungsentwicklung stehen besonders im frühen Kindesalter in engster psychosomatischer Wechselbeziehung. Psychomotorische Selbstverwirklichung und Identitätsfindung impliziert immer auch die Möglickeit zur motorischen Expansion und Expression. Motorische Aktivitäten sind notwendig, um innere Antriebe in energetische Entladungen zu überführen. Wegen der Wichtigkeit dieser psychomotorischen Entwicklungsprozesse haben wir den dritten Übungsteil den Gefühlsausdrucksübungen gewidmet. Sie fördern einerseits die Eigenwahrnehmung, Selbstdarstellung und die Durchsetzung eigener Bedürfnisse. Andererseits wird das Kind dabei auch zu Sozialwahrnehmungen geführt. Sie sind notwendig, um andere Meinungen und Bedürfnisse zu achten und anzuerkennen.

Soziomotorik

Die letztgenannten sozialen Wahrnehmungsprozesse sind die Grundlage einer bewegungsmäßigen Begegnung mit dem Du und dem Wir. Soziomotorik betont in diesem Sinne den Sozialkontakt, die unmittelbare körperliche Interaktion, Kooperation und emotionale Kommunikation. Zwar sind die wissenschaftlichen Grundlagen soziomotorischer Prozesse bisher noch weitgehend unerforscht. Verglichen mit der Soziolinguistik, die sich der menschlichen Sprache als Kommunikationsmittel befaßt, ist die Motorik als elementarstes Ausdrucks- und Kommunikationsmittel bisher noch viel zu wenig beachtet worden (HILDENBRANDT, 1976, 1978).

Ehe das Kind reif ist für soziale Kontakte und Beziehungen über die Soziomotorik, sollte es den Entwicklungsprozeß einer Individuation vollzogen haben. Dabei übt das Kind im spielerischen Umgang mit sich selbst seine Individualmotorik. Hierdurch erfährt es die Bewegungsmöglichkeiten seines Körpers. Die Ich-Findung beginnt immer körperlich, indem der eigene Leib durch die verschiedenen Tast-, Lage- und Bewegungsempfindungen als ein von der Umwelt sich abgrenzendes Ich erlebt wird. Dazu kommen Beobachtungen und Erlebnisse über die Auswirkungen eigener motorischer Aktivitäten auf Raum und Gegenstände.

Ehe das Kind mit anderen zurechtzukommen lernt, muß es gelernt haben, mit sich selbst klarzukommen. Das ist von besonderer Bedeutung für bewegungsbehinderte, aber auch für sprachbehinderte Kinder. Wegen ihrer Behinderungen und Störungen im Bewegungsbereich können sie nicht die Kontakte mit Gleichaltrigen knüpfen, wie es wünschenswert wäre. Außerdem ist ihre motorische Ungeschicklichkeit Anlaß zur Ablehnung und Ächtung, so daß diese Kinder aufgrund ihrer funktionalen Minderwertigkeit förmlich aus der Gemeinschaft herausgehackt werden. Ihre Andersartigkeit wirkt aufreizend im biologischen Sinne. Es vollzieht sich hier etwa der gleiche Vorgang wie im Tierreich, wenn beispielsweise eine Amsel mit schwarzweißem Gefieder von ihren Artgenossen in die soziale Außenseiterstellung gedrängt wird.

Um einem sozial benachteiligten Kind wirklich helfen zu können, ist es notwendig, seine sozialen Beziehungen im familiären, schulischen und außerschulischen Umfeld genau zu kennen. Und es ist unumgänglich, gerade die Eltern und Erzieher zur Mitarbeit zu gewinnen, damit die Umweltbedingungen, Lebensumstände und Entfaltungsmöglichkeiten gebessert werden können. Das geschieht am kindgemäßesten über Spiel und Bewegung, zunächst individualmotorisch, später aber zunehmend auch sozialmotorisch. Erfolgreiche Erlebnisse und Erfahrungen in der täglichen Umweltmeisterung sind das beste motopädagogische und mototherapeutische Mittel zu positiven Verhaltensänderungen.

Je nachdem, welche Entwicklungshemmungen und Störungen bei einem Kind im Vordergrund stehen, werden innerhalb der Bewegungsförderprogramme bestimmte Schwerpunkte gesetzt. Sie zielen entweder auf eine Verbesserung der neuromotorischen bzw. sensomotorischen Koordination oder auf eine Verbesserung des psychomotorischen Individual- bzw. Sozialverhaltens, wie wir es mit den psychomotorischen und soziomotorischen Übungen erreichen können. (Abb. 4)

Neuromotorische Störungen	**Sensomotorische Störungen**	**Psychomotorische Störungen**	**Soziomotorische Störungen**
(insuffiziente Bewegungsmuster)	(insuffiziente Wahrnehmungsmust.)	(insuffizientes Bewegungsverhalten)	(insuffizientes Sozialverhalten)
Abhilfe: **krankengymn. Einzeltherapie**	Abhilfe: **sensomotorische Einzeltherapie**	Abhilfe: **psychomotorische und soziomotorische Gruppentherapie**	

Abb. 4

1.7. Erziehung zur Handlungsfähigkeit

Wie im vorigen Kapitel ausgeführt, bestimmen sensomotorische, psychomotorische und soziomotorische Lernerfahrungen die Fähigkeit zur handelnden Umweltbewältigung. Wahrnehmung, gefühlsmäßige Stellungnahme und kognitive Bewertung einerseits und adäquate Bewegungsantworten andererseits bilden eine untrennbare Funktionseinheit. Die Menge und Güte der erlernten und auch auf Abruf gespeicherten Wahrnehmungs- und Bewegungsmuster ist letztlich entscheidend auch für die emotionale Steuerungsfähigkeit, das Sozialverhalten und das Lernverhalten schlechthin. In der Bewegung erfährt das Kind sich selbst in seiner Leiblichkeit. Es lernt, seine Gefühle motorisch auszudrücken. Dabei beginnt es, die dingliche und soziale Umwelt zu verstehen und sich in ihr zu orientieren.

Da diese Begegnung mit der Welt niemals frei sein kann von Auseinandersetzungen und Konflikten mit sich selbst sowie mit den Dingen und Personen des näheren Umfeldes, müssen vor allem dem kleineren Kinde Erziehungshilfen gegeben werden. Jede Erziehung zielt im Grunde auf die Erlangung der Handlungsfähigkeit. Das Kind soll lernen, sinnvoll mit sich selbst und der Welt umgehen zu können. Die Voraussetzungen dafür sind körperliche Beweglichkeit, Reaktionsfähigkeit und Kontrolle, geistige Beweglickeit, Reaktionsfähigkeit und Steuerung sowie seelische Erlebnisfähigkeit und Verhaltenskontrolle.

Das Spiel, und vor allem das Bewegungsspiel sind wichtige Anreize für die kindliche Entwicklung. Es lernt dabei, mit Objekten umzugehen, Funktionen und physikalische Gesetzmäßigkeiten zu erfassen, Regeln zu beachten und sich in bestimmte soziale Rollen hineinzuversetzen. Schon das kleine Kind hat dabei Gelegenheit, sich in der 'praktischen Intelligenz' (PIAGET, 1972) zu üben.

Im Laufe seiner Entwicklung lernt das ältere Kind, die Erscheinungen seines Organismus und der Umwelt zu erfassen und mittels konkreter und abstrakter Begriffe zu ordnen und zu kategorisieren. Es lernt aber auch, seine affektiven Impulse und Spontanhandlungen zu kontrollieren und Handlungsoperationen sinnvoll zu planen. Um kreativ zu sein, bedarf es sowohl des Denkens und Vorausplanens als auch des Sich-Einfühlens und intuitiven Situationserfassens

Die gleiche Einfühlungsfähigkeit wird später auch im sozialen Bereich erworben. Zwar soll das Kind sich selbst und sein körperliches Ich bejahen lernen, es soll weitestgehende Selbständigkeit und Unabhängigkeit erreichen. Aber es soll auch seine soziale Rolle in der Kindergemeinschaft übernehmen und die Ansprüche und Bedürfnisse anderer anerkennen, ohne dabei die eigenen Bedürfnisse und Rollenerwartungen zu unterdrücken. Selbstbehauptung und Durchsetzungsfähigkeit müssen genauso trainiert werden wie Frustrationstoleranz und Hinnehmenkönnen von Niederlagen und Enttäuschungen.

Zum erfolgreichen Umgang mit der Welt bedarf es vielseitiger pragmatischer und in gewisser Weise lebenstechnischer Grunderfahrungen. Gymnastik- und Turnhalle werden so zum natürlichen Experimentierfeld kindlicher Bedürfnisse. Hierbei können schwerpunktmäßig grob- und feinmotorische Übungskomplexe gezielt angeboten werden.

Jede veränderte Bewegungssituation fordert neue Anpassungsvorgänge beim Kind heraus. Sie betreffen einmal neuro- und sensomotorische Vorgänge im Zentralnervensystem. Denn das Kind lernt immer differenziertere Wahrnehmungs- und Bewegungsmuster anzuwenden. Zum anderen kommen die von den verschiedenen Geräten ausgehenden 'Handlungsanweisungen' und 'Bewegungsfragen' auch den emotional-sozialen Grundbedürfnissen entgegen, indem das Kind sich in der Bewältigung der Aufgabe lustvoll und erfolgreich erlebt. Hier unterscheiden sich behinderte Kinder nicht von gesunden. Deshalb bestehen auch keine grundsätzlichen, sondern nur graduelle und schwerpunktmäßige Unterschiede zwischen Motopädagogik und Mototherapie.

1.8. Geburtsstunde einer neuen Fachrichtung

In Deutschland haben sich die seit 1955 gemachten Erfahrungen in der 'Psychomotorischen Übungsbehandlung' (HÜNNEKENS und KIPHARD, 1960) durch motodiagnostische und mototherapeutische Forschungsaufträge erweitert. Sie entstanden aus der engen Zusammenarbeit zwischen Sportpädagogik, Medizin und Psychologie. Die Konzeption 'Erziehung durch Bewegung' (KIPHARD und HUPPERTZ, 1968) fand rasch Eingang in die sonderpädagogische Schulpraxis. Was aber fehlte, war eine Dachorganisation für alle bewegungspädagogisch und bewegungstherapeutisch arbeitenden Fachleute. Auf Anregung und Betreiben des Autors entstand im Juli 1974 eine interdisziplinäre Interessengemeinschaft für spezielle Bewegungspädagogik und psychomotorische Therapie. Diese anfangs noch unorganisierte Bewegung wurde zwei Jahre später, am 1. April 1976 in einen gemeinnützigen Verein als 'Aktionskreis Psychomotorik e. V.' umgewandelt und auf eine breitere Funktionsbasis gestellt.

Die in dieser Arbeitsgruppe zusammengeschlossenen Sport- und Gymnastiklehrkräfte, Kinderärzte, Psychologen, Sozial- und Sonderpädagogen, Krankengymnasten und Bewegungstherapeuten sind daran interessiert, ein neues Berufsfeld abzustecken, seine Inhalte im einzelnen zu bestimmen und vor allem einheitlich lehrbar zu machen. Die Aufgaben und Zielsetzungen dieser interdisziplinären Organisation liegen laut Satzung neben der Aufklärung und Information der Öffentlichkeit über die präventive und kurative Bedeutung der Psychomotorik vor allem in der Durchführung von Arbeitstagungen einzelner Fachausschüsse und der Koordinierung der Fortbildungsangebote.

Für eine dieser Arbeitsgruppen, die sog. Grundlagenkommission, bestand die Aufgabe zunächst darin, diesen neuen Fachbereich wissenschaftlich zu fundieren. Die dabei erstellten Begriffsbestimmungen und Analysen sowie die erarbeiteten Curricula sind größtenteils in der vereinseigenen Zeitschrift 'Psychomotorik' (seit 1978 'Motorik') auch einem breiteren Interessentenkreis zugänglich gemacht worden. Damit hat sich die Motologie als eigenständige wissenschaftliche Fachdisziplin in der Öffentlichkeit vorgestellt. Die folgende Abbildung versucht eine schematische Übersicht über das Lehrgebäude der Motologie zu geben. Dabei verstehen wir die Motopädie als das Bewegungsfachgebiet speziell für das Kindesalter. (Abb. 5)

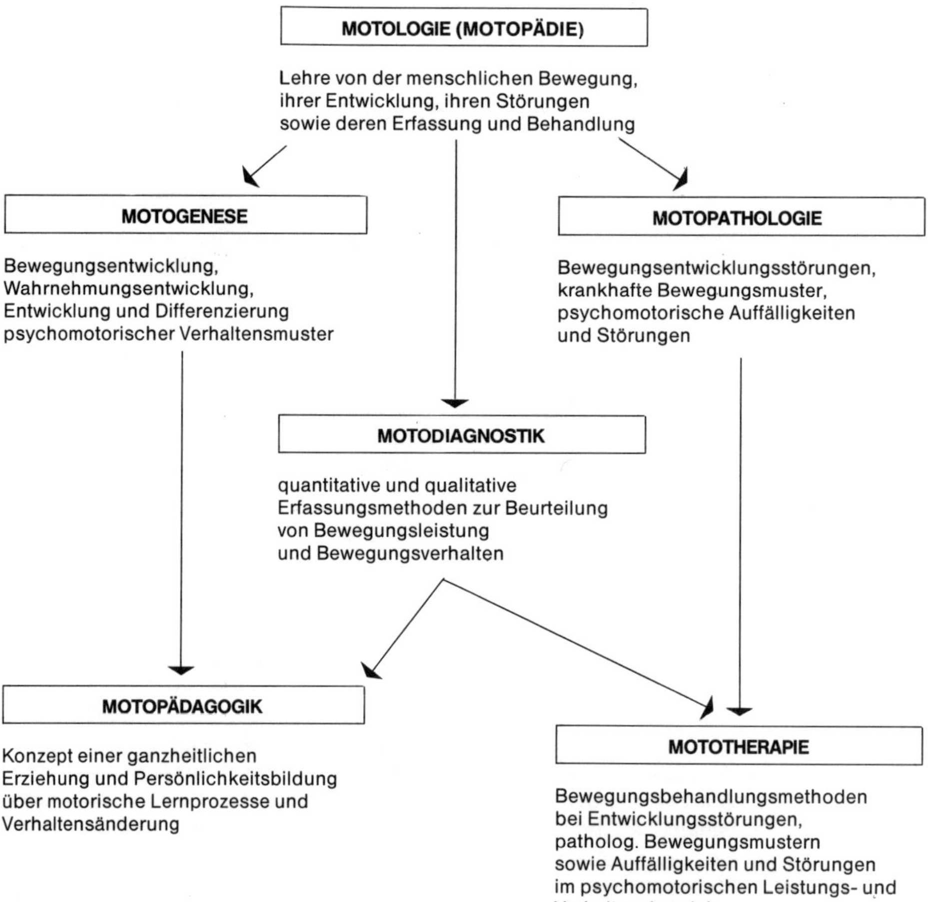

Abb. 5

Der Terminus Motologie bot sich analog zu dem der Psychologie an. Während letztere die Erforschung seelischer Vorgänge zum Inhalt hat, stellt die Motologie die Lehre der menschlichen Bewegung dar. Beide Disziplinen befassen sich mit dem menschlichen Verhalten. Dieses Verhalten spielt sich einmal unsichtbar, innerseelisch, im Gefühlsbereich und im Geistigen ab. Sichtbar wird es erst, wenn es als Bewegung nach aussen tritt. Mit anderen Worten: Man kann sowohl äußerlich als auch innerlich 'bewegt' sein. Emotion heißt ja wörtlich 'Hinausbewegung'. In der Tat drängen innere Gemütsbewegungen nach außen, sie wollen geäußert, in Motorik umgesetzt werden.

Speziell für die Motopädie, das Bewegungsfachgebiet im Kindesalter, sind Grundkenntnisse im normalen und gestörten Entwickungsverlauf überaus wichtige Grundvoraussetzungen, um adäquate Maßnahmen anbieten zu können. Da es bisher keinen Motopäden, also keinen Bewegungsfachmann für die kindliche Entwicklung und ihrer Störungen gab, wurden Eltern behinderter Kinder nur unzureichend beraten. In kinderärztlichen Praxen, Erziehungs- und Elternberatungsstellen sowie klinischen Einrichtungen konnte diesen hilfesuchenden Eltern selten etwas Konkretes gesagt, geschweige denn wirksame Hilfsmaßnahmen angeboten werden. Dabei mangelt es sicherlich nicht am guten Willen der Elternberater. Die betreffenden Ärzte, Psychologen oder Pädagogen kennen sich aber meist im Bewegungsbereich nur unzureichend aus und waren bisher auch kaum in der Lage, eine gesicherte Motodiagnostik zu betreiben.

In der Motodiagnostik geht es um die quantitative und qualitative Erfassung der menschlichen Motorik und ihrer Störungen. Zwar steckt die Motodiagnostik im Vergleich zur Psychodiagnostik noch in den Kinderschuhen. Dennoch kann heute schon gesagt werden, daß mit Hilfe der Motodiagnostik gesichertere und differenziertere Aussagen gemacht werden können, als das beispielsweise in der neurologischen Diagnostik der Fall ist. Über die einzelnen messenden und beschreibenden Methoden wird im zweiten Hauptkapitel die Rede sein.

Unter Motopädagogik ist gemäß der Konzeption der Grundlagenkommission des 'Aktionskreises Psychomotorik e.V.' ein Modell der Persönlichkeitsbildung über motorische Lernprozesse zu verstehen. Es geht darum, das Kind zu befähigen, sich sinnvoll mit sich selbst, seiner dinglichen und personalen Umwelt auseinanderzusetzen und entsprechend zu handeln. Diese Lernprozesse spielen sich im Motorischen ab, im Kognitiven, im Affektiven und im Sozialen. Durch entsprechende entwicklungsgemäße und kindgemäße Übungsangebote soll das Kind eine weitgehend selbständige Handlungsfähigkeit erlangen. Es geht dabei um

- Ich-Kompetenz, d. h. sich selbst und seinen Körper (kognitiv) erfahren und (affektiv) erleben
- Sach-Kompetenz, d. h. sich an die dingliche Umwelt mit ihren Materialien, Geräten und Hindernissen anzupassen sowie diese Umwelt handelnd an sich anzupassen,
- Sozial-Kompetenz, d. h. zu lernen, sich an andere Personen anzupassen, dabei aber auch in echter Kommunikation eigene Bedürfnisse durchzusetzen.

Die Motopädagogik versteht sich nicht als eigenständiges Studium. Sie sollte aber wegen der Wichtigkeit ihres Beitrages zur harmonischen Persönlichkeitsentwicklung des Kindes in der Ausbildung von Erziehern, Lehrern, Sozialpädagogen, Psychologen und Ärzten wesentliche Grundinformationen vermitteln. Motopädagogisches Handeln stellt die Grundlage für jede mototherapeutische Maßnahme dar.

In der Mototherapie haben wir es mit bewegungsorientierten Methoden zur Behandlung von Auffälligkeiten und Störungen im psychomotorischen Leistungs- und Verhaltensbereich zu tun. Im Kindesalter handelt es sich darüber hinaus auch um Methoden zur Anregung und Förderung einer verzögerten Bewegungsentwicklung. Die Mototherapie bedient sich der gleichen Lehrinhalte wie die Motopädagogik. Nur ist ihre Anwendung weit schwieriger als im Normalbereich. Deswegen müssen in der Mototherapie weit differenziertere didaktisch-methodische Maßnahmen getroffen werden, um bei Behinderten die gleichen motopädagogischen Ziele zu erreichen. Daß dabei aber auch eine intensive Motodiagnostik zur Früherkennung von Bewegungsstörungen betrieben werden muß, soll in dem nun folgenden Abschnitt eingehend behandelt werden.

1.9 Ergänzende Angaben

Inzwischen hat sich hinsichtlich Ausbildung, Weiterbildung und Fortbildung einiges zum Positiven verändert. Seit 1977 — ein Jahr nach Konstituierung des „Aktionskreis Psychomotorik e.V." — besteht in Dortmund eine Fachschul-Weiterbildung für Gymnastik- und Sportlehrer. Sie dauert ein Jahr und schließt ab mit dem Examen als **staatl. gepr. Motopäde / Motopädin.**[1])

Seit dem Sommersemester 1983 besteht an der Universität Marburg ein viersemestriger Zusatz-Studiengang, der mit dem Examen als **Diplom-Motologe/Motologin** abschließt.[2])

Außerdem wird schon seit 1978 durch das Referat Fortbildung im Aktionskreis Psychomotorik eine 200stündige Fortbildungsreihe mit der Möglichkeit des Erwerbs einer **Zusatzqualifikation in Motopädagogik** angeboten.[3])

Es bestehen seit 1975 bzw. 1977 zwei Fachzeitschriften:

„**Motorik** — Zeitschrift für Motopädagogik und Mototherapie" (Hofmann-Verlag, Schorndorf). Diese vierteljährlich erscheinende Zeitschrift ist das offizielle Organ des Aktionskreis Psychomotorik.

„**Praxis der Psychomotorik** — Zeitschrift für Bewegungserziehung"
(verlag modernes lernen, Dortmund)

---

1) Anschrift: Schule für Bewegungstherapie / Motopädie, Lindemannstraße 8, 4600 Dortmund (Dr. Manfred Poerschke)

2) Anschrift: Institut für Sportwissenschaft und Motologie, Barfüßerstraße 1, 3550 Marburg (Prof. Dr. Friedhelm Schilling)

3) Anschrift: Referat Fortbildung, Lilienweg 5, 3553 Cölbe-Schönstadt (Dr. Tilo Irmischer)

Literatur zur Motopädie und Motologie siehe Verzeichnis Seite180.

2. Motodiagnostik

Die Erforschung motorischer Verhaltens- und Leistungsphänomene im Kindesalter befindet sich noch am Anfang. Verglichen mit dem Wissens- und Erfahrungsstand bei psychischen und mentalen Problemen, bleiben im Motorischen z. Zt. noch viele Fragen offen. Das gilt vor allem auch im Hinblick auf den Mangel an standardisierten und statistisch gesicherten Erfassungsmethoden zur Verifizierung motorischer Störungen und Retardierungen. Dennoch gehen die Möglichkeiten einer Bewegungsdiagnostik weit über diejenigen einer rein neurologischen Untersuchungstechnik hinaus. F. SCHILLING (1973 - 1976) konnte die Überlegenheit motorischer Testverfahren in der Differentialdiagnostik bei frühkindlichen Hirnschädigungen deutlich machen.

Die wissenschaftlichen Forschungsergebnisse der letzten Jahre lassen erkennen, daß bei behinderten Kindern viel häufiger als früher angenommen auch die Motorik in irgendeiner Weise mitbetroffen ist. Andererseits hat sich gezeigt, daß selbst leichte Normabweichungen und Defizite im Bewegungsbereich sich negativ auf das schulische Lernverhalten, aber auch das Sozialverhalten, auswirken.

Aus diesen Tatsachen ergibt sich die dringende Forderung nach Anwendung motodiagnostischer Erfassungsmethoden im Rahmen vorbeugender gesundheitsamtlicher, schulärztlicher und erziehungsberatender Untersuchungen. Die frühzeitige Überprüfung der Wahrnehmungs- und Bewegungsentwicklung wird in Zukunft die Chance bieten, Verhaltens- und Lernstörungen rechtzeitig in den Griff zu bekommen. Und nur so wird es möglich sein, förderungs- und behandlungsbedürftige Kinder schon im Vorschulalter einer psychomotorischen Individual- oder Sozialtherapie zuzuführen.

In der Motodiagnostik bedienen wir uns motometrischer (messender), motoskopischer (das Gesehene beschreibender) bzw. kategorisierender (d. h. in einer Checkliste erfassender) und vereinzelt auch motographischer Verfahren. Bei letzteren werden fotografische Techniken (z. B. Film- oder Lichtspuraufnahmen), mechanische, pneumatische sowie elektrische Registrierverfahren angewendet. Sie dienen der Erkennung von Normabweichungen oder Störungen von bestimmten Bewegungsmustern bzw. in bestimmten motorischen Situationen, an die sich der Proband motorisch anzupassen hat. Im Kindesalter dienen motodiagnostische Methoden außerdem der Feststellung leistungsmässiger (quantitativer) oder verhaltensmäßiger (qualitativer) Rückstände in der sensomotorischen Entwicklung, gemessen am Altersdurchschnitt.

Motodiagnostik darf aber keinesfalls Selbstzweck sein. Die über Entwicklungstabellen, Tests und Beobachtungsverfahren gewonnenen diagnostischen Informationen dienen allein dem Zweck, daraus individuelle Fördermaßnahmen abzuleiten. Dabei mag die Feststellung von Defiziten ihre Berechtigung bei der Auslese motorisch leistungsschwacher Kinder haben. Wichtiger als Tests sind jedoch gezielte Bewegungs- und Verhaltensbeobachtungen. Sie bilden die Hauptinformationsquelle einer Verlaufsdiagnostik. Nur durch ständiges Beobachten und Registrieren von Vorlieben und Stärken, aber auch von Schwierigkeiten und Schwächen wird es möglich sein, die Lernschritte sowie die Methodik dem augenblicklichen Vermögen des einzelnen Kindes anzupassen. Darüber hinaus sollte der Motodiagnostiker — in ständigem Austausch mit medizinisch-psychologischen Fachkollegen — in der Lage sein, die im Diagnoseprozeß gewonnenen Gesamtinformationen (einschließlich der gefundenen Stärken und Schwächen) in ihrem Stellenwert innerhalb des Persönlichkeitsgefüges zu beurteilen und daraus Entwicklungschancen für das betreffende Kind abzuleiten.

2.1. Entwicklungsfrühdiagnostik

Die Feststellung wie auch die Behandlung zerebraler, d. h. durch eine Hirnschädigung ausgelöster Bewegungsstörungen schon im Säuglingsalter hat durch die bahnbrechenden Arbeiten von KABAT, BOBATH und VOJTA einen beachtlichen Aufschwung genommen. Durch hochdifferenzierte neurophysiologische Untersuchungstechniken ist es heute möglich, Abweichungen von der kindlichen Normalentwicklung im Hinblick auf die Reflextätigkeit und die allmähliche Ausbildung willkürlicher Bewegungsmuster zuverlässig zu diagnostizieren.

Entsprechend früher können spezifische krankengymnastische und beschäftigungstherapeutische Behandlungsmethoden gezielt zum Einsatz kommen. Dabei hat sich die tägliche Mitarbeit der Mutter als entscheidend wichtig für die Effektivität jeder therapeutischen Maßnahme erwiesen. Hier in der Säuglingszeit fallen gleichsam die Schicksalswürfel des heranwachsenden Kindes. Sie entscheiden darüber, wie weitgehend spastische, athetotische oder andere pathologische Reflexe und Bewegungsmuster durch Frühbehandlung gehemmt und eine der Norm angenäherte motorische Entwicklung angebahnt werden kann.

Die Chance einer grundlegenden Beeinflussung der gesamten sensomotorischen Entwicklung ist später niemals mehr in dem Maße gegeben, so daß eine spätere, auch noch so intensive mototherapeutische Betreuung das in der Frühzeit Versäumte kaum je wieder wettmachen kann. Die vorläufigen Ergebnisse einer Projektstudie an 300 zerebral bewegungsgestörten Säuglingen zeigen, daß bei Behandlungsbeginn mit 3 Monaten alle Kinder später zum Laufen kommen, während Kinder, die erst mit 9 Monaten zur Behandlung kamen, gar nicht oder nur mit großer Mühe laufen lernen (Inge FLEHMIG, 1979).

In der motorischen Entwicklungsdiagnostik ergeben sich mit steigendem Lebensalter naturgemäß Schwierigkeiten. Während das Baby bei der kinderneurologischen Überprüfung noch passiv auf das Auslösen bestimmter Reflexe reagiert, muß vom Kleinkind schon aktive Mitarbeit verlangt werden. Die Schwierigkeit besteht aber darin, daß man Kleinkinder kaum im eigentlichen Sinne testen kann. Es gehört schon ein gehöriges Maß an Geduld und Einfühlungsvermögen dazu, um 4jährige zu Testleistungen zu bewegen. Zum anderen ist es äußerst schwierig, ihnen begreiflich zu machen, daß es darauf ankommt, eine Bewegungsaufgabe schnell auszuführen. Es widerspricht ganz einfach der psychischen Eigenart des bedächtigen 4jährigen, etwas überhastet zu tun. Er ist so sehr verhaftet in seiner Bewegungsaufgabe, daß er die Aufforderung zur Eile gar nicht hört oder ihr nur widerwillig durch einen gewaltsamen Willensakt für kurze Augenblicke Folge leistet, um gleich danach wieder versonnen und traumverloren seiner Tätigkeit, beispielsweise des Hin- und Herhüpfens, nachzugehen (KIPHARD, 1967) 1).

Über die Unfähigkeit der Kleinkinder, ihr individuelles Arbeitstempo der geforderten Schnelligkeit anzupassen, berichtet auch die Marburger Arbeitsgruppe (F. SCHILLING, RÖDER, DIWISCHEK, GEISHECKER und VÖLKER, 1974, 1975) 2). Sie stellen ein generelles Nachlassen der Motivation, Konzentration und Durchhaltekraft der 3- bis 4jährigen während der motorischen Testaufgaben fest.

1) vgl. KIPHARD: Bewegungsdiagnostik bei Kindern. Flöttmann-Verlag, Gütersloh, 2. Auflage 1978, Seite 148/149.
2) vgl. GEISHECKER/VÖLKER: Probleme der motorischen Untersuchung im Vorschulalter. Prax. Kinderpsychol. Kinderpsychiatr., 24, 7, 1975, 266 - 270.

Diese und andere Ergebnisse verdeutlichen die besondere Problematik einer Bewegungsleistungsmessung bei Kleinkindern. Standardisierte Leistungstests (vgl. 2.4. 'Körperkoordinationstest für Kinder' auf Seite 48) im üblichen Sinne wird man frühestens mit 4 1/2 oder 5 Jahren anwenden können. Statt einer starren Testkonstruktion werden bei jüngeren Kindern eher standardisierte Beobachtungssituationen unter Verwendung differenzierter Beurteilungskriterien altersangemessen sein. Bei der Konstruktion derartiger Beobachtungssituationen müssen sowohl motivationale als auch testtheoretische Gesichtspunkte berücksichtigt werden. Voraussetzung ist aber in jedem Falle eine positive Beziehung des Kindes zum Versuchsleiter.

Es wird sicher noch einer Reihe von Forschungsarbeiten bedürfen, ehe trotz der hier aufgezeigten Schwierigkeiten praktikable und testtheoretisch befriedigende motodiagnostische Verfahren im Kleinkind- und Vorschulalter zur Verfügung stehen werden.

Der einzig gangbare Weg, um Aufschluß über den regelrechten Verlauf motorischer Entwicklungsvollzüge bei jüngeren Kindern zu erhalten, ist zweifellos der der Elternbefragung. Da die Eltern ihr Kind in den vielfältigsten täglichen Spiel- und Bewegungssituationen beobachten, fällt es ihnen verhältnismäßig leicht zu beurteilen, ob es diese oder jene Funktion leistungsmäßig schon beherrscht oder nicht.

Als grobe Richtschnur dafür, was ein Kind in welchem Alter können sollte, kann man auf eine Reihe von Entwicklungsmarksteinen zurückgreifen. Verläßliche Altersdaten wurden vor allem aus Untersuchungsergebnissen bei der Überprüfung normaler Entwicklungsverläufe gewonnen. Diese wissenschaftlich gesicherten Anhaltspunkte betreffen nicht nur die Funktionen der Bewegungsentwicklung, sondern ebenso die der Sinnes- und Sozialentwicklung.

2.1.1. Funktionelle Entwicklungsdiagnostik nach HELLBRÜGGE

HELLBRÜGGE und Mitarbeiter haben in ihrer 'Funktionellen Entwicklungsdiagnostik' einzelne Teilbereiche aus dem Entwicklungsgesamtgeschehen herausgelöst, so daß man sie gesondert betrachten kann. So werden während der ersten beiden Lebensjahre 'Sitzalter', 'Krabbelalter', 'Laufalter', 'Greifalter', 'Perzeptionsalter', 'Sprachalter', 'Sprachverständnisalter' und 'Sozialalter' unterschieden (vgl. Abb. 6).
Die Anwendung der Münchener Funktionellen Entwicklungsdiagnostik bezog sich zunächst nur auf das 1. Lebensjahr, wurde aber später auf das 2. und neuerdings auch auf das 3. Lebensjahr ausgedehnt.

Da die einzelnen Entwicklungsbereiche sich gerade während des ersten Lebensjahres verhältnismäßig schnell ausdifferenzieren, ist eine tabellarische Einteilung sogar nach Monaten durchführbar. Bei der Feststellung des Krabbelalters beispielsweise kommt einem Rückstand von zwei Monaten schon pathologische Bedeutung zu. Das umso mehr, als sich die Tabellen - genau wie beim später zu besprechenden Sensomotorischen Entwicklungsgitter - nicht an den Durchschnittswerten der Normalentwicklung, sondern an der Spätentwicklung orientieren. Das heißt, die Altersangaben betreffen nicht den Zeitpunkt, in dem 50 % der Kinder die betreffende Funktion beherrschen, sondern 90 %.

Die Ursachen für eine Entwicklungsverzögerung liegen entweder in einer sensomotorischen oder sozialen Deprivation (Mangel an Anregungen in einer reizarmen Umwelt) begründet bzw. in einer Körperschädigung oder Hirnfunktionsstörung. Ursächliche Hinwei-

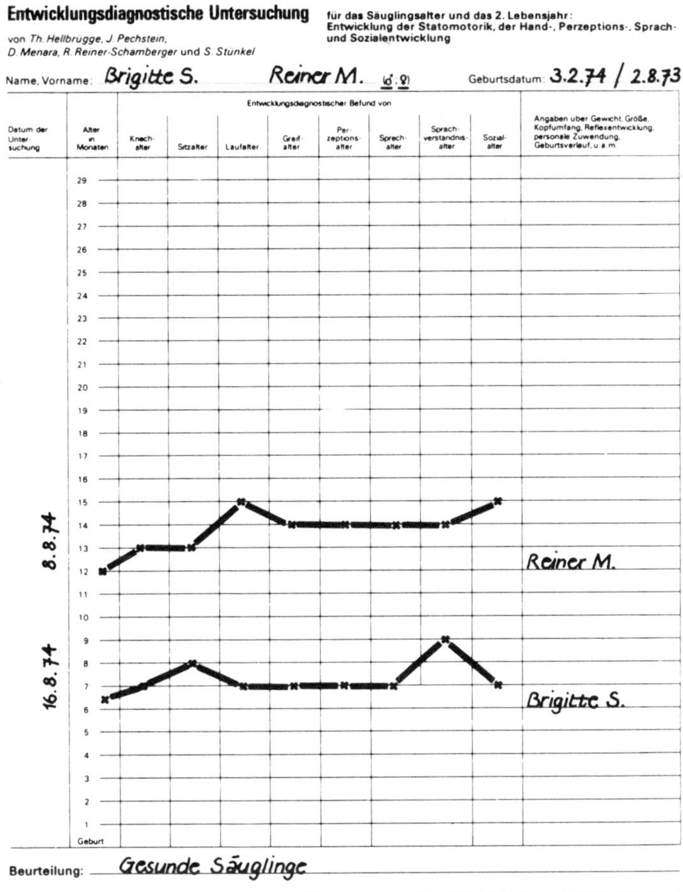

Abb. 6 Entwicklungsprofile gesunder Kinder im Alter von 6 1/2 bzw. 12 Monaten (Ordinate) *Entnommen der Dokumentation '10 Jahre Kinderzentrum München 1968 - 1978'*

se können zum Teil schon aus dem Entwicklungsprofil abgelesen werden. Ein solches Profil ergibt sich aus den Markierungen des zum Zeitpunkt der Untersuchung ermittelten Standes der oben erwähnten acht Entwicklungsbereiche im Vergleich zum Lebensalter des Probanden. Daraus lassen sich nicht nur kausal-diagnostische, sondern auch therapeutische Konsequenzen ableiten insofern, als sich die Schwerpunkte der Frühtherapie nach den diagnostisch aufdeckten Funktionsretardierungen richten. 1)

1) Zur Durchführung der Entwicklungstestung nach HELLBRÜGGE kann man den Testkoffer mit Anleitung beim Technischen Dienst des Kinderzentrums, Lindwurmstr. 131, 8000 München 2 erwerben. Außerdem ist ein Elternbuch von HELLBRÜGGE und v. WIMPFEN (Hrsg.) erschienen: 'Die ersten 365 Tage im Leben eines Kindes' (TR-Verlagsunion München 1974).

2.1.2. Denver-Entwicklungstest

Eine andere funktionelle Entwicklungstabelle ist der Denver-Entwicklungstest nach FRANKENBURG und DODDS. Er wurde von Inge FLEHMIG für deutsche Verhältnisse neu normiert. Mit der Denver-Entwicklungstabelle kann man die ersten sechs Lebensjahre übersichtlich erfassen. Allerdings sind die Meßwerte im oberen Altersbereich (3 - 6 Jahre) spärlich, so daß eine breite und umfassende Analyse, die sich auf eine große Anzahl Entwicklungsitems stützt, im Grunde nur bis zum zweiten Lebensjahr befriedigend möglich ist. Um ein Beispiel zu nennen: Die Altersangaben in den ersten 12 Monaten nehmen in der Tabelle den gleichen Raum ein wie die zwischen einem und 4 1/2 Jahren. Die letzten eineinhalb Jahre am Tabellenende bringen genau so viel Meßwerte wie die beiden ersten Monate am Anfang der Entwicklungsskala.

Das Neuartige am Denver-Test sind die nach Prozenten gemachten Altersangaben. Sie sind bezogen auf den jeweiligen Zeitpunkt, in welchem 25 %, 50 %, 75 % und 90 % der untersuchten Kinder die betreffende Funktion beherrschen. Damit wird deutlich, wie groß die individuellen Entwicklungsunterschiede in den einzelnen Altersbereichen wirklich sind. Von daher wird auch die Tatsache einsichtig, warum verschiedene Untersucher (z. B. GESELL, CATTELL, BAYLEY, GRIFFITHS, HETZER) zu derart unterschiedlichen Altersangaben über den Zeitpunkt einzelner Entwicklungsvollzüge kamen.

Nach den prozentualen Angaben des Denver-Tests liegen die individuellen Unterschiede im Erlernen bestimmter sensomotorischer Funktionen bereits während des ersten Lebensjahres zwischen 3 und 5 Monaten. Im zweiten Jahr vergrößert sich die Spanne zwischen den Zeitpunkten, in welchen 25 % und 90 % der Kinder die angegebenen Aufgaben ausführen können, bereits auf 8 - 12 Monate. Um ein Beispiel zu nennen: 25 % der untersuchten Probanden kickt den Ball bereits mit 15 Monaten; 90 % tun das aber erst im Alter von 2 Jahren.

Die über hundert Items des Denver-Tests sind den folgenden vier Entwicklungsbereichen zugeordnet worden: Grobmotorik, Feinmotorik, Sprache und personal-soziale Entwicklung. Solche Kategorisierungen bringen naturgemäß Überschneidungen mit sich. Grob- und Feinmotorik läßt sich nicht bei jeder Funktion oder Aufgabe klar bestimmen. Feinmotorische Anteile kommen außerdem in einer Reihe von sozialen Entwicklungs-Items vor.

FRANKENBURG und DODDS weisen in ihrem Manual ausdrücklich darauf hin, daß es sich beim Denver-Test nur um ein Siebungsverfahren zur frühzeitigen Erfassung von Entwicklungsrückständen handelt, nicht aber um ein diagnostisches Verfahren, aus dem therapeutische Programme abzuleiten wären.

2.1.3. DOMAN-DELACATO-Entwicklungsprofil

Das DOMAN-DELACATO-Entwicklungsprofil gliedert sich in sechs Funktionsbereiche, von denen drei die Sinnesentwicklung und drei die Bewegungsentwicklung (vgl. Abb. 7) erfassen. Demnach zeigt die linke Hälfte der Tabelle in getrennten senkrechten Spalten die Entwicklung der Fortbewegung, der Sprache und des Handgeschicks auf, während die rechte Hälfte über Sehen, Hören und Tasten Auskunft gibt. Die Altersspanne reicht von der Geburt bis sechs Jahre, wobei wiederum - wie beim Denver-Test - die Entwicklungsdaten im untersten Altersbereich sehr eng beieinanderliegen, in höherem Lebensalter jedoch fast ganz fehlen. Von den ohnehin für eine genaue Entwicklungsmessung zahlenmäßig zu wenigen, nämlich insgesamt 42 Entwicklungskriterien repräsentieren 30 allein die ersten beiden Lebensjahre, so daß für die folgenden vier Lebensjahre ganze 12 Items verwendet werden.

Alter	Fortbewegung	Sprache	Handgeschick	Sehen	Hören	Tasten	Alter
6 Jahre	Beinigkeit (Fußballstoß)	guter Satzbau und Wortschatz	Händigkeit (Schreiben)	Äugigkeit (Lesen)	Geschichte verstehen	Textilien unterscheiden	6 Jahre
3 Jahre 10 Mon.	kreuzkoord. gehen	spontan Erlebnisse berichten	bimanuelles Ausschneiden Anschrauben	geometrische Formen unterscheiden	einfache Aufträge verstehen	Tierformen unterscheiden	3 Jahre 10 Mon.
2 Jahre 4 Mon.	Gehen ohne Armbalance	Zweiwortsatz 10–25 Worte	beidhändiger Pinzettengriff	Abbildungen erkennen	10–25 Worte verstehen	Gabel, Löffel unterscheiden	2 Jahre 4 Mon.
1 Jahr 4 Mon.	Gehen mit Armbalance	2 Worte für Person, Ding	einhändiger Pinzettengriff	beidäugig konvergieren	2 Worte verstehen	Apfel, Banane unterscheiden	1 Jahr 4 Mon.
8 Monate	kreuzkoord. krabbeln	Ausdruckslaute für Stimmungen	gezieltes Greifen	Personen und Dinge erkennen	Schimpfen, Koselaute unterscheiden	Hautreize unterscheiden	8 Monate
2 1/2 Monate	kreuzkoord. kriechen	reaktives Schreien	Loslassen bei Schmerz	Figur-Hintergrund unterscheiden	Reaktion (schrilles Geräusch)	Schmerz-reaktion	2 1/2 Monate
Geburt	Arm- und Beinbewegung	Geburtsschrei	Greifreflex	Lichtreflex	Schreckreflex	Babinski-Reflex	Geburt

Abb. 7 DOMAN-DELACATO-Entwicklungsprofil (vereinfacht dargestellt)

Abgesehen von der Spärlichkeit und Willkür bei der Zusammenstellung der Entwicklungsdaten und den sich daraus ergebenden Fehlerquellen entbehrt das DOMAN-DELACATO-Entwicklungsprofil jeglicher wissenschaftlicher Grundlagen oder statistischer Überprüfungen. Es wurde allein aufgrund der Hypothese, nach der in jeder Einzelentwicklung die gesamte Stammesentwicklung der Menschheit noch einmal in kurzen Phasen durchlaufen wird, konzipiert. Weiter wird der Hemisphärendominanz des Gehirns eine übergeordnete Rolle insofern zugemessen, als Sechsjährige laut Entwicklungsprofil eine ausgeprägte Beinigkeit, Händigkeit und Äugigkeit erreicht haben sollen.

Bei aller Unwissenschaftlichkeit dieser entwicklungsdiagnostischen Methode darf jedoch nicht übersehen werden, daß ihr Ansatz im Grunde richtig ist, weil ihm das kybernetische Denkmodell von der Informationsaufnahme durch die Sinnesorgane und der Informationsabgabe über die Bewegungswerkzeuge zugrunde liegt.

2.1.4. Sensomotorisches Entwicklungsgitter

Der Konstruktion des Sensomotorischen Entwicklungsgitters (KIPHARD, 1975) liegt die gleiche kybernetische Systemtheorie zugrunde. Sensorik und Motorik stehen miteinander in ständigem Wechselbezug. Sie sind im Grunde untrennbar. Je vielfältiger einerseits der Säugling und das Kleinkind ihre Bewegungsfunktionen üben, desto optimaler funktionieren die in diesen Prozeß integrierten Sinneswahrnehmungen. Andererseits verbessert ein vermehrtes Sinnesreizangebot die Qualität der Bewegungsausführung und schafft so die Voraussetzung für effektivere motorische Lernleistungen.

Es hat sich gezeigt, daß die möglichst genaue Kenntnis vom Stand der Entwicklung in den einzelnen sensorischen und motorischen Funktionsvollzügen wesentlich ist für eine Trainingsplanung und damit für den Behandlungserfolg. Demgemäß ist das Ziel des Entwicklungsgitters eine differenzierte Bestandsaufnahme, die es erlaubt, 'hinter die Kulissen' des sensomotorischen Informationsaufnahme- und Informationsabgabegeschehens zu sehen. Dabei wird man leicht erkennen, welche einzelnen Sinnes- oder Bewegungskanäle altersgemäß funktionieren und welche rückständig oder gestört sind.

HÜNNEKENS vergleicht die vom Hirn aus gesteuerten sensomotorischen Funktionen mit den Tönen eines Klaviers. Bestehen zentrale Defekte, so stören immer wieder Mißtöne das Zusammenspiel. Deshalb kommt es entscheidend darauf an, alle hirnorganischen Defektfolgen aufzuspüren. (Abb. 8)

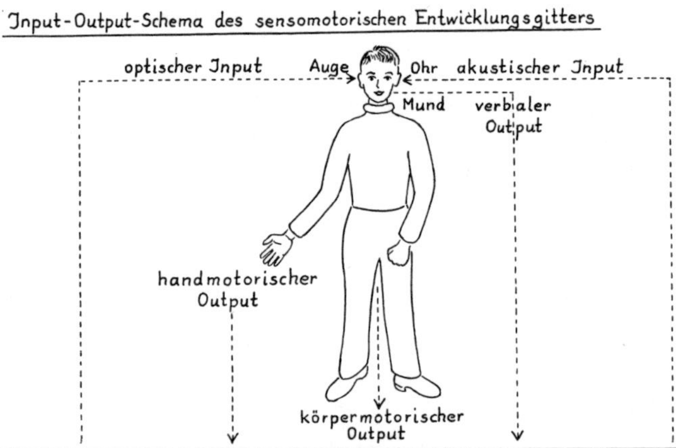

	Sehen	Greifen	Gehen	Sprechen	Hören
4 Jahre					
3½ Jahre					
3 Jahre					
2½ Jahre					
2 Jahre					
1½ Jahre					
1 Jahr					
½ Jahr					
Geburt					

Abb. 8

Das Sensomotorische Entwicklungsgitter erfaßt diejenigen fünf Funktionsbereiche, die für die frühkindliche Gesamtentwicklung einschließlich aller Lernprozesse von ausschlaggebender Bedeutung sind:

Greifen, Gehen und Sprechen als die wichtigsten motorischen Handlungs- und Kommunikationsmittel sowie Sehen und Hören als die wesentlichen Wahrnehmungs- und Orientierungsfunktionen (vgl. Abb. 8 und 9). Sie übernehmen außerdem die Aufgabe des 'Rückkoppelns'. Das heißt, sie kontrollieren die auf die Umwelt gerichteten Handlungen. Die Augen überwachen das, was Körper und Hände tun. Und die Ohren kontrollieren stimmliche und sprachliche Äußerungen.

Tast-, Lage- und Bewegungsempfindung sowie Geschmacks- und Geruchssinn blieben in dem vorliegenden Entwicklungsgitter unberücksichtigt. Wie aus Abb. 8 ersichtlich ist, wurde das kybernetische Informationsschema von Aufnahme (Input) und Abgabe (Output) in die Gitterform übertragen. Um den Entwicklungsverlauf in den ersten vier Lebensjahren - getrennt nach den genannten fünf Hauptfunktionsbereichen - tabellarisch darzustellen, mußten altersabhängige Funktionen gefunden werden, welche die einzelnen Entwicklungsschritte repräsentieren sollten. Verläßliche Daten dieser Art ließen sich aus vielen wissenschaftlichen Untersuchungen einschließlich der schon besprochenen Entwicklungstabellen (Denver-Test, Funktionelle Entwicklungsdiagnostik) entnehmen. Es bereitete auch keine Schwierigkeit, sie dem kybernetischen Denkmodell zuzuordnen. Problematisch war allein die Auswahl und Alterszuordnung der Items.

Anfangs wurden jeweils zwei Funktionsvollzüge pro Halbjahr, welche repräsentativ für die fünf einzelnen Entwicklungsbereiche erschienen, verwendet (Entwicklungsgitter I - Grobsieb). Dabei zeigte sich aber, daß die frühkindliche Entwicklung gerade in den unteren Altersstufen nicht zuverlässig genug erfaßt werden konnte. Deshalb wurde die Zahl der Items so weit erhöht, bis ein Item pro Lebensmonat eingesetzt werden konnte. Das geschah zunächst für die ersten zwei Lebensjahre (Entwicklungsgitter II - Feinsieb), wurde aber dann auf vier Jahre ausgedehnt (vgl. das dem Buch 'Wie weit ist ein Kind entwickelt?' entnommene Sensomotorische Entwicklungsgitter).

Diese monatliche Registrierung bringt eine hinreichend genaue Bestandsaufnahme mit sich. Sie kann auch durch die Eltern anhand von speziell dafür ausgearbeiteten Fragebogen (im gleichen Buch) ohne die geringste Hilfe im Laufe von Wochen je nach Gelegenheit vollzogen werden.

Damit Eltern und Erzieher nicht unnötigerweise beunruhigt werden, wurde, wie bei HELLBRÜGGE auch, nicht die Normalentwicklung für die Gitterdaten zugrunde gelegt, sondern die Minimalentwicklung als unterste Grenze der Norm (90 %-Basis). Wenn ein Kind in einem der fünf Funktionsbereiche diese Mindestanforderungen nicht erbringt, so signalisiert das den sehr ernst zu nehmenden Verdacht auf einen krankhaften Entwicklungsrückstand. Zumeist aber werden Eltern feststellen, daß die Leistungen ihrer Kinder über den angegebenen Werten liegen.

Aus den Beobachtungen der Eltern ergibt sich das Profil der Entwicklung, indem die Lösung oder Nichtlösung der einzelnen Aufgaben mit den Zeichen 'plus' und 'minus' vermerkt wird. Dabei ist es durchaus möglich, daß die Aufgaben höherer Altersstufen in dem einen oder anderen Bereich bewältigt, andererseits aber Vollzüge, die eigentlich schon gekonnt werden müßten, noch nicht bewältigt werden. Diese mit 'minus' gekennzeichneten, noch nicht beherrschten Entwicklungsvollzüge sollen dann durch ein entsprechendes Übungsangebot aufgeholt werden.

Sensomotorisches Entwicklungsgitter

für ______________________

____

Zeichenerklärung:
□ = nicht gekonnt
⧄ = halb gekonnt
☒ = gekonnt

Diese Tabelle dient als **Grobdiagnostikum** bei Entwicklungsauffälligkeiten.
Die Alterswerte gelten für Spätentwickler, d. h. 90 % der Kinder erfüllen diese Aufgaben.
Die mit * bezeichneten Items sind statistisch gesichert.
(Auswertung und Anleitung siehe: E. J. Kiphard, Wie weit ist ein Kind entwickelt? Bestell-Nr. 1103)

Alter	A. OPTISCHE WAHRNEHMUNG	B. HANDGESCHICK	C. KÖRPERKONTROLLE	D. SPRACHE	E. AKUSTISCHE WAHRNEHMUNG
4 Jahre (48 Mon.)	48. Puzzle aus 2 Teilen	48. Schneidet mit Schere	48. Frei treppab, Fußwechsel	48. Nennt 2 Gegensätze*	48. Zeigt alles was fliegt
	47. Ordnet Detail zum Ganzen	47. Knöpft auf und zu*	47. Schlußsprung von Couch	47. Fragt: wer, wo, wann, warum	47. Versteht: müde, hungrig*
	46. Erkennt Junge und Mädchen	46. Linie zwischen 2 Punkten	46. 5 fortlauf. Schlußsprünge	46. Gebraucht Nebensätze	46. Legt etwas auf, unter*
	45. Findet 3 versteckte Dinge	45. Knetet Kugel und Schlange	45. 1 Hüpfer auf einem Bein*	45. Wiederholt Kurzgeschichte	45. Versteht: morgens, abends
	44. Ordnet Menge 2 optisch zu	44. Schraubt, dreht Schlüssel	44. Je Bein 2 Sek. balancieren	44. Erklärt was es spielt	44. Befolgt: gib mir zwei
	43. Sortiert Autos und Tiere	43. Wäscht und trocknet Hände*	43. Geht mit Armschwung	43. Laute: ch/ch, ng, nt, schp, fr	43. Kennt Daumen, Zeigefinger
3½ Jahre (42 Mon.)	42. Orientiert sich draußen	42. Hält Stift mit Fingern	42. Frei treppauf, Fußwechsel	42. Verwendet Vergangenheit	42. Hört Vokal „a" heraus
	41. Setzt 5 Formen ein	41. Zeichnet Kreis ab*	41. Springt 20 cm weit, 5 cm hoch*	41. Berichtet spontan Erlebnis	41. Hört Geschichte gespannt zu
	40. Räumt 5 Hohlwürfel ein	40. Baut Turm aus 8 Würfeln*	40. Geht 3 m-Streifen entlang	40. Nennt 5 Tiere	40. Zeigt eckig und rund
	39. Sortiert 5 P.Lottobilder	39. Wickelt Bonbon aus	39. Trägt Wasserglas 3 m weit	39. Benennt Tätigkeit im Bild	39. Zeigt auf rote Farbe
	38. Sortiert 3 Längen	38. Öffnet Zündholzschachtel	38. Kickt Ballon aus der Luft	38. Verwendet Mehrzahl*	38. Zeigt re./li. (auch falsch)
	37. Sortiert Grundfarben	37. Zieht Kleidung an*	37. Fährt Dreirad, Gocart*	37. Sagt: ich, du, mein, dein	37. Zeigt größer und kleiner
3 Jahre (36 Mon.)	36. Unterscheidet 1 und viel	36. Malt Rundformen	36. Beidbeinsprung von Treppe	36. Laute: r, s, sch, x, z	36. Befolgt: gib mir eins/viele
	35. Erkennt Tätigkeit im Bild	35. Gießt von Becher zu Becher	35. Anlaufsprung über Strich	35. Spricht mit Puppe, Teddy	35. Hört zwei Schläge heraus
	34. Erkennt Orte wieder	34. Faltet Papier*	34. Rennt 15 m ohne Hinfallen	34. Spricht Dreiwortsatz	34. Zeigt Tätigkeit im Bild
	33. Findet 2 versteckte Dinge	33. Holt Bonbon mit Rechen	33. Fußschlußstand, Augen zu	33. Fragt: was'n das?	33. Zeigt 6 benannte Körperteile
	32. Sortiert Tee- und Eßlöffel	32. Reiht Perlen auf Draht*	32. Frei treppab, nachgesetzt	32. Wiederholt Viersilbensatz	32. Befolgt Doppelauftrag*
	31. Kennt seine Kleidung	31. Steckt Kette ins Rohr	31. Geht 3 m auf Zehenballen	31. Sagt: noch, wieder, viel	31. Versteht doppelte Ortsangabe
2½ Jahre (30 Mon.)	30. Sortiert 2 P.Lottobilder	30. Baut Turm aus 4 Würfeln*	30. Beidbeinsprung am Boden	30. Verwendet der, die, das	30. Befolgt: Leg Puppe heia!
	29. Sortiert Löffel u. Gabeln	29. Ißt allein mit Löffel*	29. Geht balancesicher	29. Spricht Zweiwortsatz*	29. Befolgt: Gib mir noch eins
	28. Kennt Nachbarn und Besuch	28. Wirft Ball überkopf zu*	28. Ersteigt 3 Leitersprossen	28. Benennt 2 Eigenschaften	28. Versteht: wiedersehn, tschüs
	27. Ordnet 2 Formen zu	27. Kippt Perle aus Flasche*	27. Treppab mit Geländer	27. Sagt: da, weg, bitte, danke	27. Zeigt 4 benannte Personen
	26. Ordnet 2 Farben zu	26. Steckt Stock ins Rohr	26. Frei treppauf, nachgesetzt	26. Nennt sich beim Vornamen	26. Zeigt 8 benannte Dinge
	25. Ordnet 2 Größen zu	25. Blättert Buchseiten um*	25. Spielt in Kauerstellung	25. Verwendet 10 Worte	25. Kennt 20 Wortbedeutungen
2 Jahre (24 Mon.)	24. Ordnet 2 Dinge zum Bild	24. Zieht Kleidung aus*	24. Fußballstoß ohne Umfallen*	24. Benennt 2 Tätigkeiten	24. Versteht: ata, teita (ausfahren)
	23. Zeigt Körperteil an Puppe	23. Kritzelt auf Papier*	23. Ersteigt Stuhl, faßt Lehne	23. Benennt 4 Dinge	23. Versteht: eia und heia
	22. Findet ausgetauschte Dose	22. Tut Rosine in Flasche	22. Treppauf mit Geländer*	22. Benennt 3 Personen	22. Versteht: Möchtest du . . .?
	21. Sieht bei Turmbau zu	21. Öffnet Reißverschluß	21. Geht rückwärts*	21. Verwendet 5 Worte*	21. Zeigt benannten Körperteil*
	20. Schüttelt Kopf als Nein	20. Baut Turm aus 2 Würfeln*	20. Rennt 5 m ohne Hinfallen	20. Laute: n, l, d, t, w, f	20. Zeigt 4 benannte Dinge
	19. Ordnet Ding zum Ding	19. Steckt Scheiben auf Stab	19. Hebt gehockt Dinge auf	19. Einwortsatz als Wunsch	19. Zeigt 2 benannte Personen
1½ Jahre (18 Mon.)	18. Erkennt Person von weit	18. Packt Eingewickeltes aus	18. Treppenkrabbeln auf Bauch	18. Ahmt 2 Worte nach	18. Reagiert auf seinen Namen
	17. Besieht gern Bilderbuch	17. Trinkt allein aus Tasse*	17. Steht ohne Hilfe auf	17. Ahmt 2 Tierlaute nach	17. Versteht: Mund auf
	16. Betrachtet sich im Spiegel	16. Wirft Dinge weg	16. Hebt im Bücken Dinge auf*	16. Sagt 2 sinnvolle Worte	16. Macht auf Geheiß „bitte"
	15. Sieht rollendem Ball nach	15. Zeigt mit Zeigefinger	15. Steht allein, geht allein*	15. Laute: a, o, u, m, b, p	15. Befolgt: Komm her zu mir
	14. Kennt Eltern und Geschwister	14. Räumt Dinge aus und ein	14. Schiebt Kinderwagen	14. Laute als Wunschäußerung	14. Mundbewegung bei „ham", „happa"
	13. Bevorzugt ein Spielzeug	13. Schlägt Dinge aneinander*	13. Geht mit Halt an Möbeln	13. Kaut mühelos feste Nahrung	13. Blickt zur genannten Person
1 Jahr (12 Mon.)	12. Findet verdecktes Ding	12. Daumen-Zeigefinger-Griff*	12. Kniet aufrecht / Krabbelt allein	12. Lallt 4 verschied. Silben	12. Versteht eine Wortbedeutung
	11. Erkennt sein Fläschchen*	11. Schüttelt Gegenstand	11. Sitzt gut im Stuhl / Setzt sich allein auf	11. Ahmt Laute nach*	11. Dreht Kopf direkt zum Ton
	10. Beobachtet seine Hände	10. Befühlt, untersucht Dinge*	10. Steht an Möbeln* / Zieht sich zum Stand*	10. Äußert Stimmungslaute*	10. Reagiert auf Schimpfen
	9. Betatscht Spiegelbild*	9. Gibt Ding von Hand zu Hand*	9. Sitzt länger allein* / Robbt auf Bauch	9. Spuckt mit Zungenspitze	9. Dreht Kopf beim Flüstern
	8. Sieht Hingefallenem nach*	8. Nimmt 2 Dinge vom Tisch*	8. Vierfüßlerstand / Rollt in Bauchlage	8. Trinkt von gehaltener Tasse	8. Lauscht bei Schritten
	7. Verfolgt gehende Person	7. Greift und läßt los	7. Beine tragen Körper* / Tänzelt auf Schoß	7. Leckt Breilöffel gut ab	7. Stoppt Weinen auf Zuspruch
½ Jahr (6 Mon.)	6. Richtet Augen parallel	6. Steckt Dinge in den Mund	6. Hebt Kopf in Rückenl. / Zieht sich zum Sitz	6. Antwortet durch Laute	6. Sucht Ton durch Kopfwenden*
	5. Sieht Rosine auf Tisch*	5. Langt in Richtung Objekt*	5. Handstütz in Bauchl.* / Rollt auf Rücken	5. Schließt Mund, schluckt Spucke	5. Lauscht bei Gesang, Musik
	4. Betrachtet Ding in Hand*	4. Spielt mit den Händchen*	4. Im Sitz Rücken gerade* / Schwimmbeweg. in Bauchl.	4. Kichert, lacht, quietscht*	4. Sieht Sprechenden an
	3. Sieht Wegbewegtem nach	3. Zupft an seiner Kleidung	3. Unterarmstütz in Bauchl.* / Aktiv beim Baden*	3. Laute: cha, grr, öh, eku, erre*	3. Hält bei leisem Ton inne*
	2. Blickt ins Gesicht*	2. Armbeuge- u. Streckbewegung	2. Kopfkontrolle auf Arm / Gleichseit. Strampeln	2. Andere Laute als Weinen*	2. Geräuschreaktion im Schlaf
	1. Folgt bewegtem Objekt*	1. Schließt Hand um Objekt	1. Kopfheben in Bauchl.* / Fußstöße gegen Druck	1. Saugt, schluckt, weint	1. Erschrickt bei lautem Geräusch
	Summe der Wertungen	Summe der Wertungen	Summe der Wertungen	Summe der Wertungen	Summe der Wertungen

Abb. 9

Da die Bestandsaufnahme in allen fünf Sinnes- und Bewegungskanälen registriert wird, fällt das Zurückbleiben in einem oder mehreren Entwicklungsfunktionsbereichen deutlich auf. Wie auf den Abbildungen 10 und 11 (aus dem Buch: Wie weit ist ein Kind entwickelt?) schematisch dargestellt ist, arbeiten Hand und Auge bzw. Mund und Ohr im Sinne eines selbstregulativen Informations- und Kommunikationsverbundes eng zusammen. Störungen des Sehens wirken sich auf die Entwicklung der Handgeschicklichkeit negativ aus (gestörter visuell-handmotorischer Regelkreis). Andererseits ist die Sprachentwicklung von der Intaktheit der Hörfähigkeit und des -sprachverständnisses abhängig (akusto-sprechmotorischer bzw. sprachkognitiver Regelkreis).

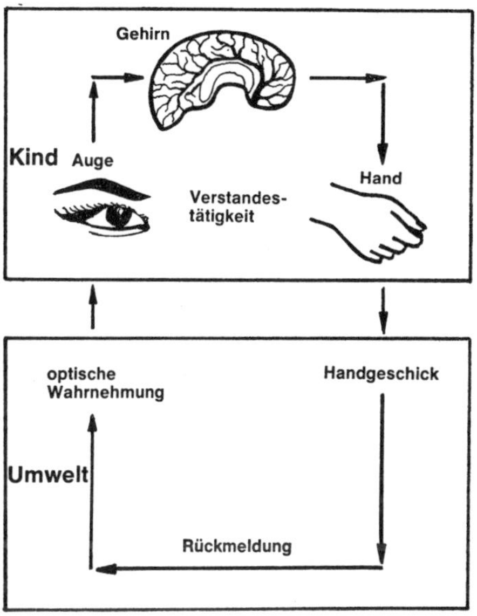

Abb. 10

Abb. 11 Auditiv-sprechmotorischer Regelkreis

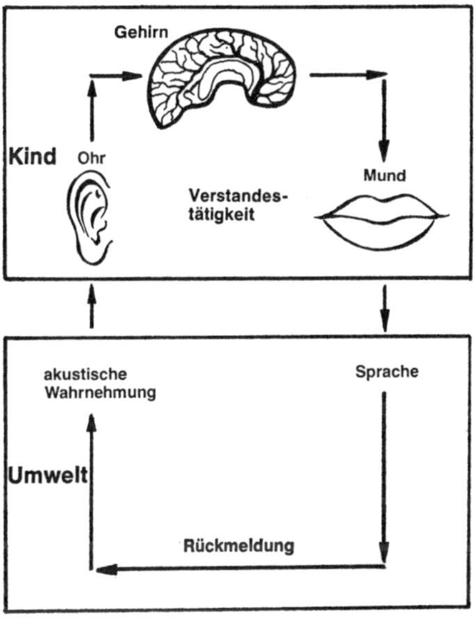

Abb. 11

2.1.5. Psycho-soziales Entwicklungsgitter

Dem Sensomotorischen Gitter wird das Psychosoziale Entwicklungsgitter ergänzend zur Seite gestellt. Es handelt sich dabei um eine Entwicklungssäule, welche mit dem nach kybernetischen Gesichtspunkten konstruierten sensomotorischen Gitter nicht erfaßt wird.

Die emotional-soziale Entwicklung stellt eine außerhalb des sensomotorischen Schemas stehende Dimension kindlicher Persönlichkeitsentwicklung dar. Dennoch bestehen untereinander die engsten Wechselbeziehungen, auf die schon HELLBRÜGGE hinwies. Auch der Denver-Test verdeutlicht dies.

Wir empfehlen, das psycho-soziale Entwicklungsgitter bei jedem auch nur geringen Verdacht auf eine gestörte Gefühlsentwicklung von den Eltern ausfüllen zu lassen. Bei

Heimkindern sollte das Sozialgitter routinemäßig angewendet werden. Hierbei können autistische Verhaltensstörungen sehr früh erfaßt werden.

Zusammenfassend darf gesagt werden, daß sowohl das sensomotorische als auch das psycho-soziale Entwicklungsgitter nicht als Test für Fachleute konzipiert wurden, sondern als einfaches Checksystem für Eltern und Erzieher mit dem Ziel, Rückständen und Störungen in der Entwicklung rechtzeitig auf die Spur zu kommen. Mit dem Sensomotorik-Gitter werden mehr die körperlichen und geistigen Entwicklungsdefizite, mit der psychosozialen Gittersäule die seelischen Störungen und Mängel erfaßt.

Genaue Anweisungen zum Gebrauch des Gitters und der dazugehörigen Elternfragebogen sind dem schon erwähnten Buch 'Wie weit ist ein Kind entwickelt?' (verlag modernes lernen, Dortmund 1975, 6. Auflage 1987) zu entnehmen. Die insgesamt 288 zur Entwicklungsprüfung verwendeten Aufgaben stellen in der Art der zweidimensionalen Staffelung (nach Funktionsbereichen und nach dem Alter) außerdem eine ausgezeichnete Grundlage zur systematischen Entwicklungsförderung bei gesunden und behinderten Kindern dar.

2;0 Jahre (24 Monate)	Sagt, wenn es etwas möchte Ahmt Fegen, Kochen nach* Plappert beim Bildbesehen Kann sinnvoll allein spielen Kommt freudig entgegen Drückt und streichelt Spieltier	4;0 Jahre (48 Monate)	Bleibt nachts trocken Gibt Süßigkeiten ab Macht Kreisspiele mit Spielt allein draußen Sagt: »Ich hab'dich lieb« Hat spezielle Freunde
1;6 Jahre (18 Monate)	Zeigt sein Spielzeug her Rollt Ball zurück* Hilft beim Anziehen, holt Schuhe Reagiert auf Handhinstrecken Klatscht bei »backe Kuchen«* Macht »winke winke« nach *	3;6 Jahre (42 Monate)	Unterbricht Lärm auf Bitten Spielt gern mit anderen* Macht gern etwas vor Ist froh über neue Kleidung Stellt viele Fragen Ist stolz über Lob
1;0 Jahre (12 Monate)	Erwidert aktiv Zärtlichkeiten Hält Ding bei Wegnahme fest* Spielt mit Spiegelbild* Reagiert auf Tuchversteckspiel* Streckt Mutter Ärmchen entgegen Lallt fröhlich in seinem Bett	3;0 Jahre (36 Monate)	Spricht von sich als »ich« Spielt gern Tierrollen Führt gern Aufträge aus Bringt gern andere zum Lachen Wartet, bis es dran ist Ist eifersüchtig auf andere
0;6 Jahre (6 Monate)	Stoppt Weinen, wenn aufgenommen Weint, wenn man weggeht Kräht freudig, wenn Mutter kommt Lutscht an Fingern und Handrücken Lächelt die Mutter an* Betatscht die Mutter	2;6 Jahre (30 Monate)	Bleibt tagsüber sauber Füttert Teddy oder Puppe Ist froh über neue Gerichte Nennt sich beim Vornamen Zeigt Zuneigung zu anderen Hilft im Haushalt*

Abb. 12 Psychosoziales Entwicklungsgitter (nach KIPHARD)

Literatur zur Entwicklungsfrühdiagnostik siehe Verzeichnis Seite 181.

2.2. Checkliste motorischer Schulfähigkeit (CMS)

Das kindliche Bewegungsleben und -erleben stellt sich als ein zentraler und integrativer Aspekt der vorschulischen Gesamtentwicklung dar. Es ist deshalb notwendig, das motorische Verhalten vor der Einschulung möglichst differenziert und verläßlich zu überprüfen. Die folgende Zusammenstellung des grobmotorischen und feinmotorischen Funktionsbestandes in Form einer Checkliste mag dabei hilfreich sein. Es ist der Versuch, den ungefähren Leistungsstand eines durchschnittlich entwickelten sechsjährigen Kindes zu fixieren. Dabei handelt es sich nicht um einen Test, sondern um ein Suchverfahren zur Auffindung von Rückständen in der Gesamtbewegungskontrolle.

Es liegen zur Zeit noch keine Untersuchungen darüber vor, welchen dieser einzelnen motorischen Funktionsvollzüge die höchste diagnostische Valenz, z. B. im Hinblick auf die Trennung hirngesunder und hirngeschädigter Kinder, zukommt. Demzufolge ist es vorläufig noch nicht möglich, dem Schularzt für Schulreifeuntersuchungen ein zeitsparendes und dennoch im Hinblick auf die Einzeldiagnostik genügend zuverlässiges und gültiges motorisches Testverfahren anzubieten.

Selbst der psychometrisch einwandfrei überprüfte Körperkoordinationstest für Kinder (vgl. 2.4. auf Seite 48) erbringt die für den Einzelfall notwendige diagnostische Sicherheit der Aussage nur dann, wenn alle vier Untertests durchgeführt werden. Es ist eben so, daß das individuelle motorische Leistungsprofil naturgemäß Stärken und Schwächen aufweist. Deshalb wird ein breit gefächertes Inventarium motorischer Schulreifeleistungen am ehesten auffällige Kinder herausfinden können.

2.2.1. Schulreife – Schulfähigkeit

Der Begriff 'Schulreife' basiert auf den biologischen Reifungsvorgängen im Zentralnervensystem. Autoren wie GESELL (1952) nehmen einen endogen gesteuerten Wachstums- und Ausdifferenzierungsprozeß kindlicher Verhaltensmuster an.

Der objektivere Begriff der 'Schulfähigkeit' schließt die Abhängigkeit zentralnervöser Reifungsprozesse von der Vielfalt der Umweltreize mit ein. Das bedeutet, daß Schulreife oder Schulfähigkeit bis zu einem gewissen Grade gelernt werden können. Mit anderen Worten: Bei genügender biologischer Funktionsreife und Unversehrtheit der Gehirnstrukturen bestimmt die Funktionsbeanspruchung durch vielseitige, gezielte Umweltreize und Erziehungseinflüsse die Fähigkeit eines Kindes, sich in einem bestimmten Alter den Anforderungen der Einschulung gewachsen zu zeigen.

Bei den verschiedenen theoretischen Versuchen, die Merkmale der Schulfähigkeit zu unterteilen, werden im allgemeinen drei Bereiche angeführt:

1.) die kognitive oder intellektuelle Schulreife
2.) die emotional-soziale Schulreife
3.) die körperliche Schulreife.

Für den letzterwähnten körperlichen Entwicklungsstand stehen Beurteilungskriterien wie Körpergröße und Gewicht, Zahnwechsel (TANNER, 1962) sowie das Skelettalter (TANNER und WHITEHOUSE). Die Eindrucksanalyse aufgrund der körperlichen Proportionsverschiebungen des ersten Gestaltwandels nach ZELLER ist in letzter Zeit vielfach kritisiert worden (HELLBRÜGGE, 1963; LENZ, 1971; GRAU und KLAUS, 1975). Die Wandlung kindlicher Körperform in diesem Entwicklungsabschnitt wird heute nicht mehr als eindeutige somatische Zäsur, die sich als Besonderheit aus dem kontinuierlichen Wachstumsgeschehen herausheben ließe, angesehen (MÜLLER, 1972).

Bei dieser relativ statischen Betrachtungsweise des körperlichen Reifezustandes kommen die motorischen Gegebenheiten eindeutig zu kurz. Man wird dem Kinde nicht gerecht, wenn man nur den körperlichen Reifezustand und evtl. Haltungsfehler feststellt. BAAR und TSCHINKEL (1969) halten deshalb 'ein gewisses Ausmaß an Körperbeherrschung' als Kriterium der körperlichen Schulreife für notwendig. GIESELBERG und Mitarbeiter (1973) formulieren es so: 'Mit dem Eintritt des Kindes in das Alter der Schulpflicht sollte dem Kind ein ausreichendes Maß von Körperbeherrschung zur Verfügung stehen.'

Während die Grobmotorik eindeutig der körperlichen Schulreife zugeordnet wird, finden wir Begriffe wie 'Feinmotorik', 'Handgeschick' oder 'praktisches Geschick' als Untertests der üblichen kognitiven Schulreifeprüfungen.

Spezifische motorische Verfahren oder genormte Prüfungssituationen wurden nur selten bei Schulreifeuntersuchungen angewandt. MEINERT und KOMM (1958) gebrauchen als eine Art Screening-Verfahren den freien Schritt über eine etwa 20 bis 30 cm weite Lücke zwischen zwei Stühlen. Danach soll sich das Kind auf dem zweiten Stuhl einmal um sich selbst drehen und anschließend auf eine davor liegende Turnmatte herunterspringen. 'Bei dieser motorischen Übung lassen sich in erstaunlichem Maße Reifegrad, Alter wie auch Auffälligkeiten erkennen' (MEINERT, 1972).

Zur Prüfung der Feinmotorik greift MEINERT auf weitere Bewegungsaufgaben wie das Fangen und Zurückwerfen eines Gymnastikballes oder das Aufwickeln eines Knäuels Wolle zurück.

Im Rahmen der Schulreifeuntersuchungen des Gesundheitsamtes Stuttgart wird die Vorform des 'Körperkoordinationstests (KTK) von SCHILLING und KIPHARD verwendet. Wenn die dortigen Untersuchungen auch noch nicht abgeschlossen sind, 'so ergibt sich mit der motorischen Leistung schon jetzt ein neuer meßbarer Wert, der die Beurteilung des Kindes im Einschulungsalter ergiebiger gestalten kann und im diagnostischen Repertoire von Schularzt und Hausarzt seinen Platz bekommen sollte' (GIESELBERG und Mitarbeiter, 1973).

Die folgende Checkliste ist weniger als diagnostisches Instrumentarium für den Schularzt gedacht, sondern vielmehr als eine Bewegungsbestandsaufnahme zur Handhabe in Elternhaus und Kindergarten. So erfüllt die Checkliste eine doppelte Aufgabe: einmal als Schema der Groborientierung für eine spielerische Leistungsüberprüfung; zum zweiten aber als ideales Übungsprogramm, mit dessen Hilfe motorische Schulreifedefizite gezielt angegangen und spielerisch aufgeholt werden können.

2.2.2. Kraft, Schnelligkeit und Gewandtheit

- 20 m in 5 Sekunden bzw. 30 m in 7 1/2 Sekunden laufen (4 Meter/Sekunde).
- Aus dem Anlauf 1,50 m weit springen; aus dem Stand 1 m.
- Aus dem Anlauf ein kniehohes Hindernis (eine Schnur von etwa 30 bis 40 cm Höhe) überspringen.
- Im Hochsprung an eine Latte anschlagen: 10 bis 15 cm über Reichhöhe.
- Aus Brusthöhe auf eine Matte niederspringen.
- Schlußhochsprung mit Händeklatschen vor der Landung.
- Standdrehsprung mit Drehung um 180 Grad (eine halbe Körperlängsdrehung).
- Mit geschlossenen Füßen über eine Strecke von 10 m fortlaufend vorwärtshüpfen.
- Zehnmal im Sekundenrhythmus seitlich über eine Bodenlatte hin- und herspringen.
- Auf jedem Bein 5 Hüpfer rückwärts ausführen.
- 10 m in 10 Sekunden auf dem Vorzugsbein vorwärtshüpfen.
- Auf dem Vorzugsbein eine Schnur von 10 cm Höhe einbeinig überhüpfen.
- Auf dem Zweitbein eine Schnur von 5 cm Höhe überhüpfen.
- In 12 Sekunden 8 exakte Hampelmannsprünge ausführen.
- Aus der Rückenlage durch Herunterschwingen der angehobenen Beine in gerader Richtung zum Stand kommen (seitliches Abstützen der Hände erlaubt).
- Sich ohne Handbenutzung aus dem Stand hinknien und wieder aufstehen.
- Ohne Handbenutzung einen Stuhl über dem Kniestand ersteigen.
- Eine Treppe unter Abwechseln der Füße frei hinabgehen.
- Beim Hinaufgehen zwei Treppenstufen auf einmal nehmen (Nachstellschritt erlaubt).
- Eine Treppe aus kniehohen Kastenteilen (ca. 40 cm hoch) frei hinaufgehen.
- Brusthohen Turnkasten oder andere Hindernisse ohne Hilfe überklettern.
- Ohne Hilfe auf einen Tisch klettern.
- Ohne Hilfe eine Sprossenwand hinauf- und wieder hinunterklettern.
- An Sprossenwand oder Reckstange 10 Sekunden lang frei hängen.

2.2.3. Gleichgewicht

- Aus 30 cm Höhe zum sicheren Zehenstand (Fußballenstand) niederspringen.
- Mit geschlossenen Füßen im Zehenstand mit erhobenen Fersen 10 Sekunden verharren.
- Desgleichen in tiefer Hocke, Arme in Seithalte.
- Auf einem Bein aus 20 cm Höhe einbeinig zur sicheren Landung auf dem gleichen Bein herabhüpfen.
- Mit herabhängenden Armen 10 Sekunden lang auf einem Bein stehen (soll rechts und links gekonnt werden).
- Fuß hinter Fuß (Zehen an Ferse) mit angelegten Armen und geschlossenen Augen 10 Sekunden stehen.
- Fuß-vor-Fußgang (Zehen an Ferse) vorwärts und rückwärts über 2 m.
- Entlang einem 10 m langen und 2 cm breiten Streifen ohne Abweichung vorwärtsgehen.
- Über eine 3 m lange und 5 cm breite Latte ohne Bodenberührung vorwärtsgehen.
- Über eine 3 m lange und 10 cm breite Latte rückwärtsgehen.
- Mit deutlich erhobenem Fußballen auf den Fersen 5 m vorwärts und 2 m rückwärts gehen.

- Über eine am Boden liegende Leiter auf 5 Sprossen frei vorwärtsgehen.
- Desgleichen 10 Sprossen auf allen vieren.
- Eine horizontal gespannte Schnur ohne Berührung übersteigen: Höhe 10 cm tiefer als Schrittlänge.
- Über Stuhl- oder Tischlücke steigen: Abstand 30 cm.
- Mit geschlossenen Augen am Ort zehnmal von einem Bein in schnellem Wechsel auf das andere hüpfen.
- Mit einem begrenzten Anlauf von 1 1/2 m mit einem Roller eine 5 m lange und 50 cm breite Gasse stehend durchfahren. (Kindern ohne Rollererfahrung soll selbstverständlich eine intensive Übungszeit zur Verfügung stehen.)

2.2.4. Werfen und Fangen

- Schlagballweitwurf: Jungen 10 m; Mädchen 5 m.
- Schlagballzielwurf auf kopfhohe Zielscheibe (25 x 25 cm). Abstand 1 1/2 m.
- Schlagballzielwurf durch kopfhoch aufgehängten Reifen Durchmesser 1 m, Abstand 3 m.
- Schlagballzielwurf in liegenden Reifen, Abstand 2 m.
- Fußballzielstoß auf ein 1 m breites Tor, Abstand 3 m.
- Einen Luftballon (Umfang 55 cm) mit einem Lineal zehnmal fortlaufend in der Luft hochschlagen (rechts und links üben).
- Gymnastikball mit einem beidhändig gefaßten Stab gezielt vom Boden wegschlagen.
- Einen Ball dreimal nacheinander gegen den Boden prellen.
- Einen aus 2 m Abstand in Brusthöhe zugeprellten Ball sicher auffangen.
- Den Ball selbst leicht gegen die Wand werfen und nach dem Auftreffen auf dem Boden fangen, Abstand 2 m.
- Desgleichen aus 1 m Abstand ohne Bodenberührung direkt fangen.
- Den Ball etwa 1/2 bis 1 m hochwerfen und wieder fangen.
- Reflektionsstarken Hartgummiball aus Brusthöhe fallen lassen und nach dem Zurückprellen vom Boden auffangen.

2.2.5. Hand- und Fingergeschick

- Die erhobenen Hände im Handgelenk während 5 Sekunden zehnmal flott hin- und herdrehen (Fähnchen auf dem Turm).
- 12 Spielkarten ausgeben und an den vier Ecken eines Papierbogens ablegen.
- 2 Spielkarten dachförmig gegeneinanderlegen.
- 1 m Bindfaden in 30 Sekunden von einer Spule ab- und wieder aufwickeln.
- Eine Schnur um einen Bleistift oder Stab knoten.
- Geometrische Figuren (Kreis und Viereck) grob ausschneiden.
- Gezielte Hammerschläge auf Holzpflock oder großen Nagel ausführen.
- Geduldspiel: 2 Mäuse (Kugeln) ins Loch schütteln.
- In 20 Sekunden 10 Rosinen einzeln in eine Flasche tun.
- Labyrinth (Linienabstand 1 cm) mit Filzstift nachfahren.
- 10 Druckbuchstaben in einer Minute grob abzeichnen.
- Aus dem Gedächtnis ein Gesicht mit Augen, Nase und Mund zeichnen.
- Aus dem Gedächtnis menschliche Gestalt mit Kopf, Rumpf, Armen, Beinen, Händen und Füßen zeichnen.

- Randvoll gefüllten Becher ohne Verschütten 5 m weit tragen.
- Wasser aus Becher oder Kanne in Schnapsgläser umfüllen.
- Zucker mit Löffel dreimal in ein anderes Gefäß geben.
- Brotscheibe selbst bestreichen.
- Mit Hilfe von Gabel und Messer ein Stück Brot abschneiden.

2.2.6. Übungsprobleme bei schulunreifen Kindern

Die vorstehend in Form einer Checkliste zusammengestellten Bewegungsaufgaben sind - das sei hier nochmals nachdrücklich betont - vor allem auch als gezieltes Trainingsprogramm zur Förderung der Schulreife gedacht. Würde man nur eine Auswahl davon im Elternhaus und im Vorschulbereich an die Kinder herantragen, so könnten damit schon bewegungsauffällige und bewegungsrückständige Kinder erfaßt werden.

Wie EGGERT (1971) zeigen konnte, sind motorische Aufgaben deshalb zur Entwicklungsdiagnose gut geeignet, weil sie höher als kognitive Leistungsvollzüge mit dem Lebensalter korrelieren. KORNMANN (1972) gelang mit grob- und feinmotorischen Verfahren (Weitsprung, seitliches Hin- und Herhüpfen, Perlen-Aufreihen) eine gute Vorhersage der Sonderschulbedürftigkeit bei schulunreifen Kindern. Hochgradige motorische Retardierungen gehen - wie eine Reihe von Untersuchungen zeigen (GÖLLNITZ, 1954; GEISSLER und FÖRSTER, 1960; KIPHARD, 1969) - häufig auf frühkindliche Hirnstörungen zurück. Nach MÜLLER (1967) erwiesen sich rund 20 % der von ihm untersuchten schulunreifen Kindern als hirngeschädigt.

Motorisch entwicklungsrückständige Kinder haben, selbst wenn sie sonst schulfähig sind, aufgrund ihres Bewegungsungeschicks einen ungleich schwereren schulischen Start. Sie stehen im wahrsten Sinne des Wortes noch zu wackelig auf den Beinen. Ihre allgemeine Tolpatschigkeit, ihr staksiger Gang, ihr unsicheres Treppengehen, all das provoziert bei anderen Kindern blitzschnelle Angriffshandlungen. Sie stellen ihnen ein Bein oder schubsen sie einfach um, weil sie damit ihre körperliche Überlegenheit gegenüber funktionell Schwächeren ausspielen können. Ohne Hilfe des aufmerksamen Pädagogen wird das grobmotorisch ungeschickte Klassenmitglied bald zum Prügelknaben und sozialen Außenseiter.

KESSELMANN hat den Schulerfolg einer Gruppe von zehn Kindern verfolgt. Sie hatten sich nach unseren 1965 im Rahmen eines Forschungsauftrages durchgeführten Untersuchungen im Zeitpunkt der Einschulung als motorisch rückständig und koordinationsgestört erwiesen. Von diesen zehn Schülern mußten zwei in die Sonderschule umgeschult werden, drei blieben in der Grundschule sitzen, während die anderen fünf Kinder auch die Hauptschule ohne große Schwierigkeiten durchliefen bzw. zwei davon sogar die Oberschule besuchten.

Viele motorisch schulunreife Kinder leiden besonders auch unter ihrem manuellen Ungeschick. Das zeigt sich bei Handlungsaufgaben, die Fingerfertigkeit verlangen, aber auch beim Werken, Handarbeiten und nicht zuletzt in der Schriftführung. Handmotorisch gestörte Kinder sind beim Diktatschreiben oft einem derartigen Leistungsdruck ausgesetzt, daß es zu einem regelrechten psychomotorischen Schreibkrampf kommen kann (vgl. Schreibbewegungsstörungen in Band 3).

Fassen wir das bisher Gesagte zusammen:

- Die Bewegungsentwicklung ist als wichtiger integrativer Teil der vorschulischen Gesamtpersönlichkeitsentwicklung anzusehen.
- Frustrierende Erlebnisse im Bewegungsbereich führen häufig zu sozialen Schwierigkeiten.
- Motorisch nicht altersgemäß entwickelte Kinder haben es erfahrungsgemäß schwerer in der Schule.
- Es ist wichtig, solche Rückstände vor der Einschulung zu erkennen.
- Hochgradige motorische Retardierungen können eine spätere Sonderschulbedürftigkeit anzeigen.
- Es sollte immer auch an die Möglichkeit des Vorliegens einer Hirnfunktionsstörung gedacht werden.

2.2.7. Vorbeugende und fördernde Maßnahmen

Im Hinblick auf das schulunreife, d. h. bewegungsauffällige, -rückständige und -gestörte Kind ergeben sich folgende Forderungen für die Praxis:

1.) Motorisch schulunreife Kinder müssen einer fachärztlichen Untersuchung zugeführt werden.
2.) Sie sollten ebenfalls einer psychologischen Intelligenzuntersuchung unterzogen werden.
3.) Die Ergebnisse dieser beiden Untersuchungen sowie der Schulreifeuntersuchung ermöglichen aus ärztlicher, psychologischer und pädagogischer Sicht eine Vorhersage der Schulfähigkeit trotz motorischer Schulunreife.
4.) Die Vorhersage soll nach folgender Einteilung vorgenommen werden:
   - schulreif; keine Schwierigkeiten zu erwarten
   - bedingt schulreif; Einschulung bei weiterer ärztl./psychol./pädag. Betreuung
   - noch nicht schulreif; Schulreifeförderung im Schulkindergarten
   - sonderschulbedürftig; z. B. Sonderschule für Lernbehinderte.

Der Versuch einer Einschulung trotz motorischer oder sozialer Schwierigkeiten ist dann erfolgversprechend, wenn diese Schwierigkeiten dem Klassenlehrer bekannt sind und das betreffende Kind außerhalb der Schule entsprechend betreut und gefördert wird.

Die einzelnen Maßnahmen richten sich nach den örtlichen Möglichkeiten zu psychomotorischer, rhythmisch-therapeutischer oder krankengymnastischer Betreuung. Bei ausgesprochen graphomotorischen Schwierigkeiten kommen außerdem spezielle heilpädagogische Verfahren zur Anwendung (HEERMANN, NAVILLE, SEYD). Dabei kann es später unter Umständen notwendig werden, den in seiner Handmotorik erheblich gestörten Schüler durch Sondergenehmigung zur Benutzung einer Schreibmaschine schulisch vorübergehend zu entlasten. (Vgl. 'Schreibbewegungsstörungen' in Band 2).

2.2.8. Zurückstellung von der Einschulung

Bei dieser Gruppe schulischer Problemkinder ist zu erwarten, daß bei entsprechender gezielter Förderung im Schulkindergarten die Schulfähigkeit binnen Jahresfrist doch noch erreicht wird. Diese günstige Prognose kann aber - das soll ausdrücklich gesagt werden - nicht vom Ergebnis eines Schulleistungstests allein abgeleitet werden. Ärztlich-neurologische und Intelligenz-Untersuchungen sind dabei unbedingt mitzubewerten. Nur so kann vermieden werden, daß die zurückgestellten Kinder später trotz intensiver Förderung versagen, weil sie von vornherein sonderschulbedürftig waren. Nach Untersuchungen von KEMMLER (1967) waren bereits nach drei Jahren 31,7 % der zunächst zurückgestellten Kinder wieder sitzengeblieben.

Ein Schulreifetraining, welcher Art auch immer, kann nur dann erfolgreich sein, wenn die betreffenden Kinder genügend lernfähig sind. Schüler mit Hirnstörungen und ausgesprochenen Intelligenzdefekten müssen möglichst frühzeitig der ihnen gemäßen Beschulungsform zugeführt werden. Für die sich nur langsamer entwickelnden Kinder, um die es hier geht, müssen die entwicklungsadäquaten motorischen Lernreize zur Verfügung gestellt werden. Das bedeutet, daß das jeweilige Lernangebot dem derzeitigen Entwicklungsstand bzw. Lernvermögen des Kindes immer nur um eine Haaresbreite voraus sein soll. Keinesfalls mehr, weil sonst die kindliche Anpassungsfähigkeit dem überhöhten Lernreiz nicht gerecht werden kann, so daß sich zwangsläufig Mißerfolge einstellen (KIPHARD, 1975).

In den meisten Schulkindergärten der Bundesrepublik, in denen die 6,5 % von der Einschulung zurückgestellten Kinder betreut werden, wird leider das Hauptgewicht auf den Erwerb und die Verbesserung kognitiver Fähigkeiten gelegt. Dabei kommt die Motorik viel zu kurz. Es wäre unbedingt notwendig, dem Bewegungsbedürfnis schulunreifer Kinder mehr Raum zu geben. Natürlich fehlt es überall an entsprechenden Lehrmitteln in Form einer entwicklungsgemäßen und kindgerechten Ausstattung mit Klein- und Großgeräten. Aber gerade weil sich unter den von der Einschulung zurückgestellten Kindern erfahrungsgemäß ein relativ hoher Anteil motorischer und sozialer Problemkinder befindet, ist die Bewegungs- und Verhaltenssteuerung als ein eminent wichtiges Lernziel des Schulkindergartens anzusehen.

2.2.9. Sonderschulische Bewegungsförderung

EGGERT (1975) hat innerhalb eines Versuchs zur Aktionsforschung durch ein praxisorientiertes Ausbildungsprojekt der Sonderschullehrerausbildung dargelegt, 'daß psycho- oder sensomotorische Traningsmethoden als möglicher erster Schritt eines umfassenden Behandlungsplanes von Lernstörungen anzusehen sind, auf den dann eher auf die Symptome der Lernstörung ausgerichtete Behandlungsmethoden folgen könnten (S. 13)'. Zwar konnte dabei nur eine geringe Erhöhung der Schulleistung nachgewiesen werden. 'Das psychomotorische Trainingsprogramm führte eher zu einer Verbesserung des emotionalen Befindens, zu einer Stärkung des Selbstwertgefühls, zu einer Verbesserung der sozialen Integration und zu einer Verbesserung der Kontakte des Kindes mit Eltern und Lehrern, wobei die Höhe dieser Veränderungen besonders überraschend war (S. 11)'.

EGGERT und seine Mitarbeiter SCHUCK und WIELAND betonen, wie wichtig es ist, die Bewegungsübungen den Eltern vertraut zu machen und diese weitgehend in die pädagogischen Interventionen mit einzubeziehen. Gerade bei lese-rechtschreibschwachen Grundschulkindern konnte dadurch eine leistungsfreie Zuwendungsbeziehung zwischen Eltern und Kindern aufgebaut werden, so daß die frühere Benachteiligung in den Sozialisationsbedingungen im außerschulischen Bereich in Form von mangelnder elterlicher Zuwendung weitgehend ausgeglichen werden konnte.

2.2.10. Die Prävention beginnt im Elternhaus und Kindergarten

Die oben zum Ausdruck gebrachten Gedanken zum kompensativen und kurativen Förderunterricht gelten mit noch größerem Nachdruck für die frühe Lernzeit des Kleinkindalters. In diesen elementarpädagogischen Prozeß müssen weit mehr noch als bisher die Eltern miteinbezogen werden. Was wird heute für zum Teil unnützes Spielzeug ausgegeben! Hier besteht ein echter Mangel an Aufklärung. Eltern haben ein Recht darauf, von kompetenten Fachleuten zu erfahren, was sie in welchem Alter zur gezielten Förderung der Bewegungsentwicklung ihres Kindes spielerisch einsetzen können.

Besonders bedenklich ist die Tatsache, daß die aktive Bewegungszeit, die den Kleinen in unseren Kindergärten zur Verfügung steht, nur einen Bruchteil der tagesüblichen Sitzzeit beträgt. Dabei wäre das umgekehrte Verhältnis naturgemäß, kindgemäß und entwicklungsgemäß. HÜNNEKENS und KIPHARD (1971 und 1975) haben aus ärztlich-pädagogischer Sicht eindrücklich die Notwendigkeit einer baldigen Umwandlung des derzeitigen Sitzkindergartens in einen Bewegungskindergarten gefordert (Vorworte zur 4. und 5. Auflage von 'Bewegung heilt', Flöttmann-Verlag, Gütersloh).

HAHN (1972) stellte folgende pädagogischen Konsequenzen als Vorschlag zur Verbesserung der bewegungsarmen Umweltbedingungen unserer Kleinkinder zusammen:

- Die Bewußtmachung verheerender Folgen frühkindlicher Bewegungsarmut.
- Die Bereitstellung wenigstens sekundär geschaffener Spiel- und Bewegungsräume für Kleinkinder.
- Die differenzierte Ausgestaltung solcher Bewegungsräume, damit vielerlei Formen möglich sind: nicht nur Sandkasten, Schaukel und Kletterturm, sondern auch Rundbahn zum Laufen und Fahren, Abenteuerplätze, Hindernisbahnen und Geräte mit spezifischem Aufforderungscharakter.
- Die Verdichtung solcher Kindereinrichtungen in allen Städten und Wohnsiedlungen.
- Aufforderungsformen sportlicher Art für Eltern und ihre Kinder.
- Überprüfung der spielerischen Formen im Kindergarten und die Einbeziehung der Bewegungsformen in die Vorschule.
- Die Neuorientierung des Sportunterrichts in der Grundschule.

Die Verwirklichung der hier dargelegten erzieherischen Konsequenzen, Maximen und Zielsetzungen steht und fällt mit der Ausbildung und Fortbildung der elementarpädagogischen Fachkräfte. Bewegungserziehung im Sinne psychomotorischer und sensomotorischer Lernangebote ist leider bei den 1973 von der Bildungskommission des Deutschen Bildungsrates verabschiedeten 'Empfehlungen zur Einrichtung eines Modellprogramms für Curriculum-Entwicklung im Elementarbereich' viel zu wenig berücksichtigt worden. Es fehlt noch vielerorts an der Erkenntnis und Einsicht, daß Bewegung mehr ist als sportliche Höchstleistung, nämlich ein das Kind in seiner Gesamtheit erfassender und für die Persönlichkeits- und Sozialentwicklung bestimmender Faktor.[1])

---

[1]) vgl. Kiphard: Motopädagogik im Krippenalter. Motorik 3, 1987; Scheid/Prohl: Kinder wollen sich bewegen. Dortmund: verlag modernes lernen 1988; Zimmer: Kreative Bewegungsspiele. Psychomotorische Förderung im Kindergarten. Freiburg: Herder 1989

Literatur zur motorischen Schulreife siehe Verzeichnis Seite 184.

2.3. Checkliste motorischer Verhaltensweisen (CMV)

Verhaltensstörungen sind, wie schon im Vorwort angedeutet, heute ständig im Zunehmen begriffen. JANTZEN fand bereits 1964 bei Vierjährigen in 34,4 % Verhaltensauffälligkeiten wie Gehemmtheit, Ängstlichkeit, Unruhe und Distanzlosigkeit. Wie FTHENAKIS 1976 aus München berichtet, erwiesen sich von 1500 Kindergartenkindern rund 1/3 als verhaltensauffällig. Im Kindergartenalter beläuft sich der Anteil behandlungsbedürftiger Verhaltensgestörter auf 13 %. Im Schulkindergarten sind es sogar 32 %. Nach Ansicht von LÜCKERT sind 20 % aller Kinder deutlich und weitere 30 % mäßig verhaltensgestört. Wenn es auch im allgemeinen nicht allzu schwierig ist, Fehlverhaltensweisen in Elternhaus, Kindergarten und Schule zu erkennen, so liefern testtheoretisch fundierte psychomotorische Verhaltens-Checklisten doch genauere Daten in Form von Prozentrang-Normtabellen. Eine dieser Möglichkeiten ist die 'Checklist Motorischer Verhaltensweisen'.

Bei diesem von F. SCHILLING entwickelten Motoskopie-Verfahren wird das gesamte Bewegungsverhalten des Kindes mit Hilfe einer Beurteilungsskala eingestuft. Dazu braucht der Beobachter nicht notwendigerweise Fachmann zu sein. Die CMV wird von Lehrern, Erziehern, Psychologen, Ärzten und Pflegepersonal durchgeführt. Voraussetzung ist nur, daß sie das zu beurteilende Kind vorher über längere Zeit in den verschiedensten täglichen Spiel- und Sportsituationen beobachtet haben.

Die Skala selbst besteht aus einer Zusammenstellung von 78 volkstümlichen Eigenschaftswörtern (vgl. Testformblatt), mit denen man das psychomotorische Verhalten von Kindern landläufig beschreibt. Jedes dieser nach dem Zufall angeordneten guten und schlechten Bewegungsqualitätsmerkmale muß als zutreffend oder nicht zutreffend angekreuzt werden. Hierbei können bewegungsauffällige Kinder mittels transparenter Schablone nicht nur ausgelesen, sondern je nach Symptomhäufung einem bestimmten Erscheinungsbild psychomotorischer Störung zugeordnet werden. (Abb. 13)

Die Checklist ist auf Kinder des Altersbereichs von 6 - 11 Jahren anwendbar. In der Vorschulzeit verfügen Kinder, wie SCHILLING vermutet, noch nicht über die sichtbare Ausprägung individueller Bewegungscharakteristik, so daß die Eigenschaftswörter der CMV hier noch nicht anwendbar sind. Mit Pubertätsbeginn kommt es wahrscheinlich zu einer erneuten Veränderung bzw. Störung der Individualmotorik.

Die qualitative Einstufung geschieht durch Zuordnung ähnlicher Bewegungsmerkmale zu Bewegungssyndromen. Aufgrund differenzierter statistischer Analysen konnten insgesamt 8 Skalen verschiedener psychomotorischer Verhaltensweisen aufgestellt werden. Drei davon repräsentieren Spielarten der Norm sowohl im Hinblick auf das Verhalten als auch auf die Koordination der Bewegungen. Die verbleibenden fünf Skalen erfassen Dimensionen eines auffälligen bis gestörten Bewegungsverhaltens. Jedes dieser 8 Syndrome besteht aus 10 psychomotorischen Einzelmerkmalen; lediglich bei einem konnten nur 8 brauchbare Items gefunden werden.

Wie sehr in die einzelnen Bewegungssyndrome auch psychische Komponenten wie Freude, Motivation, Vorsicht, Hemmung und Ängstlichkeit oder Enthemmung und Hyperaktivität miteingehen, zeigt die folgende Darstellung der 3 'normalen' und der 5 auffälligen Merkmalgruppen.

Checklist motorischer Verhaltensweisen von Friedhelm Schilling

	trifft zu	trifft nicht zu		trifft zu	trifft nicht zu		trifft zu	trifft nicht zu
gewandt			unkonzentriert			aktiv		
tolpatschig			anstrengungsfreudig			umtriebig		
unausgewogen			arhythmisch			träge		
leichtfüßig			bedächtig			ruckartig		
reaktionsschnell			unsicher			fraulich		
bewegungsgehemmt			bequem			furchtsam		
abrupt			übereifrig			stetig		
unbeherrscht			zappelig			heftig		
langweilig			plump			fahrig		
gleichmäßig			lebhaft			tapsig		
umständlich			unelastisch			sicher		
unkontrolliert			planlos			müde		
konzentriert			vorschnell			leicht		
bewegungsfreudig			linkisch			abgehackt		
überschießend			tänzerisch			hastig		
gesammelt			unruhig			konstant		
unharmonisch			besonnen			zügig		
geschmeidig			behende			eckig		
ausfahrend			übereilig			elegant		
unbeholfen			schleppend			ruhig		
anmutig			fein			zerfahren		
schwerfällig			kantig			holprig		
sprunghaft			ungeschickt			stereotyp		
staksig			langsam			kontrolliert		
zähflüssig			federnd			graziös		
ablenkbar			beherrscht			bewegungsbegabt		

Abb. 13

Testformular wurde entnommen der CMV-Testmappe, Georg Westermann-Verlag, Braunschweig 1976

Skala 1: Freudige Spontanmotorik

Dieses Bewegungsverhalten ist in erster Linie gekennzeichnet durch Lebhaftigkeit und überschäumende Funktionslust. Wir erkennen in diesem Syndrom die starke Beteiligung der Emotionalität. Die Kinder dieser Merkmalgruppe zeichnen sich durch einen hohen Grad an Motiviertheit, Aktivität, Reaktionsvermögen und durch eine überdurchschnittliche motorische Koordination aus.

Skala 2: Beherrschte Motorik

Hierunter fallen Merkmale wie Besonnenheit, Bedächtigkeit, Beständigkeit und Konzentration. Statt des Gefühls, welches im ersten Bewegungssysndrom beherrschend war, unterliegt das motorische Verhalten hier in starkem Maße der Verstandeskontrolle.

Skala 3: Anmutige Motorik

Die Kinder dieser psychomotorischen Kategorie zeichnen sich durch die Leichtigkeit, Eleganz und Grazie ihrer Bewegungen aus. Alles verläuft augewogen, abgerundet und harmonisch. Wahrscheinlich handelt es sich hier um eine Ausprägung überdurchschnittlicher grobmotorischer Begabung. Es bestehen enge Beziehungen zur Spontanmotorik der Skala 1 (r - 0.51).

Skala 4: Schwerfällige Motorik

Dieses pathologische Bewegungssyndrom ist gekennzeichnet durch allgemeine Plumpheit und Trägheit psychomotorischer Äußerungen. Dem Laien muten diese Kinder oft nur als bequem, müde und wenig anstrengungsbereit an. Sie sind aber relativ häufig hirngeschädigt und leiden offensichtlich unter starken grobmotorischen Störungen, die mit Kraftminderung und Bewegungsverlangsamung einhergehen.

Skala 5: Enthemmte Motorik

Im Gegensatz zu der beherrschten Motorik der Skala 2 finden wir hier einen generellen Mangel an Bremsung, Hemmung und Kontrolle vor. Dem Beobachter fällt auf, daß diese Kinder dauernd in Bewegung sind und durch ihre Umtriebigkeit, Zappeligkeit, Unkonzentriertheit und Ablenkbarkeit ein schwieriges pädagogisches Problem darstellen. Die Bewegungshandlungen erfolgen fahrig, ziel- und planlos. Im angelsächsischen Sprachgebrauch werden diese Kinder als überaktiv (hyperactive) bezeichnet (vgl. 'Enthemmtes Sozialverhalten' in Band 2). Sie leiden häufig an einer leichten Hirnfunktionsstörung und sind aufgrund der organischen Enthemmung sowohl im Motorischen als auch im Emotionalen labil, unausgewogen, d. h. psychomotorisch verhaltensgestört. Grobmotorisch verfügen sie meist über eine ausreichende Koordinationsfähigkeit. Es fehlt ihnen aber typischerweise an feinmotorischer Steuerung.

Skala 6: Gehemmte Motorik

Bei dieser Merkmalgruppe überwiegen Hemmung, Ängstlichkeit und Unsicherheit. Diese psychischen Komponenten sind fast immer gekoppelt mit motorischem Ungeschick und Tolpatschigkeit. Man kann annehmen, daß solche Kinder aufgrund ihrer Furchtsamkeit über zu geringe Bewegungserfahrungen verfügen. Es ist aber auch umgekehrt möglich, daß die zentral durch einen Hirnschaden verursachte Ungeschicklichkeit zwangsläufig zu einer Hemmung und Verunsicherung des gesamten Bewegungsverhaltens geführt hat. SCHILLING berichtet über eine relativ hohe Trennschärfe dieser Skala im Hinblick auf hirngeschädigte und nicht-hirngeschädigte Probanden.

Skala 7: Überschießende Motorik

Dieses Bewegungssyndrom, das der Skala 5 nahesteht (Korrelation von r - 0.59), ist gekennzeichnet durch Heftigkeit, Hyperdynamik, überhöhte Innervationsgröße der Impulse und, daraus resultierend, durch ein Hinausgehen über das Ziel. Zu dieser räumlichen Komponente kommt noch ein zeitliches Nichtabwartenkönnen. Die Kinder verhalten sich dementsprechend hastig, übereilig und vorschnell.

Skala 8: Eckige Motorik

Diese Merkmalgruppe beinhaltet ruckartige, abgehackte, kantige, staksige und linkische Bewegungsabläufe, deren schwere Formen eindeutig pathologisch zu werten sind.

Die Urteile der 1975 standardisierten Checklist Motorischer Verhaltensweisen stimmen bei Probanden mit gestörter Bewegung recht hoch überein. Jungen sind häufiger von Störungen betroffen als Mädchen. Lernbehinderte zeigen erwartungsgemäß ebenfalls häufiger als Grund- und Hauptschüler Syndrome auffälligen Bewegungsverhaltens.

Es liegen bislang noch zu geringe Erfahrungen mit der CMV an Sonderschulen und therapeutischen Einrichtungen vor. Die zukünftige Praxis wird zeigen, inwieweit diese Checklist geeignet ist, Änderungen des psychomotorischen Verhaltens nach Vollzug eines längeren Trainingsprogrammes verläßlich wiederzugeben. Es besteht jedenfalls ein großer Mangel an psychologischen Testverfahren, mit denen die Effizienz psychomotorischer Therapiemaßnahmen gerade im Verhaltensbereich verifiziert werden kann.

Literatur zur Checklist Motorischer Verhaltensweisen (CMV) siehe Verzeichnis Seite 185.

2.4. Körperkoordinationstest für Kinder (KTK)

Auf der Suche nach einem exakten motorischen Verfahren stellten HÜNNEKENS, KIPHARD und KESSELMANN (1967) den 'Hammer Geschicklichkeitstest' vor. Die grundlegenden Arbeiten zu diesem Test wurden durch einen zweijährigen Forschungsauftrag durch die Deutsche Forschungsgemeinschaft ('Das Syndrom motorischer Fehlleistungen bei frühkindlichen Hirnschäden') ermöglicht. Diese erste, in Form einer Nominalskalierung konstruierte Testform bei 5 - 8jährigen Kindern ermöglichte aber keine genügende Differenzierung innerhalb der einzelnen Altersstufen. In den Jahren 1968 bis 1972 wurde daraufhin eine umfangreiche Neubearbeitung nach modernen testtheoretischen Gesichtspunkten von F. SCHILLING durchgeführt. Dabei wurde das Prinzip der altersbezogenen Aufgabenschwierigkeiten (gemessen am Zustandebringen oder Nichtzustandebringen) verlassen und statt dessen eine quantitative Bestimmung des Leistungsmaximums innerhalb der einzelnen Aufgaben vorgenommen.

So wird bei dem von KIPHARD und SCHILLING 1970 vorgestellten Hamm-Marburger-Körperkoordinationstest für Kinder (HMKTK) die maximale Leistung des Probanden durch ständige Aufgabenwiederholung bei steigender Schwierigkeit anhand einer Punktbewertung oder durch Zählen der Wiederholungen pro Zeiteinheit ermittelt. Durch die Erhöhung der Aufgabenschwierigkeiten war es nunmehr möglich geworden, den Test von 8 auf 12 Jahre zu erweitern. Inzwischen konnte die Anwendbarkeit des Tests auf 14jährige ausgedehnt werden.

Die endgültige Testfassung wurde 1974 in Weinheim (Beltz-Verlag) veröffentlicht. Ihr liegt die 1973 und 1974 durchgeführte Normierung (N = 1228) von SCHILLING zugrunde. Der KTK enthält in seiner endgültigen Form 4 Bewegungsaufgaben (vgl. Abb. 14 - 18):

1. Balancieren rückwärts (BR) über verschieden breite Latten (Länge 3 m, Höhe 5 cm, Breiten 3 cm, 4,5 cm, 6 cm).
2. Monopedales Überhüpfen (MÜ) von rechteckigen Schaumstoffplatten (50 x 20 x 5 cm), von denen 12 aufeinander gelegt werden können (60 cm).
3. Seitliches Hin- und Herspringen (SH) über eine Holzleiste (65 x 4 x 2 cm) während 15 sec.
4. Seitliches Umsetzen (SU) auf 2 flachen Podesten (25 x 25 cm Spanplatte mit 4 untergeschraubten Türstoppern, Gesamthöhe 5 cm) innerhalb von 20 sec.

Abb. 14 Balancieren rückwärts

Abb. 15 Monopedales Überhüpfen

Diese Aufgaben stellen ungewohnte und in der Alltagsmotorik kaum vorkommende Bewegungssituationen dar. Jüngere Kinder vermögen sich weniger gut, ältere dagegen besser den motorischen Testgegebenheiten anzupassen. Entsprechend finden wir unterschiedliche Testleistungen in den einzelnen Altersbereichen.

Abb. 16 Seitliches Hin- und Herspringen

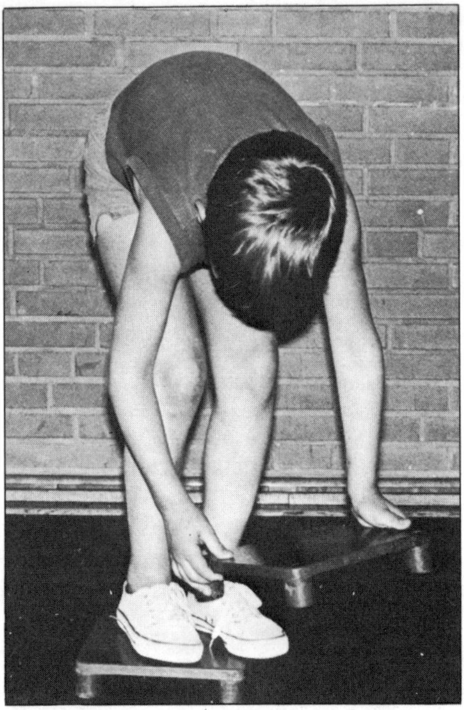

Abb. 17 Seitliches Umsetzen

Die Untersuchungen von RAPP und SCHODER (1972) an gesunden und hirngeschädigten Kindern und Jugendlichen (N = 43) zeigen, daß auch Geistigbehinderte ihre Koordinationsleistungen in den Aufgaben des KTK mit steigendem Alter stetig verbessern. Ihre Kurven verdeutlichen einen unerwartet steilen motorischen Entwicklungsanstieg bis zum Alter von 14 Jahren und zum Teil auch darüber hinaus. Trotz der relativ kleinen Stichprobe ist daraus der für die mototherapeutische Praxis überaus wichtige Schluß zu ziehen, daß es sich lohnt, Behinderte nicht nur früh genug, sondern auch lange genug zu fördern.

Der motorisch-koordinative Anpassungsprozeß einer Gesamtkörperbeherrschung ist demnach als alters- und entwicklungsabhängig anzusehen. Da es sich nach den vorliegenden Untersuchungen gleichzeitig um eine intelligenzunabhängige Bewegungsdimension handelt, können mit dem KTK Entwicklungsrückstände in der Bewegungskoordination, wie sie bei den verschiedenen Behinderungsformen vorkommen, herausgefunden werden.

Nach den faktorenanalytischen Untersuchungen von F. SCHILLING und Mitarbeitern kommt den Einzelaufgaben eine unterschiedliche differentialdiagnostische Bedeutung zu. Mit allen 4 Aufgaben wird in hohem Maße die Gesamtkörperkoordination des Prüflings angefordert. Außerdem weisen sie einen hohen inneren Zusammenhang sowohl in den Altersbereichen als auch in den Behindertengruppen auf.

Die Einzelaufgaben des KTK sind nicht oder nur gering übbar. Es ist sogar so, daß die tatsächliche Leistungsfähigkeit der Probanden erst nach mehreren Testwiederholungen zuverlässig festzustellen ist. Der KTK erscheint daher als besonders geeignet, die Ef-

Testprotokoll
Körperkoordinationstest für Kinder (KTK)

Name:	Geschlecht:	geb.:
Vorname:	Größe:	Datum:
VL:	Gewicht:	Alter:

1. Rückwärts Balancieren (RB)

Vorübung: pro Balken
je 1 x vorwärts und
1 x rückwärts

Versuchsdurchgang

Balkenbreite	1	2	3	Summe
6,0 cm				
4,5 cm				
3,0 cm				
			Gesamt:	

RW	MQ_1

2. Monopedales Überhüpfen (MÜ)

Vorübung: je 2 x re u. li
bis 5–6 J. = 0 cm Höhe
ab 7 J. = 5 cm Höhe

Anfangshöhen nach gelungener Vorübung:
5– 6 J = 5 cm
7– 8 J = 15 cm
9–10 J = 25 cm
11–14 J = 35 cm

Höhe cm	0	5	10	15	20	25	30	35	40	45	50	55	60	Summe
re														
li														
													Gesamt:	

RW	MQ_2

3. Seitliches Hin- und Herspringen (SH)

Vorübung:
5 x seitlich hin- und
herspringen

Versuchsdurchgang	1	2	Summe
Sprünge/15 sec.			

RW	MQ_3

4. Seitliches Umsetzen (SU)

Vorübung:
5 x umsetzen

Versuchsdurchgang	1	2	Summe
Umsetzer/20 sec.			

RW	MQ_4

Summe MQ_1 bis MQ_4 [ ]

Gesamt-MQ [ ]

(erhältlich beim Beltz-Verlag, Weinheim/Basel)

Abb. 18

fektivität psychomotorischer Übungsprogramme durch eine Testung vorher und nachher zu kontrollieren. Obwohl die Einzelaufgaben nach faktorenanalytischen Ergebnissen eine einzige Bewegungsdimension: die Gesamtkörperbeherrschung testen, ermöglichen unterschiedliche Ergebnisse in den 4 Untertests in vielen Fällen doch eine spezifische Therapieindikation.

Die im Zuge der Normierung durchgeführte Überprüfung der Testgütekriterien ergab hinsichtlich der Retest-Zuverlässigkeit für die Rohpunktwerte ein r_{tt}=0.80 - 0.96.
Die Gültigkeit beträgt nach früheren Untersuchungen hinsichtlich des Kriteriums Hirnschäden einen Koeffizienten von r = 0.70 und erreicht hinsichtlich der LOS KF 18 (von EGGERT veränderte Lincoln-Oseretzky-Skala) Werte zwischen r = 0.50 und 0.60 (N = 20 Volksschüler).
Eine genügende Objektivität der Durchführung und Auswertung des KTK ist durch festgelegte Anweisung und Versuchsplanung weitgehend gewährleistet. Da jedoch extremes Verhalten des Versuchsleiters erfahrungsgemäß eine recht große Rolle spielen kann, ist jeder Versuchsleiter gehalten, das Kind optimal zur Testleistung zu motivieren.

Soziokulturelle Unterschiede in den Testleistungen von Kindern aus städtischen und ländlichen Schulen wurden nicht gefunden. In der Normierungsstichprobe (N = 1228) zeigten sich in den einzelnen Altersklassen jedoch Geschlechtsunterschiede in den Aufgaben des Monopedalen Überhüpfens und des Seitlichen Hin- und Herspringens. Es wurde deshalb für diese beiden Aufgaben eine für alle Altersstufen nach Jungen und Mädchen getrennte Normierung vorgenommen.

Die Korrelationen der KTK-Rohwerte mit Größe und Gewicht erwiesen sich in der Normierungsstichprobe nach der Altersstandardisierung als insignifikant. Es wurde deshalb von einer getrennten Normierung nach Gewichtsklassen abgesehen. Allerdings sollte bei der Interpretation markant niedriger MQ-Werte das eventuelle Übergewicht des betreffenden Kindes mit berücksichtigt werden.

Der Anstieg der Pulsfrequenz bei maximaler Versuchswiederholung ergab relativ hohe Mittelwerte: 130 bei 3- bis 6jährigen und 150 bei 10- bis 14jährigen. Es konnte jedoch keine signifikante Korrelation zu den einzelnen Testleistungen gefunden werden. Der Pulsabfall nach 1 Min. erreichte bei den 3- bis 6jährigen mit 105 fast den Ruhepulswert von 101. Bei den wesentlich anstrengungsbereiteren 10- bis 14jährigen wurde allerdings nach 1 Min. nur ein Pulsabfall auf 118 gegenüber einem Ruhepuls von 92 beobachtet. Der KTK übt demzufolge eine mit dem Alter ansteigende körperliche und vor allem kreislaufmäßige Belastung aus, die jedoch in keiner Weise als gesundheitsgefährdend anzusehen ist.

Für den KTK liegen Altersnormen in Form von MQ-Werten für die 5- bis 14jährigen vor. Sie sind analog den IQ-Werten mit einer Streuung von 15 um den MQ-Mittelwert von 100 verteilt. Das errechnete Vertrauensintervall beträgt plus/minus 9,3 MQ-Werte. Das bedeutet, daß der wahre MQ-Wert mit 5 % Irrtumswahrscheinlichkeit im Bereich von plus/minus 9,3 MQ-Werte um den ermittelten MQ-Wert liegt.

Ein MQ unter 85 beweist lediglich das Vorliegen einer Schwäche oder Auffälligkeit in der Bewegungskoordination. Erst unterhalb eines MQ von 70 können wir von Koordinationsstörungen im Sinne des Vorliegens pathologischer Bewegungsmuster sprechen. Aber auch hier vermag der niedrige MQ-Wert allein keinen sicheren (wenn auch wahrscheinlichen) diagnostischen Hinweis auf das Vorliegen einer Hirnschädigung zu liefern. So kann der KTK für die Hirnschadendiagnostik zwar nicht der alleinige Indikator, aber doch eine wertvolle Hilfe sein.

Durch eine Umrechnungstabelle von MQ-Werten in Prozentränge kann außerdem die Stellung des einzelnen Kindes in seiner Altersgruppe ermittelt werden. Als weitere Interpretationshilfe wurden für den Gesamt-MQ getrennte Tabellen mit Normwerten für Hirngeschädigte und Verhaltensgestörte erstellt. Sie geben Auskunft über die Stellung eines Kindes innerhalb der betreffenden Behinderungsgruppe.

Die Verhaltensgestörten lassen sich mit dem KTK allerdings differentialdiagnostisch nur höchst unbefriedigend abgrenzen. Mit Hilfe der Diskriminanzanalyse konnte SCHILLING lediglich 52 % richtig klassifizieren. Das mag an der Heterogenität dieser Gruppe liegen, wobei sich bei vielen Kindern diskrete Hinweise auf zerebrale Dysfunktionen finden lassen, so daß zwischen den drei Gruppen (Hirngeschädigte, Verhaltensgestörte, Vergleichskinder) zum Teil fließende Übergänge bestehen. Gemessen an den Häufigkeitsverteilungen der MQ-Werte liegen die Verhaltensgestörten leistungsmäßig ziemlich genau zwischen den Extremgruppen der Hirngeschädigten und der Vergleichskinder (F. SCHILLING, 1974).

Die sich aus Patienten der Marburger und Hammer Jugendpsychiatrie rekrutierende Gruppe der frühkindlich Hirngeschädigten fiel durch eine große Streubreite der Testleistungen - unabhängig vom Alter - auf. Andererseits scheinen die Bewegungsstörungen minimal zerebralgeschädigter Kinder homogener zu sein als ursprünglich angenommen. Darauf deuten die außergewöhnlich hohen Interkorrelationen der MQ-Werte. Partielle, das heißt aufgabenspezifische Ausfälle scheinen nur relativ selten aufzutreten. Durch diese Ergebnisse wird auch die schon erwähnte faktorenanalytische Eindimensionalität der KTK-Aufgaben bestätigt. Mit dem Faktor 'Gesamtkörperkoordination' werden in der Hirngeschädigten-Gruppe bereits 98,4 % der gesamten Varianz aufgeklärt.

Die hohe Trennschärfe des KTK zwischen hirngeschädigten und hirngesunden Kindern wurde schon in früheren Untersuchungen festgestellt. SCHILLING (1973) konnte mit Hilfe des KTK 91 % der frühkindlich Hirngeschädigten von gesunden Vergleichskindern abheben. In einer neueren Untersuchung (SCHILLING, 1974) gelang die Trennung leicht Hirngeschädigter von entsprechenden Vergleichskindern mit Hilfe einer Diskriminanzanalyse zu 92 %.

In einer Diskriminanzanalyse mit Gruppen von hirngeschädigten, verhaltensgestörten und normalen Kindern (N = 298) wurden 66,7 % richtig klassifiziert. Es ergab sich, daß nur etwa 8 % der Hirngeschädigten keinerlei motorische Auffälligkeiten im KTK zeigten, während bei 13 % die motorischen Leistungen vergleichbar mit denen der Verhaltensgestörten waren. Etwa 79 % wurden in der Hirngeschädigtengruppe jedoch richtig klassifiziert. Umgekehrt zeigten nur 3 % der gesunden Vergleichskinder ein den Hirngeschädigten vergleichbares motorisches Verhalten im KTK, während 25 % Testleistungen zeigten, die den Verhaltensgestörten ähnlich waren. Von den Verhaltensgestörten selbst wurden nur 52 % richtig klassifiziert. Hirngeschädigte und gesunde Vergleichskinder lassen sich also mit Hilfe der Diskriminanzanalyse genügend scharf trennen, wodurch eine bessere Klassifikation erreicht wird (F. SCHILLING, 1974).

Literatur zum Körperkoordinationstest für Kinder (KTK) siehe Verzeichnis Seite 185.

2.5. Trampolin-Körperkoordinationstest (TKT)

Es wird heute allgemein angenommen, 'daß deutlichen motorischen und vor allem koordinativen Störungen zumindest hirnfunktionelle, wenn nicht hirnorganisch defekte Normabweichungen zugrunde liegen' (KREBS und Beate KURTH, 1972, S. 6). In diesem Sinne ist das Beobachten und Testen von Abläufen motorischer Koordinationsmuster ein hochempfindliches Diagnostikum zur Feststellung auch leichter hirnorganischer Dysfunktionen.

OSERETZKY (1925, 1929) unterscheidet in der motorischen Testpraxis die Methoden der Motoskopie und Motometrie. Bei der ersten werden die beobachteten Bewegungsphänomene beschrieben. Bei der zweiten Verfahrensweise ermittelt der Untersucher die erreichten Bewegungsleistungen mit Bandmaß, Stoppuhr oder anhand der Anzahl von Wiederholungen.

2.5.1. Zur Entwicklung des Verfahrens

In der motoskopischen Beobachtungssituation des Trampolinspringens werden gesamtkörperliche Steuerungsmängel oft in bizarrster Übertreibung sichtbar. Dieser Vergrößerungs- und Vergröberungseffekt wird durch die zusätzlich zur Eigenmuskelkraft einwirkende Federkraft des Sprungtuches erreicht. So gelingt es, unabhängig vom Lebensalter, auch leichtere Formen zentralmotorischer Koordinationsstörungen motoskopisch nachzuweisen.

Über die Verwendung des großen Trampolins zur Verbesserung des Bewegungsgefühls und zur Therapie berichten eine Reihe amerikanischer und deutscher Autoren (CRATTY, 1969; GETMAN, 1969; KEPHART, 1960; KIPHARD, 1961, 1963, 1967; KIPHARD und HUPPERTZ, 1968; LIEBCHEN, 1965). Gisela TREBES (1967) und KRAMER (1972), Renate ZUHRT (1975), ERICHSEN und BÖTTCHER (1976), BÖTTCHER (1978) sammelten Erfahrungen mit spastisch Gelähmten und Körperbehinderten, Graf zu EULENBURG (1967) mit Gliedmaßengeschädigten, Elisabeth Gräfin zu STOLBERG und KERKHOFF (1971) mit Geistigbehinderten. SCHOENHOLZER (1962) berichtet über ärztliche Erfahrungen mit dem Trampolin. HONRATH (1967) und KIPHARD (1967) verwenden das Trampolin als koordinationsschulendes Gerät beim Schulsonderturnen. In neuerer Zeit wurden gezielte Trampolinübungen in der Rehabilitation spastischer Hemiplegiker verwendet (Gudrun TEPPER, 1971, Gudrun TEPPER, SOEFFKY und RAUTENBERG, 1974).

Die bewegungsdiagnostischen Möglichkeiten des Trampolins wurden von HÜNNEKENS und KIPHARD (1963, 1965) und KIPHARD (1966, 1970, 1971) dargelegt. Die Autoren (wie auch HÜNNEKENS, KIPHARD, KESSELMANN, 1967) machten auf die bedeutsame Korrelation zwischen pathologischen Bewegungsphänomenen auf dem Trampolin und der Diagnose einer leichten frühkindlichen Hirnschädigung aufmerksam. Von 284 klinisch zerebralgeschädigt diagnostizierten Kindern und Jugendlichen zwischen 5 und 16 Jahren zeigten 62 % pathologische Koordinationsmuster. Weitere 33 % wiesen koordinative Schwächen auf und nur 5 % eine völlig normale Motorik. Gerade bei Kindern mit minimaler zerebraler Dysfunktion kommt einer motorischen Differentialdiagnose besondere Bedeutung zu (vgl. auch KREBS und Beate KURTH, 1973).

Die besondere, für die meisten Kinder völlig neuartige Bewegungssituation ruft beim gesunden Probanden zu ihrer Bewältigung spontane sensomotorische Anpassungsprozesse hervor. Hirngeschädigte, in ihrer motorischen Koordination gestörte Versuchspersonen dagegen vermögen diese Anpassung nicht zu vollziehen. Bei ihnen führt die zusätzliche Bewegungsenergie des federnden Trampolinsprungtuchs zu einem völligen Chaos der statokinetischen Koordination. Das fällt sogar dem Laien sofort auf. Derartige pathologische Phänomene waren gerade bei Reihenuntersuchungen an Volks- und Sonderschulen (HÜNNEKENS und KIPHARD, 1963) verblüffend prägnant sichtbar, wenn nach einer Reihe angepaßter, motorisch unauffälliger Schüler plötzlich ein koordinationsgestörtes Kind das Federtuch betrat.

So ist das Trampolin in besonderem Maße geeignet, pathologische Bewegungsmuster sichtbar zu machen. Dabei gibt der sich permanent wiederholende zyklische Sprungvorgang dem Beobachter die Möglichkeit, die einzelnen Bewegungsphänomene auf ihre Konstanz hin zu überprüfen. Gerade bei seitendifferentem Trampolinabsprung kommt es sehr auf die Feststellung einer dauernd oder nur wechselnd sichtbaren Beinbelastung an.

Wenn bei vertikaler Körperlage nicht alle für die Statik notwendigen Gelenk- und Wirbelverbindungen in der Lande- und Absprungphase fixiert werden, von der Halswirbelsäule über Hüft- und Kniegelenk bis in die Fußgelenke hinein, so kann die Fremdkraft des Sprungtuches nicht wirksam werden. Ein typisches Beispiel hierfür ist das Phänomen der 'Zickzackhaltung', bei dem der Körper - ähnlich einem zusammenklappbaren Zollstock - in Hüft- und Kniegelenken einknickt.

Jede Beeinträchtigung des Muskelgleichgewichtszustandes muß während der Flugphase durch fortlaufende reaktive Gleichgewichtskorrekturen wieder ausgeglichen werden. Dabei ist die aufrechte Körperlage infolge der größeren Schwere des Oberkörpers ständig bedroht. Reflexhaft versucht der Springer das gestörte Gleichgewicht durch Schwerpunktverlagerung immer wieder von neuem herzustellen. Auf diese Weise wird der natürlichen Drehtendenz des aufrecht springenden Körpers entgegengewirkt.

Oft sieht man bei entwicklungsgestörten Kindern den Kopf infolge von Schwächen der Halsmuskulatur haltlos nach hinten ins Genick fliegen. Diese Symptomatik der Haltungsinstabilität tritt in der extrem dynamischen Bewegung des Trampolinspringens naturgemäß viel deutlicher hervor bzw. wird durch das Trampolin eigentlich erst ausgelöst. STUTTE sprach in diesem Zusammenhang von der diagnostischen 'Lupenwirkung' dieses Gerätes.

HÜNNEKENS und KIPHARD (1963) versuchten eine hirntopographische Zuordnung der beim Trampolinspringen sich manifestierenden Koordinationsbeeinträchtigungen. Sie differenzierten aufgrund bewegungsphänomenologischer Eindrucksanalysen 6 pathologische Bewegungssyndrome. In jedem liegt eine Insuffizienz bzw. Inkoordination einer der motorischen Komponenten Kinetik, Tempo, Dynamik und Metrik vor.

Zwar überwiegt bei minimal Zerebralgeschädigten eine aus verschiedenen Komponenten zusammengesetzte Symptomatik. Dennoch liegt der Akzent häufig auf einem der motorischen Charakteristika: Hypokinesie, Hyperkinesie, Hypodynamie, Hyperdynamie, Hypermetrik oder Dysmetrie. So kann sich der motorische Ablauf sparsam oder entladend, schlaff oder verkrampft, überschießend oder metrisch unausgewogen äußern.

2.5.2. Statistische Testanalysen

Die Brauchbarkeit des Trampolin-Tests wurde in den Jahren 1973 bis 1975 auf Anregungen von F. SCHILLING an verschiedenen Stichproben und in verschiedenen Modifikationen überprüft. Dabei bestätigte sich die gute bewegungsdiagnostische Valenz dieses höchst ökonomischen Testverfahrens im Hinblick auf die Grobauslese motorisch auffälliger Kinder. Faktorenanalysen machten deutlich, daß der Körperkoordination beim Trampolinspringen außer grobmotorischen Anteilen auch feinmotorische Steuerungselemente zugrunde liegen (WEHAUS, 1973).

Durch eingehende testtheoretische Untersuchungen (N = 432) konnte nachgewiesen werden, daß eine modifizierte Form des Trampolin-Tests bei entsprechender Beobachterschulung in ausreichendem Maße den Testgütekriterien entspricht (WEHAUS, 1973; WEHAUS und LÖSSL, 1974).

Sowohl die Intra- als auch Interrater-Konsistenz erwies sich als genügend hoch (r = 0.55 - 0.93). Der Übereinstimmungskoeffizient von r = 0.93 ergab sich bei zwei intensiv geschulten Beobachtern. Die unterschiedliche Höhe der Koeffizienten bei den Ratern (N = 4) weist auf die Bedeutung einer intensiven Beobachtungsschulung hin. Durch einen Lehrfilm, der vor Anwendung des Tests den Beobachtern vorgeführt wird, kann die Intra- und Interraterkonsistenz wesentlich verbessert werden. Ein solcher Film wurde von W. JAHN zusammengestellt und an sieben Beurteilern erprobt.

Für die neue Testform wurde eine Reliabilität von 0.82 ermittelt. JAHN (1975) fand für das Gesamturteil 'unauffällig' und 'auffällig' eine Retest-Reliabilität von $r_{tt} \approx 0.85$ (N = 284).

Die Gültigkeit des Trampolin-Tests hinsichtlich des Untertests 'Rückwärts Balancieren' des Körperkoordinationstests für Kinder (KTK) kann mit einem nach SPEARMAN berechneten Validitätskoeffizienten von $r_s \approx 0.53$ als befriedigend angesehen werden (WEHAUS und LÖSSL, 1974). Es konnten Zusammenhänge zu feinmotorischen Leistungen ebenfalls nachgewiesen werden. Dem Test liegt offensichtlich die Fähigkeit zur dynamischen Gleichgewichtserhaltung mittels feinmotorischer Steuerungselemente zugrunde.

Die Konstruktvalidierung durch andere motorische Tests (z. B. LOS KF 18 von EGGERT) fiel - wie erwartet - gering aus. Dies weist darauf hin, daß mit dem Trampolintest ein Verfahren zur Anwendung kommt, das besonders im klinischen Bereich wichtige zusätzliche, qualitative Informationen zum Bewegungsverhalten liefert, die in bisherigen motometrischen Tests nur unzureichend enthalten sind. Augenscheinlich sind dies relativ entwicklungsunabhängige, als pathologisch anzusehende Bewegungsmuster. Hier kommen die kardinalen Unterschiede zum Ausdruck zwischen motometrischen, (d. h. entwicklungsabhängigen, einzelne Bewegungsleistungen messenden) und den eigentlich motoskopischen, (d. h. weitgehend entwicklungsunabhängigen, das Gesamtbewegungsverhalten beschreibenden) Verfahren, wie es der Trampolintest darstellt.

Die Ergebnisse von Faktorenanalysen (WEHAUS, 1973) zeigen deutlich, daß mit dem Trampolintest etwas anderes gemessen wird als mit den üblichen motorischen Entwicklungstests oder sportmotorischen Leistungstests. Die angeführten Untersuchungsbefunde unterstreichen die Bedeutung des Trampolintests als motoskopisches Screeningverfahren. Denn beim Trampolinspringen werden ganz eindeutig motorische Auffälligkeiten erfaßt, die qualitativ von normalen Bewegungsverhalten abweichen, und die nicht als Entwicklungsrückstände aufzufassen sind (WEHAUS und LÖSSL, 1974).

Die Faktorenanalysen zeigen auch bedeutende Unterschiede der Faktorenstruktur bei verschiedenen Gruppen (Klinikpatienten, Lernbehinderte und Volksschüler). Bei der Gruppe der Lernbehinderten (N = 53) traten ein Grobmotorik-Faktor sowie ein Faktor mit überwiegend feinmotorischen Anteilen zutage, die eine Varianz von 49,08 % aufklären. Diese beiden Faktoren konnten in der Gruppe der Grundschüler nicht nachgewiesen werden.

Bei den Klinikpatienten (N = 71) ließ sich außerdem ein Konzentrationsfaktor abheben, der in den anderen Gruppen nicht auftritt. Es ist anzunehmen, daß bei motorisch gestörten Kindern die Konzentrationsleistung im Sinne von Willensmobilisierung und Bewußtseinskontrolle während des Trampolinspringens eine ungleich höhere ist als bei gesunden Kindern.

Faktoren motorisch-koordinativer Auffälligkeiten ließen sich vor allem bei den Gruppen der Lernbehinderten und bei den jugendpsychiatrischen Patienten feststellen. Eine Faktorenanalyse der 49 im Trampolintest verwendeten Items ergab folgende fünf Faktoren (WEHAUS, 1973; JAHN, 1975):

1. Drehende und zuckende Extrabewegungen
2. Instabilität der Körpersenkrechten
3. Asymmetrische Seitenbetonungen
4. Muskelsteifheit
5. Muskelschlaffheit

Die Faktoren 2 und 3 (Instabilität der Körpersenkrechten sowie asymmetrische Seitenbetonungen) kamen in den Vergleichsgruppen so gut wie nicht vor. Ihnen kommt ganz sicher eine hohe bewegungsdiagnostische Valenz zu.

WEHAUS und JAHN konnten aufgrund umfangreicher statistischer Analysen eine relativ große Zahl der bisher verwendeten Beobachtungsmerkmale eliminieren. Es waren dies solche Items, die zu selten beobachtet wurden, die nicht genügend zwischen den Probandengruppen trennten oder eine ungenügende Zuverlässigkeit bzw. eine zu geringe Gültigkeit erbrachten.

Von den noch vorhandenen Beobachtungskriterien scheinen nach bisherigen Erfahrungen acht eine besondere differentialdiagnostische Valenz zu versprechen. Die ersten vier betreffen den Gesamteindruck, den der Beobachter vom Bewegungsablauf und seiner Koordiniertheit gewonnen hat. Drei weitere Merkmale dienen der Beobachtung und Feststellung von Seitendifferenzen (Haltungs- und Bewegungsasymmetrien), während mit dem achten Kriterium vorhandene Extrabewegungen (Hyperkinesien) erfaßt werden können.

Die umseitige Fotoreihe (Abb. 19 - 28) versucht die pathologischen Beobachtungsmerkmale in folgender Reihenfolge zu demonstrieren:

1. Unterbrochenes Springen als ungewolltes Abstoppen zur Verhinderung eines drohenden Fallens (Abb. 19).
2. Unsichere Balance im Sinne starker Gleichgewichtskorrekturen und Ausgleichsbewegungen der Arme sowie öfteres Abkommen von der Sprungtuchmitte (Abb. 20).
3. Abgeknickter Körper als Zeichen der Instabilität der Körpersenkrechten, sichtbar durch Hüft- und Kniebeugung (Abb. 21).

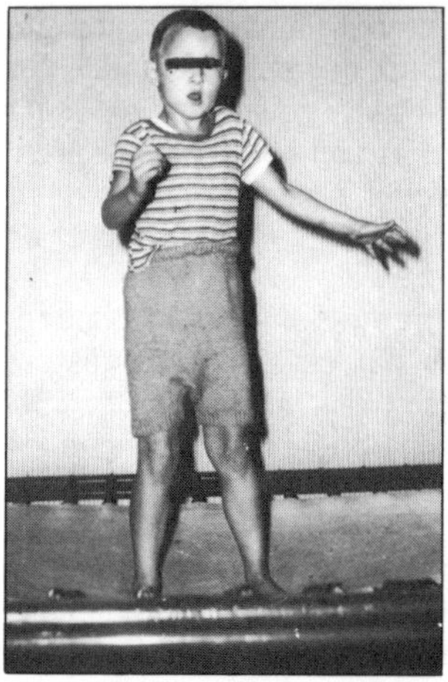

Abb. 19 Unterbrochenes Springen

Abb. 20 Unsichere Balance

Abb. 21 Abgeknickter Körper

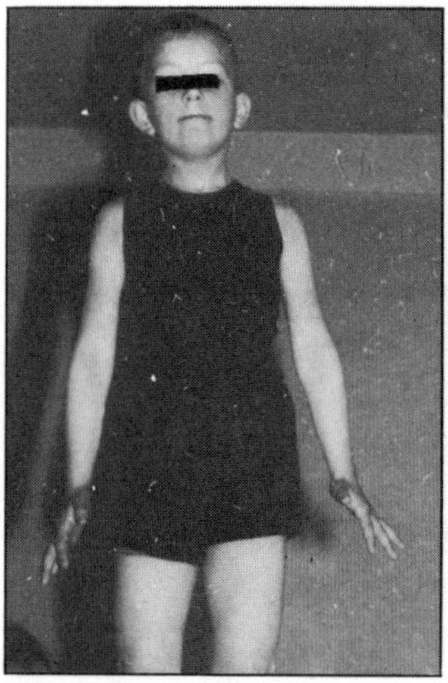

Abb. 22 Steifheit

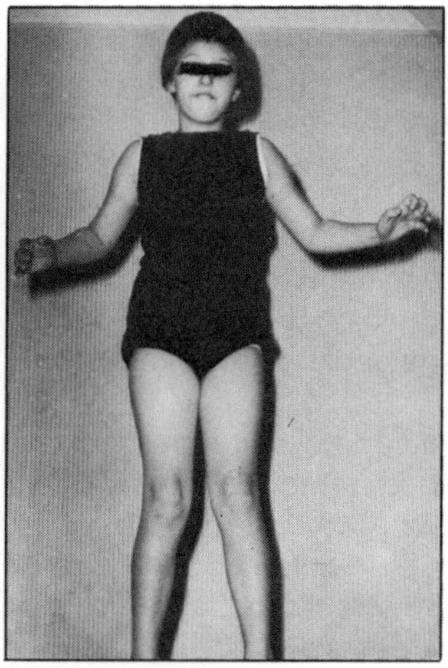

Abb. 23 Schlaffheit

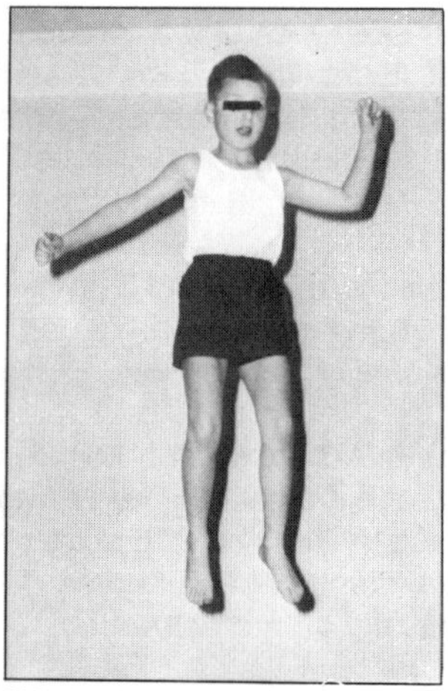

Abb. 24 Arm gebeugt/tiefer

Abb. 25 li. Fuß später

Abb. 26 li. Knie höher

Abb. 27 li. Bein entlastet

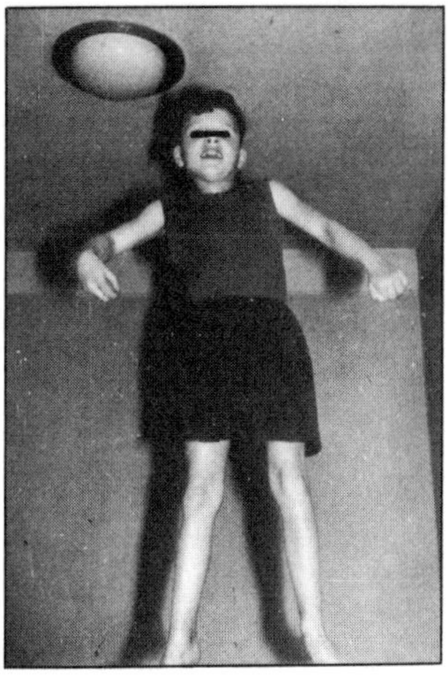

Abb. 28 Zuckungen/Drehungen

4. Steifheit/Schlaffheit als zu hohe oder zu niedrige Muskelspannung, sichtbar an plump-schwerfälligen oder kraftlosen Sprungbewegungen ('Puddingmotorik') (Abb. 22 und 23).
5. Re./li. Arm gebeugt/tiefer, sichtbar durch ständiges Angebeugthalten eines Armes oder durch die räumlich tiefere Stellung eines Armes (Abb. 24).
6. Re./li. Fuß später/Knie höher. Dabei drückt ein Fuß später vom Tuch ab oder das Knie eines Beines fliegt räumlich höher als das andere (Abb. 25 und 26).
7. Re./li. Bein entlastet durch Gewichtsverlagerung auf eine Körperseite. Dadurch erhält ein Bein weniger Gewicht (Abb. 27).
8. Zuckungen/Drehungen/Zittern als unwillkürliche Muskelimpulse, die zu gröberen, feineren oder feinsten Extrabewegungen an verschiedenen Körperteilen und Gliedmaßen führen (Abb. 28).

Während die ersten vier Merkmale koordinationsschwacher oder gestörter Motorik für den pädagogischen Anwendungsbereich durchaus genügen, um förderungsbedürftige Kinder zu erfassen, bleiben die weiteren vier Auslesekriterien einer differenzierteren und motodiagnostischen Untersuchung im klinisch-heilpädagogischen Bereich vorbehalten.

GÖBEL, KIPHARD und PANTEN haben 1984 eine Trampolin-Reihenuntersuchung an 1913 Kindern aus Grundschule, Kindergarten, Hauptschule, Realschule, Gymnasium, Vorklasse (Schulkindergarten) und Sonderschule für Lernbehinderte in Hamm durchgeführt. Die Bewertung erfolgte durch Experten-Rating mit befriedigend hoher Inter-Rater-Korrelation und Intra-Rater-Stabilität nach einer sechsstufigen Skala, die von „überdurchschnittlich koordiniert" bis „dyskoordiniert" reicht. Dabei hat sich erneut die Brauchbarkeit des TKT als Screening-Verfahren bestätigt. Gegenüber der 1963 von HÜNNEKENS/KIPHARD durchgeführten Trampolin-Untersuchung an 828 Regelschülern, bei der der Anteil dyskoordinierter Kinder bei 7,5% lag, erhöhte er sich auf nunmehr 9,03%. Bei den Lernbehinderten erwiesen sich 16,07% als koordinationsgestört. Folgende Veränderungen des Testablaufs wurden eingeführt: Probedurchgang vor der Bewertung, Hinzunahme des monopedalen Hüpfens auf dem Trampolin, Auswertung von Video-Aufzeichnungen. In Kürze werden Normentabellen für die einzelnen Altersstufen veröffentlicht. Außerdem ist ein Lehrfilm vorgesehen.

Literatur zum Trampolin-Körperkoordinations-Test (TKT) siehe Verzeichnis Seite 185.

2.6. Lincoln-Oseretzky-Skala, Kurzform (LOS KF 18)

EGGERT veröffentlichte 1971 eine aus 18 Testausgaben bestehende Kurzform der von SLOAN modifizierten Oseretzky-Skala als ein Verfahren zur Messung des motorischen Entwicklungsstandes bei normalen und behinderten Kindern im Alter von 5 - 13 Jahren.

OSERETZKY (1929, 1931) versuchte ursprünglich, mit seiner 85 Aufgaben umfassenden 'motometrischen Skala' die motorische Begabung von Kindern im Alter von 4 - 16 Jahren zu erfassen. In je 6 Aufgaben pro Altersstufe, die mit 'gekonnt' und 'nicht gekonnt' bewertet wurden, konnte das motorische Alter errechnet werden.

OSERETZKY nahm damals an, mit den 6 Aufgaben so etwas wie 'motorische Komponenten' zu erfassen. Es waren dies die statische Koordination bei der Gleichgewichtserhaltung, die dynamische Koordination des Handgeschicks, desgleichen des Körpers bei Sprungübungen, die Geschwindigkeit vornehmlich der Hände, die Simultankoordination zweier Bewegungen sowie die Genauigkeit isolierter Bewegungen. Aufgrund später durchgeführter Faktorenanalysen (F. SCHILLING, 1971) muß heute jedoch die These von der Prüfung einzelner Bewegungskomponenten verworfen werden. Eine Profilinterpretation erscheint deshalb nicht gerechtfertigt.

Die Komplexität der im Oseretzky-Test geprüften Funktionen ermöglicht aber dennoch eine Groborientierung über den globalen motorischen Entwicklungsstand des Probanden. Entwicklungsrückstände und Defizite im Bewegungsbereich lassen sich somit metrisch eruieren. Das erklärt auch die große Beliebtheit dieses Testverfahrens im klinischen Bereich.

Nach eigenen Untersuchungen (KIPHARD, 1969) ließen sich schwere motorische Entwicklungsrückstände von drei und mehr Jahren ausschließlich bei Hirngeschädigten feststellen. Mit diesem Trennkriterium werden jedoch nur 20 % der hirngeschädigten Probanden erfaßt. Bewegungsretardierungen zwischen zwei und drei Jahren wurden bei weiteren 26,25 % hirngeschädigter Kinder gefunden. Sie traten aber auch bei 7,5 % der hirngesunden Vergleichskinder auf. Leichte motorische Entwicklungsrückstände zwischen einem und zwei Jahren wurden ziemlich gleichmäßig sowohl bei hirngeschädigten als auch bei hirngesunden Probanden gefunden.

In den Jahren 1949 und 1955 legte SLOAN die 'Lincoln-Oseretsky-Motor-Development-Scale' vor. Bei dieser vollständigen Revision des alten Tests wurde das Prinzip des motorischen Entwicklungsalters zugunsten einer psychometrischen Punktskala aufgegeben. Die ohnehin fragwürdigen motorischen Komponenten OSERETZKYs wurden somit aufgegeben und statt dessen eine Skala aus 36, nach Schwierigkeit gestaffelten Bewegungsaufgaben gebildet.

Diese Testversion wurde 1969 für die 'Testbatterie für geistig behinderte Kinder (TBGB)' verwendet (BONDY, COHEN, EGGERT und LÜER). Es zeigte sich jedoch, daß der Test in dieser Form bei geistig Behinderten nur bedingt anwendbar war. Da die Items anscheinend nur unzulänglich nach ihrer Schwierigkeit geordnet waren, wurden sie nach erneuter Überprüfung von der leichtesten bis zur schwersten Aufgabe angeordnet.

Die relativ lange Testzeit sowie uneinheitliche und zum Teil schwer verständliche Instruktionen, wie auch eine nicht ganz unproblematische Objektivität bei den Einzelaufgaben gaben dann den Anstoß zur Entwicklung der vorliegenden Kurzform der Lincoln-Oseretzky-Skala. Dabei wurden die Aufgabeninstruktionen sowie die Bewertungskriterien einheitlich gegliedert. Als Grundlagen für die Auswahl der 18 verbleibenden Testaufgaben wurden die Itemanalysen des TBGB verwendet. Auf die Verfahren der Selektion soll hier nicht näher eingegangen werden.

Protokollbogen der LOS KF 18

Aufgabe	Kurzbeschreibung	Durchgänge	Zeitgrenze (sek.)	Kriterien	Bewertung
1	**Nase berühren**	1	-	Jeder Finger mindestens 2 von 3 mal die Nase berührt; Kopf nicht bewegt; Augen geschlossen.	☐
2	**Rhythmisches Klopfen mit Fingern und Füßen**	1	20	Fuß und Finger synchron	☐
3	**Rückwärts gehen**	1	-	Fußspitzen und Fersen aneinander; kein Balancieren mit Armen; seitl. Abweichung weniger als 30 cm.	☐
4	**Seilspringen**	1	-	Seil übersprungen, nicht berührt	☐
5	**Auf 1 Bein stehen mit geöffneten Augen**	1	10	Gleichgewicht; gebeugtes Bein berührt nicht den Boden	☐
6	**Seitliche Kreise mit Zeigefingern**	1	10	Kreisbewegungen; Unterarm und Hände nicht mitbewegt.	☐
7	**Ballfangen**	5	-	3 mal gefangen	☐
8	**Streichhölzer sortieren**	1	70 männl. 85 weibl.	Streichhölzer werfen und mehr als ein Streichholz aufnehmen = 5 sek. Zuschlag	☐
9	**Hochspringen und Fersen berühren**	1	-	beide Fersen berührt	☐
10	**Fingerbewegung**	2	2 x 10	1. Durchgang gelungen, Finger nicht verwechselt; Bewegung nicht unterbrochen	☐
11	**Beidhändig Pfennige und Streichhölzer einsammeln (je 20)**	1	50	Werfen und nicht simultanes Einsammeln sprachlich korrigieren	☐
12	**Labyrinth durchfahren**	1	50	Linien schneiden (nicht berühren): 5 sek. Zuschlag	☐
13	**Balancieren auf Zehenspitzen mit geschlossenen Augen**	1	15	Balance; Fersen berühren nicht den Boden; Füße nicht auf Boden Verschoben; Augen geschlossen	☐
14	**Kreis ausschneiden**	1	60	Linien schneiden (nicht berühren): 5 sek. Zuschlag	☐
15	**Öffnen und Schließen der Hände mit Drehen**	1	10	Wechsel synchron; ungleiche Lage der Hände; mehr als 3 Wechsel pro Sekunde	☐
16	**Füße Klopfen und Finger Kreisen**	1	15	Kreisbewegung; Hände und Unterarme nicht mitbewegt; Finger und Füße im Takt	☐
17	**Auf 1 Bein stehen mit geschlossenen Augen**	1	10	Gleichgewicht; gebeugtes Bein berührt nicht den Boden; Augen geschlossen	☐
18	**Hochsprung mit dreimaligem Händeklatschen**	3	-	3 x Händeklatschen in der Luft; Fersen berühren bei der Landung nicht den Boden	☐

Abb. 29

(erhältlich beim Beltz Verlag, Weinheim)

Die für die Kurzform errechneten Zuverlässigkeiten hatten nur einen geringen Schwund gegenüber denen der Langform aufzuweisen. Da sich keine signifikanten Geschlechtsunterschiede zeigten, wurde auf eine Normierung getrennt nach Geschlechtern verzichtet. Interessant ist in diesem Zusammenhang, daß bei der Kurzform die Häufigkeitsverteilungen der Rohwerte lediglich bei den Lernbehinderten der Normalverteilungskurve einigermaßen angenähert sind. Für Geistigbehinderte scheinen die Aufgaben etwas zu schwierig, bei den Normalschülern dagegen zu leicht zu sein.

Die Objektivität der Kurzform wird von EGGERT als außerordentlich befriedigend bezeichnet. Es bestehen hohe Korrelationen zwischen den verschiedenen Versuchsleitern. Die Retestreliabilität ist bei den normal entwickelten Kinder am niedrigsten. Sie beträgt aber, für alle drei Gruppen zusammengenommen (also für Normalentwickelte, Lernbehinderte und Geistigbehinderte) immerhin 0.95.

In der Errechnung der Korrelationen mit Außenkriterien ließ sich ein Validitätskoeffizient von 0.49 zwischen der Kurzform und dem HMKTK (Vorläufer des Körper-Koordinations-Tests) ermitteln. Nach diesen Ergebnissen handelt es sich bei der LOS KS 18 um ein ökonomisches Testverfahren, welches objektiv, zuverlässig und gültig den globalen motorischen Entwicklungsstand eines Probanden erfaßt. Aufgrund der Unterschiede zwischen den verschiedenen Behinderungsgruppen eignet sich dieser Test besonders auch zur Feststellung von Entwicklungsverzögerungen im Bewegungsbereich bei Kindern im Alter von 5 bis 13 Jahren (Abb. 29).

Die Durchführung und Auswertung der LOS KF 18 kann nach EGGERT auch von psychologisch geschulten Sonderschullehrern und Ärzten vorgenommen werden. Damit das Kind die Aufgaben auch versteht, soll der Versuchsleiter nicht nur die Instruktionen dem Verständnis der Versuchsperson anpassen, sondern jede Aufgabe immer auch vormachen. Jeder richtig durchgeführte Versuch wird mit einem Punkt bewertet. Die Addition der richtig gelösten Aufgaben ergibt den Rohwert des Tests. Mit diesem Rohwert kann in der Normentabelle (getrennt für Geistigbehinderte, Lernbehinderte und Normalentwickelte) unter dem betreffenden Alter ein sogenannter T-Wert aufgesucht werden. Die T-Werte der Normentabelle sind um einen Mittelwert von 50 verteilt. Dieser mittlere T-Wert von 50 entspricht genau der Leistung eines motorisch durchschnittlich entwikkelten Kindes innerhalb eines gleichen Alters und bei der gleichen Personengruppe.

In einer weiteren Tabelle kann zu dem betreffenden T-Wert der entsprechende Prozentrang abgelesen werden. Er gibt an, wieviel Prozent gleichaltriger Kinder die Testperson übertrifft. Als weitere Hilfe wird eine grobe Klassifikation des motorischen Entwicklungsstandes von hoch über gut, normal, unter normal und behindert angegeben. Um den Entwicklungsrückstand eines geistig behinderten Kindes gegenüber der durchschnittlichen Leistung normal entwickelter Kinder anzugeben, sucht man zu dem Rohwert in der Normentabelle für Normalentwickelte diejenige Altersstufe heraus, in welcher diesem Rohwert ein T-Wert von etwa 50 entspricht.

Das so ermittelte Alter entspricht den durchschnittlichen Leistungen eines meist jüngeren Kindes. Die Differenz zwischen dem chronologischen Alter des behinderten Kindes und der gefundenen Altersstufe für Normalentwickelte ergibt somit den tatsächlichen Entwicklungsrückstand des Probanden.

Literatur zur LINCOLN-OSERETZKY-Skala, Kurzform (LOS KF 18) siehe Verzeichnis Seite 186.

2.7. Handsgeschicklichkeitstest

Seit Ende des ersten Weltkrieges sind eine ganze Reihe psychotechnischer Apparaturen zur Überprüfung des manuellen Geschicks vor allem im Hinblick auf spezielle Berufseignungen entstanden. Auch in neuerer Zeit wurde über vorwiegend gerätegebundene Untersuchungsmethoden z. B. bei der Fliegerauslese berichtet (SEIFERT, 1959). Es handelt sich zumeist um die Prüfung der Auge-Hand-Koordination anhand von Zielverfolgungsbewegungen an entsprechend konstruierten Apparaten (Zweihandprüfer nach MOEDE u. a. m.).

Bei den geschilderten Koordinationstests entscheidet jedoch nicht allein die Behendigkeit im Sinne einer schnellen Beweglichkeit von Arm, Hand und Fingern. Faktorenanalysen ergaben andere intervenierende Variablen wie Wahrnehmungsgeschwindigkeit, Reaktionsgeschwindigkeit und optisches Vorstellungsvermögen von Raumbeziehungen. So handelt es sich bei den üblichen Fingerfertigkeitstests und Schnelligkeitsaufgaben fast immer auch um wahrnehmungsgebundene Leistungen.

Beim 'Santa Anna Finger Dexterity Pegboard' werden 48 quadratische Holzpflöcke so schnell wie möglich aus den Öffnungen des Steckbrettes herausgenommen, um 180 Grad gedreht und sofort wieder eingesetzt.

Der Einsteck-Test von GLEISS (1973) wird dagegen mit einer Kiddicraft-Steckbox ausgeführt. Dabei sollen 5 verschiedene Plastikformen, wie sie handelsüblich zu der Box gehören, möglichst schnell in die entsprechenden Ausnehmungen gesteckt werden. Gerade bei diesem Test, der vor allem in der kinderärztlichen Praxis verwendet wird, bildet das optische Wahrnehmungsvermögen erst die Voraussetzung zur Mobilisierung der geschwindigkeitsgebundenen Handgeschicklichkeitsleistung. Aus diesem Grund könnte man diesen und ähnliche manuellen Tests ebensogut der Wahrnehmungsdiagnostik (vgl. nächstes Kapitel) zuordnen.

Handgeschicklichkeitsaufgaben sind in den meisten motorischen Testbatterien enthalten. Der OSERETZKY-Test (vgl. auch die Kurzform des Lincoln-Oseretzky-Tests von EGGERT im vorigen Kapitel) schreibt eine Reihe von Fingerfertigkeiten vor wie Sortier- und Punktierübungen, Labyrinth-Nachfahren, Faden-Aufwickeln, Kreisausschneiden, Linienziehen und Zielwerfen.

Auch in der FROSTIG Movement Skills Battery von ORPET (1972) [1]) sind von den 12 Untertests die ersten 4 manuelle Aufgaben: Perlen auffädeln, abwechselndes Aufschlagen von Faust, Handkante und Handfläche, Klötzchen versetzen und Bohnensäckchen-Zielwurf. Die Normtabellen des Manuals (nur in Englisch) geben die Leistungswerte für 6- bis 12jährige, getrennt nach Geschlechtern, an. Faktorenanalysen ergaben u. a. einen manuellen Präzisionsfaktor, der z. B. beim Perlenaufreihen und Klotzversetzen bestimmend ist. Das Zielwerfen wurde hingegen durch den Faktor 'visuell geführte Bewegung' repräsentiert. Bei dieser Aufgabe spielt die Geschwindigkeit keine Rolle, während sonst die beiden Variablen Präzision und Geschwindigkeit zu allermeist interagieren. Dabei geht eine zu große Geschwindigkeit stets zu Lasten der Genauigkeit, sichtbar an der steigenden Fehlerzahl.

---

[1]) Inzwischen liegt dieser Bewegungstest auch in deutscher Sprache als schwedisch-deutsche Version (1985) vor. Vgl. dazu auch *Schilling, F.:* Frostig's Test der motorischen Entwicklung. Praxis der Psychomotorik (Dortmund), Heft 1, 1987, 23—27.

BAEDKE (1972) fand bei 100 Grundschülern fünf (selbst bei Testwiederholung bemerkenswert stabile) Faktoren des Handgeschicks:

1. Faktor der schnellen und genauen Handbewegung
2. Faktor der reinen Bewegungsgeschwindigkeit
3. Fähigkeit zum Umgang mit dem Schreibstift
4. Faktor vorwiegend genauigkeitsbetonter Bewegung
5. Faktor der Kraftdosierung unter Einschluß der visuellen Richtungsschätzfähigkeit.

F. SCHILLING (1973, 1974), der sich seit vielen Jahren mit der motodiagnostischen Erfassung manueller Geschicklichkeitsleistungen befaßt hat, vermutet, daß gerade bei komplexen, d. h. mit mehreren dieser Faktoren ladenden Aufgaben hohe Übungsfortschritte zu erwarten sind. Aus der Handgeschicklichkeits-Testbatterie von SCHILLING und BAEDKE, über deren Ergebnisse bisher nur in Zeitschriften berichtet wurde (SCHILLING, 1974 a, b; BAEDKE, 1977), sollen hier die drei wichtigsten referiert werden.

Abb. 30

Kamel-Nachfahrtest (Abb. 30)
Die 2 mm breite Umrißlinie der die Kinder besonders ansprechenden Kamelform soll möglichst schnell und fehlerfrei mit einem Kugelschreiber nachgefahren werden. Dabei werden die erreichte Geschwindigkeit und per Schablone auch die Häufigkeit der Abweichungen von der Umrißlinie registriert. Hier, wie auch bei den folgenden beiden Tests, sind die Zuverlässigkeitswerte bei Testwiederholung nach einer Woche rellativ gering ($r_{tt} = 0.60 - 0.65$).

Labyrinth-Test (Abb. 31)
Während bei OSERETZKY und anderen Autoren mehr oder weniger enge, von zwei Seitenlinien begrenzte Spuren nachgefahren werden, hat SCHILLING einen Testbogen konstruiert, auf welchem 200 Tore mit dem Stift schnell zu durchfahren sind. Dabei dürfen möglichst keine Linien berührt werden. Fehlerzahl und erreichte Endzeit werden anschließend ausgewertet.

Punktiertest für Kinder (PTK)
An den Umrissen einer Hampelmannfigur (Abb. 32) in DIN A 4-Format sind 150 kleine Kreise (2 mm Durchmesser) angeordnet. Außerdem befinden sich zwei Bälle zur Vorübung rechts und links auf dem Blatt. Die Aufgabe besteht darin, mit einem gefederten roten Spezial-Filzstift (Faserstift) in jeden Kreis entlang der Peripherie einen Punkt zu setzen. Punkte außerhalb der Kreise gelten als Fehler. SCHILLING hat inzwischen Normentabellen zur Auswertung erstellt, die in Kürze veröffentlicht werden. Über die Berechnung eines Dominanzindexes ist es auch möglich, den PTK als Leistungsdominanztest zu verwenden.

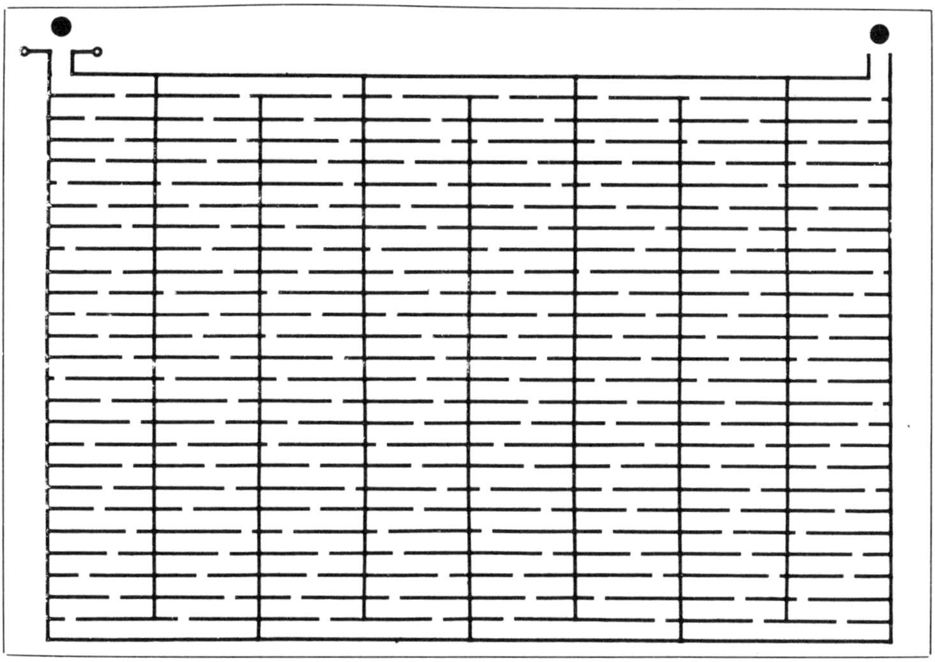

Abb. 31 Labyrinth-Test in Papier-Bleistift-Form

Abb. 32 Zielpunktieren

Die Menschzeichnung als Entwicklungskriterium

Die Fähigkeit eines Kindes, eine menschliche Figur zeichnerisch darzustellen, hängt von zwei hauptsächlichen Faktoren ab, einem handgeschicklichen und einem kognitiven. Mit letzterem ist gemeint, daß das Kind eine räumliche und strukturelle Vorstellung vom menschlichen Körper und seinen Teilen (Körperschema) haben muß. Diese Fähigkeit wächst - ebenso wie das Handgeschick - mit steigendem Alter des Kindes.

Seit GOODENOUGH (1926) gilt der 'Zeichne-einen-Mensch-Test (ZEM)' als Entwicklungskriterium für die kindliche Intelligenz. Nach KELLOGG (1959) wird die Struktur der Menschenzeichnung durch das Reifungsalter, der Zeichenstil jedoch durch die aktuelle Gemütsverfassung bestimmt, wobei Umwelteinflüsse maßgeblich beteiligt sind.

Für KOPPITZ (1972) stellt der 'Zeichne-einen-Mensch-Test (ZEM)' ein 'inneres Selbstportrait' dar. Die Autorin hat in einer Untersuchungsreihe an 1856 Kindern im Alter von 5 – 12 Jahren 30 Entwicklungsmerkmale als Grundminimum dessen aufgestellt, was ein Kind gemäß seinem Alter zeichnerisch können sollte. Diese unterste Grenze der Norm auf einer 85 – 100%-Basis sollte auch dem Motopädagogen bekannt sein:

5 Jahre: zeichnet Kopf, Augen, Nase, Mund, Körper, Beine, Arme (Arme bei Mädchen 100%, bei Jungen nur 84 %)

6 Jahre: zeichnet Arme (nun auch Jungen 100 %), Füße (nur Mädchen), Haare (nur Mädchen, Jungen nur 72 %)

7 Jahre: Füße (auch Jungen), Arme mit zwei Strichen, Beine mit zwei Strichen (nur Mädchen, Jungen 84 %)

8 Jahre: Beine mit zwei Strichen (auch Jungen), Haare (Mädchen, bei Jungen 78 %)

9 Jahre: Hals (nur Mädchen), Haare (Jungen erst 81 %)

10 Jahre: Hals (auch Jungen), Haare (auch Jungen), hängende Arme, zwei Kleidungsstücke (nur Mädchen)

11 Jahre: Arme an der Schulter (nur Mädchen)

12 Jahre: Arme an der Schulter (auch Jungen).

Als außergewöhnliche Entwicklungsmerkmale, die nur bei 15% der Stichprobe (N = 1856) vorkamen, fand die Autorin folgende Items. Sie sprechen (in den in Klammern gesetzten Altersbereichen) für eine überdurchschnittliche geistige Reife:

Profilzeichnung (Jungen 5 - 9 Jahre, Mädchen 5 - 10 Jahre)
Knie (5 - 12 Jahre), Ellbogen (Ju. 5 - 9 J., Mäd. 5 - 8 J.)
Zwei Lippen (Ju. 5 - 10 J., Mäd. 5 - 7 J.), Nasenlöcher (Ju. 5 - 9 J., Mäd. 5 - 6 J.)
Vier Kleidungsstücke (5 - 6 Jahre)
Richtige Proportionen (Ju. 5 - 7 J., Mäd. 5 - 6 J.)
Arme an den Schultern (5 - 6 Jahre), zweidim. Füße (5 Jahre)
Fünf Finger (5 Jahre, nur Jungen), Pupillen (5 Jahre, nur Jungen).

Zur Auswertung des ZEM gibt KOPPITZ folgende Richtlinien:
Die Vorgabe für jedes Kind = 5 Punkte. Fehlt ein erwartetes Entwicklungsmerkmal, so wird jeweils ein Punkt abgezogen. Ist eines der außergewöhnlichen Merkmale vorhanden, so wird ein Punkt zugezählt. Erreicht ein Kind 7 - 8 Punkte (5 Punkte Vorgabe plus 2 oder 3 außergewöhnliche Merkmale), so spricht dies für eine hohe Intelligenz. Der Durchschnitt liegt bei etwa 5 Punkten. Darunter liegende Punktwerte sprechen für Intelligenzminderung oder aber auch für schwere emotionale Probleme.

Auf die diagnostische Bedeutung sog. emotionaler Merkmale beim ZEM kann in diesem Zusammenhang nicht ausführlich eingegangen werden. Sie kommen in der Normalpopulation nur in 0 bis 15 % vor und sind altersunabhängig, so Schattierungen, Transparenzen, Berührungslosigkeit der Körperteile, grobe Asymmetrie der Gliedmaßen, Schrägneigung von mehr als 15 Grad, zu kleine oder zu große Gestalt (unter 5 cm bzw. über 23 cm hoch). Auch das Weglassen einzelner Teile ist nach den Beobachtungen von KOPPITZ ein emotionales Symptom, das niemals rein zufällig, aus Versehen geschieht. Desgleichen spielt die Reihenfolge, mit der die Teile gezeichnet werden, eine Rolle. Werden Kopf und Gesicht zuletzt gezeichnet (statt wie normal zuerst) so weist dies auf eine Kontakthemmung und soziale Isolierung hin.

Geringe Punktwerte im ZEM bei hohem IQ legen den Verdacht auf eine neurotische Konstellation nahe. Umgekehrt ist bei niedrigem IQ und hohen ZEM-Leistungen immer auch an eine hirnorganische Verursachung zu denken. Einigen der oben angeführten emotionalen Merkmalen kommt eine spezifische Bedeutung als Indikatoren von Hirnfunktionsstörungen zu:

- Ohne Berührung gezeichnete Körperteile (ab 7 Jahre)
- grobe Gliedmaßenasymmetrien
- Schrägstellung von mehr als 15 Grad
- Transparenz, d. h. Bauchinneres sichtbar (ab 7 Jahre)
- Weglassen des Rumpfes (ab 6 Jahre); des Halses (ab 10 Jahre)
- winzige, unter 5 cm hohe Gestalt; abgeschnittene Hände.

Bei den emotionalen wie auch bei den hirnorganisch verursachten Merkmalen kommt es offensichtlich zu einer mehr oder weniger gravierenden Verschiebung des Körperschemas als subjektiv wahrgenommene und erlebte Räumlichkeit des eigenen Körpers. Die außerdem bei hirngeschädigten wie auch häufig bei emotional gestörten Probanden vorhandenen manuellen Koordinationsstörungen sind ein weiteres – im ZEM-Test weitgehend unberücksicht gelassenes Merkmal, an dem naturgemäß vor allem der Motodiagnostiker interessiert ist. Für ihn sind Verzitterungen in der Strichführung oder ungewollte Ausfahrbewegungen beim Anfertigen einer Mannzeichnung wichtig. Darüber ist im Band 3 dieser Schriftenreihe im Abschnitt 'Bewegungsbehinderungen' (Schreibbewegungsstörungen) ausführlich berichtet worden.

Der Mensch-Zeichen-Test (MZT) nach ZILER

Der von ZILER (1970) publizierte MZT — von ihm noch als „Mann-Zeichen-Test" bezeichnet — bewertet die Fähigkeit 4- bis 13jähriger Kinder, Körperteile, Gliedmaßen, Gesicht und Kleidung in ihre Menschzeichnung einzubringen. Für jedes gezeichnete Detail gibt es einen Punkt. 4 Punkte entsprechen einem Jahr des Zeichenalters, wobei immer 3 Lebensjahre (für die ersten 3 Lebensjahre gibt es keinen Punkt) zu dem durch 4 geteilten Punktwert hinzugezählt werden. Bis zum Alter von 12 Jahren korrelieren Lebensalter und Zeichenalter befriedigend hoch. (vgl. auch SCHÜTTLER-JANIKULLA: Der Mann-Zeichen-Test als differentialdiagnostisches Instrument zur Beurteilung der Lernausgangslage und Entwicklungsmöglichkeit von Vorschulkindern. Berlin 1976)

Literatur zur Handgeschicklichkeits-Diagnostik siehe Verzeichnis Seite 187.

2.8. Wahrnehmungsdiagnostik

Genau genommen müßte dieses Kapitel als optische Wahrnehmungsdiagnostik überschrieben sein. Denn die visuelle Orientierung hat bei motorischen Lernprozessen eindeutigen Vorrang gegenüber anderen sensorischen Modalitäten. Zwar werden Bewegungen immer auch von haptischen und kinästhetischen Sinneseindrücken begleitet. Dennoch entziehen sich diese meist unbewußt ablaufenden tastmäßigen und muskulären bzw. vom Vestibularapparat des Innenohrs ausgehenden Eindrücke einer objektiven Meßbarkeit.

Daß die Orientierungs- und Schutzfunktion des Gehörs auch für die Qualität der Bewegungsausführung bedeutsam ist, wird vielfach behauptet, konnte aber m. W. bisher noch nicht belegt werden.
VAN UDEN will beispielsweise festgestellt haben, daß taube Menschen deshalb schlürfend und arrhythmisch gehen, weil bei ihnen die akustische Rückkoppelung der Ganggeräusche fehlt. WIEGERSMA et. al. (1977) postulieren, die schlechten motorischen Leistungen gehörsgeschädigter Kinder entstünden dadurch, daß ihrem Bewegungsentwurf die verbale Komponente fehle und sie niemals verbale Instruktionen zur Verbesserung ihrer Bewegungsmuster erhalten haben.

Die für die situative Orientierung notwendige Gesamtheit der intersensorischen Wahrnehmungen ist beim Lernvorgang auch gesunder Kinder nie exakt zu bestimmen. Jede Minderung oder Störung des die motorische Handlung ständig begleitenden Wahrnehmungsgeschehens muß sich naturgemäß negativ auf die Qualität der Bewegungsausführung auswirken und ihre Effektivität herabsetzen. Deshalb ist die Überprüfung der Wahrnehmungsfunktionen bei jedem Verdacht auf derartige 'Inputstörungen' dringend geboten. Das gilt insbesondere für 'visuelle Problemkinder'.

Die visuelle Raumorientierung in Form einer Rahmenkoordination von senkrechten und waagerechten Raumlinien ist grundlegend für die Bewegungskontrolle in aufrechter Körperhaltung (WITKIN et. al., 1954). Die Autoren weisen auf die Wichtigkeit optisch-perzeptiver Funktionen nicht nur beim 'Body Balance Test' und 'Body Steadiness Test' hin, sondern auch beim 'Two Hand Coordination Test' mit einem Zielverfolgungsgerät nach MC FARLAND und CHANNELL (1944). Dabei findet mit steigendem Alter ein fast geradliniger Anstieg der perzeptionsmotorischen Leistungsfähigkeit statt. Ein relativ starker Leistungsabfall ist allerdings zwischen 10 und 13 Jahren zu beobachten.

Aus dem bisher Gesagten mag der Leser die unvermeidbare Überschneidung bei der Prüfung und diagnostischen Erfassung des Handgeschicks und der optischen Wahrnehmung erkennen. Das liegt einfach an der Mehrdimensionalität dessen, was wir als Auge-Hand-Koordination bezeichnen. So wird das manuelle Geschick im Umgang beispielsweise mit dem Ball sowohl durch die Hand- und Fingerbeweglichkeit und Schnelligkeit an sich bestimmt als auch durch die Präzision, mit der die Augen die Fang-, Greif- und Hantierbewegungen zu steuern vermögen. Eines geht dabei in das andere über.

FROSTIG et. al. (1961) haben deshalb in ihrem 1961 erstmals veröffentlichten 'Developmental Test of Visual Perception' sowohl Handgeschicklichkeitsleistungen (Untertest der visuo-motorischen Koordination) als auch Perzeptionsleistungen (repräsentiert durch die anderen vier Untertests) aufgenommen. Genau genommen sind aber auch in den letzterwähnten Wahrnehmungsvollzügen motorische Komponenten enthalten, z. B. wenn es darum geht, die sich überschneidenden Sterne mit Farbstiften zu umfahren

(Prüfung der Figur-Grundwahrnehmung) oder nach einem vorgegebenen Muster Punkte durch Striche zu verbinden (Wahrnehmung von Raumbeziehungen).

Der inzwischen übersetzte und an deutsche Verhältnisse angepaßte FROSTIG-Entwicklungstest der visuellen Wahrnehmung (FEW) (LOCKOWANDT, 1974) ermöglicht eine differenzierte Diagnostik bei 4- bis 8jährigen Kindern, wobei die Ergebnisse in Normtabellen als Prozentränge abgelesen werden können. Sie bilden die Grundlage bei notwendig werdenden Trainingsmaßnahmen nach dem FROSTIG-Programm zur visuellen Wahrnehmungsförderung (REINARTZ und REINARTZ, Hrsg., 1972, 2. Aufl.). Im folgenden sind die fünf Untertests des FEW aufgeführt.

1. Visuo-motorische Koordination
Hierbei geht es um die Prüfung der Fähigkeit, gerade, kurvige oder winkelige Spuren zwischen zwei verschieden weiten Begrenzungslinien mit dem Stift nachzufahren (vgl. Labyrinth-Test von SCHILLING im vorigen Kapitel). Außerdem sollen die Probanden Linien frei zwischen Punkten ziehen.

2. Figur-Grundwahrnehmung
Mit diesem Untertest, wird die Fähigkeit untersucht, Figuren von einem zunehmend komplex angeordneten Hintergrund optisch herauszulösen. Dabei werden sich vielfach überschneidende geometrische Formen verwendet (Abb. 33).

3. Wahrnehmungskonstanz
Verschieden große geometrische Formen sollen in verschiedenen Schattierungen und in verschiedenen räumlichen Stellungen wiedererkannt und von ähnlichen Figuren unterschieden werden. Es werden Kreise, Vierecke, Rechtecke, Parallelogramme und Ellipsen verwendet.

4. Raumlage-Wahrnehmung
Hier wird das Unterscheidungsvermögen für räumliche Umkehrungen und Drehungen bei Abbildungen realer Objekte geprüft. Sie sind in Reihen dargestellt, in denen jeweils ein Objekt (z. B. Stuhl, Tisch, Leiter) sich in einer anderen Raumlage befindet (Abb. 34).

5. Wahrnehmung räumlicher Beziehungen
Mit diesem letzten Untertest wird die Fähigkeit zum Erkennen und Kopieren von Formen und Mustern geprüft, die anhand von Leit- und Orientierungspunkten in ein zweites Feld übertragen werden (Abb. 35).

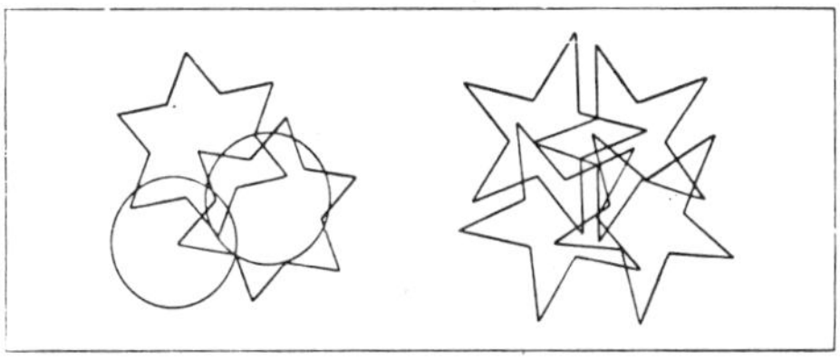

Abb. 33 Figur-Grund-Wahrnehmung

Abb. 34 Raumlage-Wahrnehmung

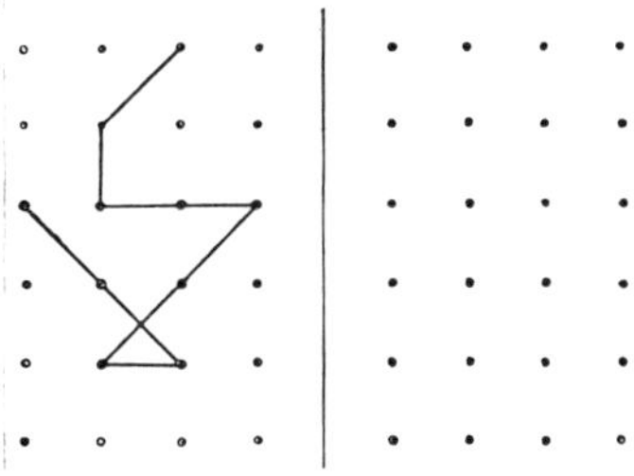

Abb. 35 Wahrnehmung räumlicher Beziehungen

Marianne FROSTIG weist ausdrücklich darauf hin, daß uns die Anwendung eines Tests nicht der Aufgabe enthebt, das Kind ständig zu beobachten. Wenn es z. B. keine Linie ziehen kann, so kann das an einer Störung der Hand- und Fingergeschicklichkeit liegen. Es kann aber auch durch eine Störung in der Augenbeweglichkeit mit mangelnder visueller Kontrolle verursacht sein. Vielleicht ist das Kind aber auch müde, zerstreut und unaufmerksam (FROSTIG et. al., 1972).

Wir sollten uns darüber klar sein, daß Tests - gleich welcher Art - nur Hilfsmittel sind und daß ihre Ergebnisse immer auch Fehlerquellen enthalten können. Bei Müdigkeit und Interesselosigkeit werden die Testergebnisse gewiß schlechter ausfallen als bei hoher Motiviertheit. So ist es wichtig, daß der Testleiter emotional entsprechend warm interagiert, damit das Kind sich an ihn gewöhnt und sich ihm anvertraut. Es können aber auch andere Faktoren das Testergebnis beeinflussen wie Wetter, Tageszeit, akustische Ablenkungen sowie die Art der vorhergehenden Tätigkeit des Probanden und seine derzeitige physische und psychische Verfassung. Bestehen starke emotionale Spannungen und Konfliktbelastungen, so wird sich dies wahrscheinlich auch auf das Testergebnis auswirken.

Motodiagnostik und Wahrnehmungsdiagnostik sollte immer Prozeßcharakter haben. Mit anderen Worten: Es kann sich nicht darum handeln, an irgend einem Tage x einen Teststatus zu erheben und das Ergebnis dem Kinde quasi als Etikett anzuhängen. Diagnostik soll im Gegenteil so lange betrieben werden, bis der Pädagoge umfassend Aufschluß erhalten hat über Verhalten und Leistung des ihm anvertrauten Kindes. Und selbst danach gilt es, stets wachsam zu sein für möglicherweise erneut auftretende Schwierigkeiten. Sie können daran liegen, daß es dem Kinde an Motivation mangelt, daß das Arbeitstempo zu schnell ist oder die Aufgabe zu schwierig (oder im Gegenteil zu leicht) oder daß soziale Schwierigkeiten in der Gruppe aufgetreten sind.

Man sollte sich als Motopädagoge nicht scheuen, auch hin und wieder ganz simple Überprüfungen der Bewegungs- und Wahrnehmungsfunktionen vorzunehmen, um bei einer auftretenden Frage diagnostisch weiterzukommen. Stellt man beispielsweise fest, daß ein Kind beim Schließen oder Abdecken der Augen Ängste entwickelt oder koordinative Schwierigkeiten zeigt, so sollte man versuchen, der Ursache auf die Spur zu kommen. Dabei kann es sich um emotionale Probleme, aber auch um reine motorische Koordinationsprobleme handeln, die sich bei verschiedenen Bewegungsaufgaben besonders bei Augenschluß manifestieren.

Oder, um ein Beispiel aus der Wahrnehmungsbeobachtung zu nennen: Bei einem konzentrationsschwachen und langsam reagierenden Kind soll herausgefunden werden, ob es vornehmlich visuelle oder akustische Konzentrationsprobleme und Wahrnehmungsschwierigkeiten hat. Dabei wird es möglicherweise gut sein, wenn man es zur Imitation des Händeklatschens in verschiedener Anzahl und Anordnung der Klatscher auffordert, und zwar das eine Mal optisch und akustisch zugleich, das andere Mal aber nur akustisch (z. B. durch Herumdrehen, wodurch die Klatschbewegungen der Sicht des Kindes entzogen sind). Auf diese Weise gelingt es manchmal mit relativ einfachen Mitteln, optischen oder akustischen Wahrnehmungsdefiziten in der gezielten Beobachtungssituation auf die Spur zu kommen.

Literatur zur Wahrnehmungsdiagnostik siehe Verzeichnis Seite 187.

3. Motopädagogik

Nach GALPERIN, LURIA, WYGOTSKI und LEONTJEW verläuft der gesamte menschliche Lern- und Aneignungsprozeß über das Handeln. Er geht immer von materiellen Handlungen aus und führt über sprachliches Handeln bis zum 'Handeln im Geiste'. Das Kind durchläuft somit drei ineinander übergehende Lernabschnitte: die des Handelns, Sprechens und Denkens. Das Zusehen bei einer Handlung kann das eigene Handeln niemals ersetzen. Das gilt ebenso für das Erlernen einer Bewegungsfertigkeit wie für rechnerische Lernoperationen. Auch hier beginnen Kinder immer erst mit der Rechenhandlung, d. h. mit dem Handhaben von Gegenständen als äußeren Handlungsvollzug. Das Verinnerlichen geschieht mit Hilfe der Sprache, wobei das Kind beim Zählen und Rechnen häufig noch gern die Finger zu Hilfe nimmt. Sobald es ihm gelingt, seine Finger nur noch im Geiste anzufassen, hat es die Handlungsebene verlassen und bedient sich nur noch der äußeren und inneren Sprache im Sinne des lauten Verbalrechnens und stillen Kopfrechnens.

Die Handlungsgrundlage kann als ein wesentlicher Teil des kognitiven Lernens angesehen werden. Den motorischen Handlungsvollzügen kommt gerade in der frühen Kindheit eine immense entwicklungspsychologische Bedeutung zu. Während sich das ältere Kind auf Grund der bereits erworbenen vielseitigen Bewegungserfahrungen neue Handlungsoperationen auch anhand einer Beschreibung vorstellen kann, sind die kognitiven Lernprozesse des Kleinkindes immer an sensomotorische Erfahrungen gebunden. Das gilt für die Erkenntnisprozesse bei einfachen Sinneswahrnehmungen ebenso wie für das optisch-praktische Beziehungsdenken und das spätere Symbolisieren, Sortieren und Klassifizieren von Eigenschafts- und Tätigkeitsmerkmalen als konkretes Begriffs- und Urteilsdenken. Aber selbst das abstrakte Begriffsdenken als eigentliches Wortdenken sowie letztlich das logische Beziehungsdenken des Vorschulkindes können durch konkrete motorische Erfahrungen immer wieder anschaulich gemacht und auf diesem Wege vertieft werden.

Intelligentes Verhalten kann nach PIAGET an der Fähigkeit gemessen werden, in einer neuartigen Umweltsituation die Lösung des Problems in einer Art Hypothese vorauszunehmen. Deshalb sind motorische Problemlösungssituationen zweifelsohne eminent wichtige Voraussetzungen für die Entwicklung begrifflicher Vorstellungs- und Denkprozesse. Körperbehinderte Schulanfänger, denen ein vielseitiger motorischer Erfahrungsschatz naturgemäß nicht zur Verfügung steht, haben bezeichnenderweise Schwierigkeiten, bildlich dargestellte Handlungen zu erkennen. Ihr Wortschatz ist sowohl qualitativ als auch quantitativ gemindert (WOLFGART, 1975).

Motorik darf dennoch nicht als eine Art von Wundermittel zur Steigerung der kindlichen Intelligenz angesehen werden. Lediglich in den ersten beiden Lebensjahren besteht ein weitgehender Parallelismus zwischen Motorik und Intelligenz - genau wie das bei älteren hirngeschädigten, geistigbehinderten Kindern der Fall ist. Im Grunde ist die höhere (geistige) Nerventätigkeit bei Säuglingen nur anhand sinnvoller Bewegungsreaktionen erkennbar. Eine bereits im Säuglingsalter einsetzende motorische Stimulation durch das häufige Auslösen lustvoll erlebter Haltungs- Bewegungsreaktionen und -aktivitäten vermag nachweislich das geistige Entwicklungstempo zu beschleunigen (KOCH, 1969).

In der weiteren Entwicklung, z.B. während des Schulalters, lassen sich eindeutige Wechselbeziehungen zwischen motorischer und kognitiver Lernleistung jedoch nicht mehr im Sinne paralleler Entwicklungsprozesse nachweisen. Die Bewegungsfähigkeit übt hier keinen direkten Einfluß aus, beispielsweise auf das schulische Leistungsniveau. Gleichwohl ist eine harmonische Bewegungsentwicklung von nicht abzuschätzender Bedeutung für den affektiven und sozialen Lernbereich. Nur die motorisch Funktionstüchtigen verfügen über ein genügendes Maß an Selbstvertrauen. Und nur sie haben Aussicht, von der Gruppengemeinschaft anerkannt und angenommen zu werden.

3.1. Lernzielbestimmung

Ehe man darangeht, Lerninhalte der Motopädagogik zu bestimmen, ist es notwendig, sich über die motopädagogischen Intentionen und Zielsetzungen klar zu werden. Erst danach kann es sinnvoll sein, Übungen, Materialien, Medien und Organisationsformen für den Bewegungsunterricht auszuwählen, durchzuführen und die Ergebnisse kontrollierend auszuwerten.

Das Hauptanliegen eines ganzheitlich konzipierten motopädagogischen Bemühens kommt in der wirkungsvollen Unterstützung der Gesamtpersönlichkeitsentwicklung des Kindes zum Ausdruck. Dabei geht es um Hilfen zur Entfaltung der individuellen Handlungsmöglichkeiten einerseits und um die Befähigung zur Lösung sozialer Aufgaben andererseits. Ersteres, die 'Individuation', erreicht das Kind in der täglichen Auseinandersetzung mit der biologischen und dinglichen Umwelt. Das zweite, die 'Sozialisation' vollzieht sich in der Auseinandersetzung mit den personalen Umweltgegebenheiten.

In beiden Bereichen vollzieht sich die Umweltbegegnung zunächst in Form einer Umweltanpassung. Erst im Laufe der weiteren Entwicklung lernt das Kind seinerseits, die Umwelt tätig zu verändern und an sich selbst anzupassen. Dabei wächst seine Handlungsfähigkeit und seine Fähigkeit zur Umweltbewältigung in regelkreisförmig geschlossenen Lernprozessen. Mit anderen Worten: Das Kind nimmt etwas mit seinen Sinnen wahr, nimmt affektiv und kognitiv dazu Stelllung, entwickelt eine Handlungsplanung und führt sie dann mit Hilfe seiner Bewegungsorgane aus.

Lernziele beschreiben die erwünschten Fähigkeiten, über die der Lernende am Ende des Lernprozesses verfügen sollte. Dabei wird das Ausgangsverhalten des Kindes, in welches seine Vorerfahrungen und Vorkenntnisse eingehen, durch Verhaltensänderung, d. h. durch entsprechende motopädagogische Lernprogramme in ein Endverhalten überführt. Es ist durch erhöhte oder neue Erkenntnisse, Fähigkeiten oder Fertigkeiten gekennzeichnet.

Um erfolgreich handlungsfähig zu sein, benötigt das Kind entsprechende Übungsanregungen in drei großen Lernbereichen:

1. Wahrnehmungsbereich
2. Bewegungsbereich
3. Emotional-sozialer Bereich.

Jede Verbesserung der Wahrnehmungsfähigkeit macht sich auch im Bewegungsbereich bemerkbar. Umgekehrt sind bewegungsschulende Aufgaben dazu angetan, eine Verbesserung der Sinneswahrnehmung herbeizuführen. Wenn bei der nachfolgenden Beschreibung der Lerninhalte, d. h. der Übungen selbst, Wahrnehmung und Bewegung getrennt abgehandelt werden, so soll damit die sensomotorische Funktionseinheit keinesfalls zerrissen werden. Auch die erlebnismäßige, affektive und soziale Seite des menschlichen Bewegungsverhaltens wurde nur aus didaktischen Gründen aus der Gesamtheit Motorik herausgelöst.

Die Aufschlüsselung in drei Lernbereiche soll vor allem dem Lehrenden einen Überblick verschaffen darüber, wie er schwerpunktmäßig arbeiten kann. So wird er beispielsweise einmal mehr die Wahrnehmungsprozesse, ein andermal die Bewegungskoordination und motorische Handlungsfähigkeit, dann wieder die expressiv-motorische und sozio-motorische Seite betonen. Die Lernbereiche stellen also keine Hierarchie dar. Der Motopädagoge wählt für jede Stunde die Inhalte aus allen drei Lernbereichen, lediglich mit unterschiedlicher Betonung. Ist es darüber hinaus wünschenswert, speziell die kognitiven Lernprozesse anzuregen, so stehen hierzu eine Reihe methodischer Möglichkeiten zur Verfügung, von denen weiter unten die Rede sein wird.

3.1.1.. Qualifikationen im Wahrnehmungsbereich

Beim sensomotorischen Lernen werden Eigen-, vor allem aber Fremdwahrnehmungen mit entsprechend sinnvollen motorischen Reaktionen beantwortet. Damit dokumentiert das Kind, daß es den Sinngehalt der betreffenden sensorischen Umweltinformation verstanden hat. Im Kleinkindalter orientiert sich das Kind weitgehend an dem, was es sinnlich wahrnimmt.

Die erlernten Wahrnehmungsmuster sind anfangs noch relativ starr und unbeweglich. In ihnen spiegelt sich die Welt wider, aber nur sehr einseitig. Die Sinnesübungen im Kleinkindalter haben deshalb die Aufgabe, durch Variation und Modifikation die erlernten Wahrnehmungs-Grundmuster immer wieder abzuwandeln. Mit anderen Worten: Gegenstände und Personen müssen aus den verschiedenen Blickwinkeln und Entfernungen immer wieder als gleich erkannt werden, unabhängig davon, vor welchem Hintergrund sie sich befinden. Genauso ist es notwendig, daß bestimmte Gestalten und Formen immer wieder als gleich erkannt werden, auch wenn sie das eine Mal kleiner, das andere Mal größer sind und mal von der einen und mal von der anderen Seite betrachtet werden. Es sind dies die gleichen Lernschritte auf dem Wege zu einem differenzierteren Wahrnehmungsvermögen, wie sie Marianne FROSTIG als Wahrnehmungskonstanz und Wahrnehmung der Raumlage bzw. der räumlichen Beziehungen bezeichnet (vgl. die Ausführungen zum FROSTIG-Test im vorigen Kapitel).

Dadurch lernen jüngere Kinder im 'Hier und Jetzt' ein immer umfassenderes Bild von den Dingen und Erscheinungen der Umwelt zu erlangen. Je mehr motorische Handlungen dabei im Spiel sind, desto besser. PIAGET sagt mit Recht, daß das Kind Wissen und Urteilsvermögen erst durch die tätige Einwirkung auf die Dingwelt erwirbt. Wir haben die Wahrnehmungsschulung bewußt an den Anfang gestellt, weil die Fülle der damit spielerisch erreichten Umweltkenntnisse und -erkenntnisse eine tragfähige Basis für die kindliche Handlungsfähigkeit bildet. Oder anders ausgedrückt: je besser ein Kind seine Umwelt beobachtet, je besser es hinhören und hinfühlen kann, desto vollkommener wird seine Bewegungsbeherrschung sein.

Es gibt eine Computergesetzlichkeit, welche besagt, daß die Qualität des Input (sensorisches Wahrnehmen) die Qualität des Output (motorisches Handeln) bestimmt. Von daher wird verständlich, wie wichtig ein systematischer Übungsaufbau gerade im Wahrnehmungsbereich ist. Dadurch sollen dem Kind zunächst möglichst isolierte optische, akustische, taktile und kinästhetische Sinneserfahrungen sowie Erfahrungen der Körper- und Raumorientierung vermittelt werden.

Da die Übungseinheiten der Wahrnehmungsschulung die kindliche Konzentration relativ hoch beanspruchen, sollte im Anfang nicht länger als 5 bis 10 Minuten geübt werden. Man merkt es ohnehin an der abfallenden Aufmerksamkeit der Kinder, wenn eine Wahrnehmungsübung zu lange gedauert hat.

In der Unterrichtsgestaltung hat es sich bewährt, die einzelnen Wahrnehmungsbereiche schwerpunktmäßig über einen bestimmten Zeitraum hin zu vertiefen. Mit Vertiefung ist vor allem auch ein variationsreiches Übungsangebot gemeint, welches das Kind in die Lage versetzt, sich in einer neuen Situation möglichst ganz schnell adäquat zu orientieren.

Die Wahrnehmungsförderung hat zwar im Kleinkind- und Vorschulalter ihren Hauptschwerpunkt, sollte aber doch möglichst bis in das frühe Schulalter hinein fortgeführt werden. Die Steigerung der Aufgabenschwierigkeit wird dadurch erreicht, daß der Übende selbst im schnellen Lauf noch differenziert wahrzunehmen vermag. Auch kann die Wahrnehmungsgeschwindigkeit derart gesteigert werden, daß bestimmte Objekte nur für eine Sekunde präsentiert und selbst in der Bewegung richtig erkannt werden. So kann zum Beispiel ein fliegender Ball besser antizipiert, d.h. seine Flugrichtung und Geschwindigkeit mit der Zeit besser einkalkuliert werden. Das Beobachten und Beurteilen von Bewegungsvorgängen, z.B. vorzugsweiser Arm- oder Beingebrauch werfender oder springender Kinder, ist selbst im Schulalter höchst motivierend.

Viele dieser Wahrnehmungsübungen können außerdem mit Reaktionsspielen gekoppelt werden, wobei das genaue Hinsehen oder Hinhören die Voraussetzung bildet für die richtige Handlung. Derartige Reaktionsspiele, wie 'Tag und Nacht', 'Schwarz und Weiß', Nummernwettläufe o.ä., erfreuen sich bei Schülern höchster Beliebtheit.

Gerade bei der Wahrnehmungsschulung in Verbindung mit motorischem Handeln werden immer wieder kognitive Lernprozesse aktiviert. Bei jeder Aufgabe, jeder Übung, bei jedem Spiel geht der Ausführung ein kurzer Denkprozeß voraus. So eine Aufgabenstellung kann beispielsweise lauten: Jeder nimmt sich einen kleinen Tennisball und einen großen Gymnastikball. An der Wand befinden sich große und kleine Kreise. Versucht mit eurem kleinen Ball einen kleinen Kreis zu treffen und mit dem großen Ball einen großen! Oder: Trefft mit einem Ball einen Kreis und mit dem anderen ein Dreieck. Hier muß die Aufgabe zunächst verbal aufgenommen und verstanden werden. Daran schließt sich die visuelle Orientierung an, nämlich wo sich die entsprechenden Ziele befinden. Dann schießt blitzartig ein Handlungsplan durch das Hirn, der dann sofort in die Tat umgesetzt wird.

Jede Handlung stellt eine Einwirkung auf die Umwelt dar. Indem das Kind die Umwelt selbst verändert, ist es gezwungen, die neue, veränderte Situation wiederum wahrzunehmen. Dabei müssen sich die kognitiven Fähigkeiten des Auffassens, Auswählens, Erkennens, Vergleichens und Unterscheidens fortlaufend den neuen situativen Gegebenheiten anpassen. Kleine Kinder und auch entwicklungsrückständige ältere Kinder lernen noch am besten über den visuellen Wahrnehmungsbereich. Je älter die Kinder werden, desto mehr kann die auditiv-verbale Komponente eingesetzt werden. Und je mehr die Kinder Gelegenheit haben, die Aufgabenstellung, den Ausführungsplan und letztlich auch die tatsächliche Ausführung zu verbalisieren und zu kommentieren, desto höher ist der kognitive Lernanteil. Das gilt im Grunde für jede Bewegungsübung, ob nun mit sensomotorischem, psychomotorischem oder soziomotorischem Akzent.

Wahrnehmungsübungen, wie überhaupt sensomotorische Lernerfahrungen, leisten zudem einen entscheidenden Beitrag zur Begriffsbildung. Das Kind kann zunächst anschaulich und konkret das erleben, wofür später sprachliche Klassifizierungen und Abstrahierungen gefunden werden. Durch eigene Wahrnehmungs- und Bewegungserfahrung lernt man eben sehr viel plastischer, was mit schnell oder langsam, vorwärts oder rückwärts, schwer und leicht, nah und fern, hoch und tief usw. tatsächlich gemeint ist.

Raum- und Zeitbegriffe sowie Begriffe dynamischer Art werden am leichtesten erlernt in Form von extremen Gegensatzpaaren. Groß und klein, weich und hart, spitz und eckig, trocken und naß, müssen handelnd erfahren werden, ehe sie auch in Form 'sprachlicher Etiketten' begriffen werden.

Durch die Wahrnehmungsübungen soll das Kind befähigt werden:

- sich intensiv auf isolierte Sinnesreize zu konzentrieren
- sensibel für die verschiedenartigen Sinneswahrnehmungen zu sein
- den Informationsgehalt multisensorieller Wahrnehmungen zu erkennen
- sich auf Grund von Außenreizen ein Bild von der Welt zu machen
- sich durch selbsttätige sensomotorische Aktivitäten in der Umwelt zu orientieren
- motorisch schnell und situationsangemessen auf Wahrnehmungen zu reagieren
- durch Wahrnehmung und Bewegung zu einem körperlichen Struktur- und Funktionsbewußtsein zu gelangen
- die räumliche Anordnung der Körperteile zu erkennen
- den muskulären Spannungsgrad willkürlich verändern zu können
- sich der gegen die Schwerkraft wirksamen muskulären Haltekräfte bewußt zu werden
- verschiedene Körperpositionen experimentierend zu erfahren
- die Wirkung intensiver Bewegungen auf Atem- und Pulsfrequenz zu beobachten
- erste Erfahrungen mit dem Gleichgewicht des Körpers zu machen
- räumliche Entfernungen konkret motorisch zu erfahren
- sich Raumbeziehungen durch motorischen Standortwechsel bewußt zu machen
- zeitliche Unterschiede bei schnellen und langsamen Bewegungen zu erfahren
- dynamische Unterschiede behutsamer und kräftiger Bewegungen zu erleben
- fremde Bewegungsabläufe zu beobachten und nachzuvollziehen
- die Auswirkungen von Fremdbewegungen vorauszusehen
- aus der konkreten sensomotorischen Erfahrung zu Symbolen und Begriffen zu gelangen
- verbale Anweisungen zu verstehen und auszuführen.

3.1.2. Qualifikationen im Bewegungsbereich

Wenn es im vorigen Lernbereich vor allem darum ging, sich aufgrund eines Bestandes an Wahrnehmungsmustern grob in der Umwelt zu orientieren und motorisch sinnvoll darauf zu reagieren, so liegt der Schwerpunkt nunmehr auf den Bewegungsmustern selbst. Sie sollen erweitert und durch verschiedene Übungsangebote situativ abgewandelt werden können. Der bisher erlernte Bewegungsgrundbestand soll generalisierbar, d. h. auf jede neue Situation anwendbar sein.

Wahrnehmung und Bewegung bilden immer eine Einheit. Wir haben es hier insofern nur mit einer Schwerpunktverschiebung zu tun, als das Augenmerk mehr auf die Bewegungsausführung gerichtet ist. Selbstverständlich wird sich ein Kind in jeder Bewegungssituation mittels seiner Sinneswahrnehmungen neu orientieren. So wird es beispielsweise neue Spielgeräte erst einmal visuell wahrnehmen und sich optisch vororientieren. Andererseits ist es notwendig, die Bewegungsfrage oder den Übungsvorschlag des Lehrers akustisch aufzunehmen und den Sinngehalt der gesprochenen Worte zu verstehen.

So wie das Kind im optischen und akustischen Wahrnehmungsbereich die Sehfähigkeit und Hörfähigkeit als Grundvoraussetzung braucht, so braucht es zur Ausführung von

Bewegungshandlungen ein gewisses Maß an Bewegungskontrolle. Diese Steuerungsfähigkeit, Gesamtkörperkontrolle und Körperkoordination verbessert sich in dem Maße, wie das Kind Gelegenheit erhält, Bewegungserfahrungen in der Auseinandersetzung mit der Umwelt zu sammeln. So dienen eine ganze Reihe der weiter unten aufzuführenden Übungssequenzen der Verbesserung der dynamischen, räumlichen und zeitlichen Bewegungskontrolle, der Gleichgewichtskontrolle, Zielkontrolle sowie der Verbesserung von Hand- und Fußgeschick.

Die Zielsetzung wäre aber höchst einseitig, wenn es nur um eine Leistungssteigerung im Bewegungsbereich ginge. So steht denn auch die motorische Handlungsfähigkeit ganz im Vordergrund motopädagogischer Bemühungen. Um diese pragmatische Komponente zu betonen, könnte man von Operationalmotorik und Experimentalmotorik sprechen. Tätigsein und Handeln ist für die sowjetrussischen Psychologen der Schlüsselbegriff der menschlichen Entwicklung schlechthin (RUBINSTEIN 1963, GALPERIN 1967, LEONTJEW 1973).

Die Motorik erschöpft sich ja nicht nur in einem Reagieren auf Umweltreize. Es kommt im Laufe der kindlichen Entwicklung mehr und mehr auch zu eigenen Aktionen, die ihrerseits wiederum Reaktionen der Umwelt herbeiführen. Im Laufe dieses Prozesses paßt sich das Kind zwar immer wieder an die verschiedenen Umweltsituationen und neuen Übungsgeräte an. Gerade in dieser Anpassungs- und Umstellungsfähigkeit läßt sich der Grad der motorischen Entwicklung ablesen. Es darf aber nicht vergessen werden, daß mit Erweiterung des Aktionsradius und der eigenen Entscheidungs- und Handlungsfähigkeit das Kind mehr und mehr in die Lage versetzt wird, nun seinerseits die Umwelt handelnd zu verändern.

Motorische Handlungen setzen das Denken als eine verinnerlichte Handlung voraus. Es ist eine Art Probehandlung im Geist (PALAGYI). Zwar sind die in unserem Gehirn unmittelbar vor einer Handlung stattfindenden Prozesse noch weitgehend unbekannt. Man kann aber annehmen, daß die hereinkommenden Sinnesinformationen in das Kurzzeitgedächtnis gehen, um von da blitzartig mit den im Langzeitgedächtnis gespeicherten Erinnerungen und Erfahrungen rückgekoppelt zu werden.

Nach dieser ersten Groborientierung über die Situation werden beim älteren Kind verschiedene Handlungsmöglichkeiten im 'Schnellverfahren' auf ihre Chance zur Realisierung überprüft. Jüngere Kinder versuchen dagegen, die Problemlösung durch irgendeine Probehandlung anzugehen, wobei sie eine Lösungsmöglichkeit nach der anderen im Versuch-Irrtum-Verfahren durchprobieren. Das ältere Kind dagegen probiert nicht mehr, sondern plant vorher. Es entscheidet sich nach dieser kurzen 'Generalprobe im Geiste' eben nur für eine Handlungsstrategie. Es wählt also dasjenige Aktionsprogramm, diejenigen Koordinationsmuster aus, welche aus Erfahrung die größtmögliche Erfolgsaussicht für die betreffende Handlungsoperation haben.

PIAGET spricht in diesem Zusammenhang von 'Handlungsintelligenz'. Sie beginnt im Grunde schon während des zweiten Lebenshalbjahres, wenn das Kind in seinen ersten Zielhandlungen Erlerntes einer neuen Situation anpaßt. Während der ersten Hälfte des zweiten Lebensjahres kommt das Kind dann experimentierend über Versuch und Irrtum irgendwann zu einer befriedigenden Problemlösung. Es denkt noch in 'äußeren Handlungen'.

Innere Denkhandlungen, d. h. vorüberlegtes, einsichtiges Handeln beginnt nach PIAGET frühestens gegen Ende des zweiten Lebensjahres und vervollkommnet sich immer mehr bis zum frühen Schulalter. Erst nach Abschluß dieser 'präoperationalen Phase' vervollkommnen sich die begrifflichen Intelligenzleistungen. Das Schulkind erwirbt damit die Fähigkeit, immer bessere Denkmodelle und Handlungsstrategien zu entwerfen.

Das Übungsangebot im pragmatisch-operationalen Bewegungsbereich muß demzufolge einerseits eine bessere Bewegungskontrolle, Gerät- und Materialerfahrung sowie Zielkontrolle und Zielanpassung bis hin zu komplexmotorischen Fertigkeiten ermöglichen. Andererseits muß immer wieder die Gelegenheit zu konstruktiven Problemlösungsaufgaben im Bewegungsbereich gegeben werden.

Im einzelnen soll das Kind befähigt werden:

- Grundmuster der Fortbewegung und Handgeschicklichkeit zu erlernen
- mittels motorischer Aktionen in die Umwelt vorzudringen
- seinen Körper in Haltung und Bewegung zunehmend zu beherrschen
- seine Bewegungsfähigkeiten auf breiter Basis in wechselnden Übungssituationen zu erproben
- seine Bewegungsmuster gemäß neuer Situationsanforderungen abzuwandeln
- seinen Körper auf verschiedenen stabilen und labilen Standflächen im Gleichgewicht zu halten
- verschiedene Raumbedingungen durch Anwendung variierter Bewegungsmuster zu überwinden
- die veränderten Gegebenheiten bei Bewegungen im Wasser zu erfahren
- gesehene Bewegungsfolgen nachvollziehen zu lernen
- seine Aufmerksamkeit für längere Zeit zielgerecht aufrechtzuerhalten
- Erfahrungen im Umgang mit Material und Geräten zu sammeln
- unterschiedliche Impulsdosierungen einer Zielbewegung abschätzen zu lernen
- sportliche Bewegungsabläufe durch häufige Wiederholungen zu ökonomisieren
- Bewegungsfertigkeiten in selbstgewählten sportmotorischen Bereichen auszuüben
- durch Eigenleistungen im Bewegungsbereich Selbstvertrauen zu gewinnen
- zu neuen motorischen Aktivitäten und Unternehmungen motiviert zu sein
- Willensstoßkraft und -ausdauer in der Aufgabenbewältigung zu mobilisieren
- Bewegungshandlungen zu lernen und ihren Erfolg oder Mißerfolg zu registrieren
- eigene Bewegungs- und Handlungseffekte vorauszusehen
- eigene Wege der Problemlösung bei handlungsmotorischen Aufgaben zu finden
- konstruktive Kreativität im umweltverändernden Tun zu entwickeln.

3.1.3. Qualifikationen im emotional-sozialen Bereich

Während im vorgenannten Bewegungsbereich die Verbesserung der Gesamtbewegungskontrolle sowie die Stärkung der eigenen Handlungsfähigkeit im Vordergrund stand, geht es nunmehr um die expressive und kooperative Seite der Motorik. Dabei soll das Kind einerseits befähigt werden, seine inneren Gefühle bewegungsmäßig zum Ausdruck zu bringen. Andererseits soll es lernen, die Gefühlsbefindlichkeiten, Wünsche und Bedürfnisse anderer Kinder wahrzunehmen und mit ihnen in gemeinsamen Handlungsoperationen zu kommunizieren.

Das Kind braucht zur Identitätsfindung eine Fülle von Wahrnehmungs- und Bewegungserfahrungen. Körperempfindung, Körpererlebnis und Körperbewußtheit im Sinne des Körperschemas gehören mehr zu rezeptiven Ich-Entdeckung. In der Bewegung wird dieses Körper-Ich schließlich in Abgrenzung zur Umwelt erlebt und erfahren.

Psychomotorische Lernerfahrungen schließen jedoch die Ausdrucksseite des Körpers mit ein. Gefühle und Affekte dürfen nicht unterdrückt werden, sonst werden sie in Form permanenter Muskelverkrampfungen 'verkörperlicht'. Diese 'muskuläre Panzerung' (REICH, 1972, 1976) stellt ein Sicherungssystem dar, um zu verhindern, daß der innere Gefühlsdruck zu stark wird und sich dann ungehindert der Außenwelt mitteilt.

Aufgestaute Gefühle wie Angst, Empörung, Enttäuschung, Trauer oder ohnmächtige Wut müssen expressiv-motorisch geäußert werden dürfen, wenn die Kinder psychosomatisch gesund bleiben sollen. Jedes Kind müßte nach unserem Dafürhalten lernen, mit seinen Affekten, seinem Schmerz, seiner Aggression umzugehen. Und dieses nicht, um zu zerstören und andere zu schädigen oder zu vernichten, sondern um für sich selbst Erleichterung und Befreiung zu erreichen.

Die eigene Gefühlsdynamik muß akzeptiert und geäußert werden können. Es muß ein ständig fließender Ausgleich ermöglicht werden zwischen innerer Gefühlsbewegung und motorischem Ausdruck. Innere Bewegtheit muß sich in äußerer Bewegtheit mitteilen dürfen. Statt daß die Kinder ihre Gefühlsspannung innehalten, müssen sie lernen, ihr natürliches Bewegungsverhalten mit Gefühlsausdruck aufzuladen.

Unsere Erfahrung zeigt, daß man motorischen Gefühlsausdruck regelrecht üben muß. Bei Kindern gelingt das noch ohne Schwierigkeiten, weil sie noch direkt und natürlich empfinden. Erwachsene dagegen sind oft schon derartig verklemmt, so daß sie ihre gestauten und verdrängten Handlungsimpulse kaum freizugeben in der Lage sind.

Bei Kindern können diese dynamischen Gefühlsausdrucksübungen gut mit pantomimischen und tänzerischen Selbstdarstellungen gekoppelt werden. Dabei wird die Gebundenheit des affektiven Bereichs an soziale Interaktionen deutlich. Denn an irgendjemanden müssen sich die dargestellten Gefühle ja wenden. Auf irgendeinen realen oder imaginären Sozialpartner bezieht sich jede Form von Emotionalität und Affektivität.

In diesem Zusammenhang spielt die soziale Wahrnehmung eine zentrale Rolle. Darunter verstehen wir das Verständnis für die personale Umwelt, insbesondere für das Verhalten und die körperlichen, gestischen, mimischen und stimmlichen Gefühlsäußerungen anderer Menschen. Diese Fähigkeit reift in der täglichen Interaktion im soziomotorischen Lernfeld. Man bezeichnet diese Fähigkeit, sich in die Bedürfnisse, Erwartungen und Wunschvorstellungen anderer einzufühlen, als Empathie. Schon Kinder können lernen, einander zu trösten und zu helfen.

Gemeinsames Handeln setzt voraus, daß man die Absichten und Vorstellungen des anderen genauso respektiert wie seine eigenen. Gemeinsame Unternehmungen oder nur ein simples Zusammenspiel erfordern, daß man sich zunächst abstimmt und Vereinbarungen, z. B. hinsichtlich Spielregeln trifft. Nur in der täglichen Kooperation und Kommunikation können sich soziale Eigenschaften wie Zuverlässigkeit und eigenes Verantwortungsbewußtsein, Vertrauen in andere,aber auch das Ertragenkönnen von Enttäuschungen herausbilden.

Die psychomotorischen und soziomotorischen Übungskomplexe reichen vom Gefühlsausdruck in pantomimischen und tänzerischen Darstellungen über rhytmisch-musikalisches Tun bis zu sozialen Anpassungsübungen in der Partner- und Gruppensituation. Immer und überall geht es um die Entfaltung der Ausdrucksfreude, der Phantasie, Improvisationsgabe und Kreativität und letztlich auch des Durchsetzungsvermögens des einzelnen. Im Laufe der kindlichen Entwicklung verschiebt sich dieser Akzent mehr und mehr zur Seite des Gemeinschaftsverhaltens, der kooperativen Interaktion.

Bewegungsspiele, Wettkampf- und Leistungssituationen, z.B. in Form von Gruppenstaffeln, runden diesen emotionalen-sozialen Lernbereich ab. Gerade das Spiel mit seinem festen Regelsystem einerseits und den stets offenen Handlungsmöglichkeiten andererseits ist von hohem sozialen aber auch gleichzeitig kognitiven Wert. Immer führen konkrete Beobachtungen zu Vorstellungen, Schlüssen, Absichten und Entscheidungen, die auf das Spielgeschehen Einfluß nehmen. Dabei treten eigene Intentionen zugunsten gemeinschaftlicher Interessen zurück.

Zur Erlangung einer tragfähigen Sozialkompentenz soll das Kind befähigt werden:

- Funktionslust und Bewegungsfreude zu erleben
- seine Identität über Körper und Bewegung zu erfahren
- sich eigener Wünsche und Bedürfnisse bewußt zu werden
- mit 'negativen' Affekten umgehen zu lernen
- Affekte, Gefühle und Stimmungen motorisch auszudrücken
- sich entspannen zu können und dabei Affekte aufzulösen
- in der Bewegungsgestaltung Phantasie und Improvisationsfähigkeit zu entfalten
- Handlungsinitiativen zu entwickeln
- persönlichen Mut und Zivilcourage beim Übernehmen von Risiken und Überwinden von Hindernissen zu entwickeln
- Verantwortung für sein eigenes Handeln zu übernehmen
- Verantwortung für andere zu übernehmen
- sich selbst einer sozialen Gruppe zugehörig zu fühlen
- Kontakte zu Gruppenmitgliedern anzuknüpfen und positive Beziehungen zu ihnen aufzubauen
- eigene Bedürfnisse gegenüber anderen zu äußern und ggf. durchzusetzen
- sich auf andere Gruppenmitglieder einzustellen und sich mit ihnen abzustimmen
- Bedürfnisse, Meinungen, oder Vorschläge anderer zu respektieren
- mit anderen und gegen andere zu spielen und vereinbarte Spielregeln zu beachten
- auf andere Rücksicht zu nehmen, mitzufühlen und hilfsbereit zu sein
- sich anderen anzuvertrauen und soziale Rollen zu übernehmen
- eigene Wünsche und Vorteile zugunsten anderer zurückzustellen (Frustationstoleranz)
- Unstimmigkeiten und Konflikte gewaltlos zu lösen.

3.2. Perzeptive Entwicklungsförderung

Eine möglichst vielseitige Sinnesschulung wurde schon von Maria MONTESSORI als grundlegend für die kindliche Persönlichkeitsentwicklung angesehen. Zielgruppen der im folgenden systematisch nach Sinnesbereichen gegliederten Wahrnehmungsübungen sind normal entwickelte Kleinkinder und Vorschulkinder. Die Übungssequenzen sind als Anregung für Elternhaus und Kindergarten gedacht. Darüber hinaus dienen sie einer gezielten Wahrnehmungsförderung bei behinderten Kindern, wobei naturgemäß die Art und Schwere der Störung berücksichtigt werden muß. (Darüber wird im Kapitel 'Wahrnehmungsbehinderungen' des 2. Bandes ausführlich berichtet.)

Der Unterschied der innerhalb einer motopädagogischen Elementarförderung offerierten Sinneserfahrungen zu ortsgebundenen sinnesschulenden Praktiken anhand von Arbeitsmappen u. dgl. ist der, daß in der Motopädagogik Sinneswahrnehmungen und Bewegungsantworten unteilbar zusammengehören. Jede Wahrnehmung ist immer mit Bewegungsreaktionen und Handlungen verbunden. Dadurch bleibt die Funktionseinheit von gefühlsmäßiger, denkender und urteilender Umweltentdeckung und handelnder Umweltkommunikation über motorische Aktionen stets erhalten.

Bei den sinnesschulenden Übungen kommt es demgemäß im wesentlichen darauf an, die Umwelt mit Hilfe aller Sinnesmodalitäten zu erfassen und sich handelnd in ihr zu orientieren. So lernt das Kind nach und nach, die Erscheinungen seines näheren Umfeldes zu verstehen und sie entsprechend in sein Gedächtnis einzuordnen. Voraussetzung dieser perzeptiv-kognitiven Erkenntnisleistung ist die Fähigkeit des kindlichen Gehirns, wichtige Sinnesreize von unwichtigen zu unterscheiden. Dieser als Selektion bezeichnete Vorgang entscheidet darüber, was zur Wahrnehmung durchgelassen, also bewußt erfahren wird.

Bei jeder dieser Umwelterfahrungen sind, wie wir gesehen haben, Denkleistungen und Erkenntnisprozesse mit im Spiel. Sie entstehen auf dem Wege über das Vergleichen neu wahrgenommener Sinnesinformationen mit schon im Gedächtnis gespeicherten. Beim Säugling und auch noch im Beginn des Kleinkindalters laufen diese vergleichenden und unterscheidenden Wahrnehmungen noch weitgehend unbewußt ab. Und es ist eine von Erwachsenen leider allzu oft geübte Praxis, dieses sich langsam gemäß den inneren psycho-physiologischen Gesetzmäßigkeiten vollziehende Bewußtwerden durch ungeduldiges Eingreifen zu stören. Wieviele spielende Kinder werden auf diese Weise zu früh mit abstrahierenden Begriffen überschüttet. 'Was haben die Bauklötze für Farben? Sind sie rund oder eckig? Zeige mir den größten Klotz'.

Um nicht mißverstanden zu werden: Natürlich soll das Kind behutsam von der konkret anschaulichen Erfahrung zur Abstraktion geführt werden. Alle im folgenden genannten Übungssituationen dienen ja diesem Zweck. Nur sollte man dem jüngeren Kinde Zeit lassen. Es braucht das selbstverlorene Spiel, damit es sich im intuitiven Situationserfassen üben kann. Erst später kann es sinnvoll sein, die kindlichen Erkenntnisprozesse durch Anbieten verbaler Klassifizierungen und Kategorisierungen zu unterstützen.

Wie das nun folgende Kapitel zeigt, genügt es im Anfang, rein visuelle Unterscheidungen und Klassifizierungen per Übungsangebot anzuregen, ohne vorerst sprachliche Oberbegriffe zu verwenden. Entscheidend ist hier allein, daß das Kind die Zugehörigkeit eines Gegenstandes zu einer Klasse oder Gattung vom Optischen her (oder auch durch den Tastsinn) identifiziert.

3.2.1. Optische Sinneserfahrung

Die Augen sind das wichtigste menschliche Informationsorgan. Die optischen Nervenbahnen des Gehirns machen fast 40 % des zentral-nervösen Leitungssystems aus (GLEES, 1970). Die Intaktheit des gesamten Sehvorgangs stellt die Grundvoraussetzung dar sowohl für die Bewegungskoordination als auch für die optische Wahrnehmung und alle sich daraus ergebenden konkret anschaulichen Denkleistungen. Sehen ist an das regelrechte Funktionieren sowohl des motorischen Aktionssystems der Augenmuskeln als auch des optischen Apparates von Linsen und Netzhaut gebunden. Bestehen hier Störungen, so müssen ganz bestimmte Grundtrainingsprogramme durchgeführt werden (vgl. Sehbehinderungen bzw. Augenbewegungstraining in Band 2).

KEPHART (1960) konnte zeigen, daß der flüssige und koordinierte Gebrauch der Augen einer Reihe von Kindern selbst noch im Vorschulalter und dem frühen Schulalter Schwierigkeiten, unter anderem beim Lesenlernen, bereitet. Hier haben sich Zielverfolgungsübungen, die abwechselnd mit einem Auge durchgeführt werden, bewährt.

Die spielerische und lustbetonte Förderung des Sehens unterstützt, fördert und bereichert alle perzeptiv-kognitiven Lernvorgänge, die etwa gegen Ende des ersten Lebensjahres beginnen, und wahrscheinlich erst nach Abschluß der Pubertät enden. BAYLEY (1971) stellte in seinen Untersuchungen fest, daß die Wahrnehmung als einer der Grundfaktoren der menschlichen Intelligenz sich mit 7 Jahren erst zu 50 % und mit 12 Jahren zu 80 % aktualisiert hat.

FROSTIG, LEFEVER und WHITTLESEY (1961) verstehen unter der visuellen Wahrnehmungsfähigkeit sowohl die Augen-Hand-Koordination als auch die Figur-Grundwahrnehmung, Formenkonstanz, Raumlageposition als auch die Raumbeziehungen. Die Autoren konnten in einer Teststudie zeigen, daß die größten Entwicklungssprünge im Bereich des optischen Wahrnehmens zwischen dreieinhalb und fünf Jahren gemacht werden. Zieht man die Untersuchungsergebnisse einer Reihe von Autoren zu Rate, so scheinen Kinder in diesem Alter der Farbwahrnehmung vor der Größen- und Formwahrnehmung den Vorzug zu geben. Erst mit Beginn des Schulalters werden Formen bevorzugt. Die Fähigkeit zum visuellen Gestalterkennen kommt allerdings erst etwa mit dreizehn Jahren zum Abschluß (HEBB, 1949).

Im motopädagogischen Bereich sollen Wahrnehmungsübungen möglichst häufig mit Bewegungsreaktionen gekoppelt sein. Die Kinder sollen beispielsweise beim optischen Zielverfolgen in die betreffende Richtung zeigen, auf das Ziel zugehen oder ihm krabbelnd, gehend oder laufend folgen. Bei derartigen Zielverfolgungsübungen findet ein fließender Übergang statt zu den eigentlichen Geschicklichkeitsübungen der Hand-Auge-Koordination (vgl. 3.3.7.). Hier wird vornehmlich das visuelle Geschick, dort das manuelle Geschick trainiert.

3.2.1.1. Optisches Zielverfolgen

- Seifenblasen mit dem Finger berühren oder mit der Hand zerdrücken.
- Eine einzelne dicke Seifenblase, die der Lehrer von einer Erhöhung herabschweben läßt, mit den Blicken verfolgen bis sie in der Luft zerplatzt. Die Kinder dürfen pusten, damit die Seifenblase nicht zu Boden sinkt. Wer kann nachher den Weg beschreiben, den die Seifenblase genommen hat, vom Start bis zum Zerplatzen?

- Ein Papierflugzeug oder ein anderer Flugkörper wird von einer Erhöhung abgeworfen. Wer verfolgt seinen Flug nur mit den Augen, ohne dabei den Kopf zu bewegen? Wo es gelandet ist, darf es ein Kind holen und erneut fliegen lassen.
- Jedes Kind hat ein Papierflugzeug, einen Flugpropeller oder ähnliche Flugkörper (Kaufhaus) und beobachtet ihn genau bis zur Landung.
- Schwierigkeitssteigerung: Das Flugzeug soll möglichst noch vor dem Landen aufgefangen oder im Flug berührt werden. (Vorsichtig bei zu engem Raum!)

Abb. 36

Abb. 37

- Jedes Kind hat einen Ball, den es wegwerfen und mit den Augen so lange verfolgen soll, bis er irgendwo ganz still liegt. Dann schnell holen.
- Variation: Der Ball soll nach dem Abwurf (Abstoß) so schnell wie möglich durch Nachlaufen eingefangen werden.
- Ein großer Ball wird von einer Rutsche herabgerollt. Wer folgt seinem Weg mit den Augen? Zeigt mit dem Finger, welche Richtung der Ball nimmt. Ein Kind darf ihn, wenn er ruhig liegt, holen.
- Schwierigkeitssteigerung: Der Ball ist kleiner. Wer kann nach einigem Üben einen Tennisball oder gar einen Tischtennisball bis zuletzt verfolgen? Wer kann seinen Kopf dabei stillhalten und nur die Augen bewegen?
- Zwei Erwachsene (Kinder) spielen sich einen Ball auf verschiedene Weise zu: Langsam zurollen, schnell zurollen, in hohem Bogen zuwerfen, flach und fest zuwerfen, mit einmaligem oder mehrmaligem Auftreffen am Boden. Alle anderen bleiben mit den Augen am Ball, ohne den Kopf zu bewegen (Abb. 36, 37).
- Schwierigkeitssteigerung: Wir halten ein Auge zu und zielen (zeigen) mit dem anderen Arm genau in Flugrichtung, ohne den Ball aus den Augen zu verlieren.
- Gleiches Zielverfolgen eines Tischtennisspiels, dgl. Indiaca, Federball, Handball, Basketball oder Fußball zwischen zwei oder mehreren Spielern.

Abb. 38

Abb. 39

- Die Kinder halten ein großes, leichtes Tuch (5 x 5 m) straff und beobachten einen Wasserball, der auf diesem Tuch in Brust- bis Augenhöhe hin- und herrollt.
- Im verdunkelten Raum dem Lichtkegel einer Taschenlampe mit den Augen und dem Zeigefinger folgen. Auch einäugig üben.
- Jedes Kind hat eine Taschenlampe und verfolgt, auf dem Rücken liegend, einen stärkeren Lichtkegel (Lehrer) an der Decke bzw. an den Wänden. Wer fängt die Lampe des Lehrers immer wieder ein? (Der zu fangende Lichtkegel muß immer wieder stoppen, bis ihn alle Kinder erreicht haben).
- Es kann auch ein Ball auf einer Wolldecke verfolgt werden (Abb. 38, 39).

3.2.1.2. Optische Farbenunterscheidung

- Einfarbige Teppichfliesen (Tücher, Farbkarten) in den Grundfarben liegen im Raum verteilt auf dem Boden.
- Es werden Bälle (Plastikkegel, Tennisringe) in den passenden Farben ausgegeben. Wer findet für sich eine farbengleiche Matte?
- Jedes Kind wählt eine Farbe und markiert seinen Platz im Raum mit eben dieser Farbe: z. B. durch Farbklebestreifen, Farbbrettchen, Bauklotz, Farbkarte.
- Aufgabe: Aus den vielen anderen herumliegenden oder in Kästen befindlichen Farbgegenständen die eigene Farbe heraussuchen und zum markierten Platz bringen. Danach bekommt jedes Kind eine andere Farbe.
- Jedes Kind hat ein rotes, weißes und ein blaues Tuch (Teppichfliese, Band, Hölzchen usw.). Ein Kind legt seine drei Farben in einer bestimmten Reihenfolge vor sich auf den Boden. Wer kann seine Farben genauso hinlegen?
- Schwierigkeitssteigerung: Jedes Kind legt vier (später fünf) Farben in eine vorgegebene Reihenfolge.
- Wer kann von einer Farbe zur anderen Farbe schreiten oder hüpfen und dabei laut die Farbe nennen?
- Die Kinder ergänzen eine bestimmte Farbreihenfolge mit kleinen einfarbigen Fröbelstäbchen, Perlen oder ähnl. z. B. rot, blau, blau, gelb, rot, blau, blau usw.
- Jedes Kind baut sich ein Hüpfkästchen aus fünf Farbtafeln, Tüchern oder Teppichfliesen. Wer hüpft die Reihenfolge weiß, rot, gelb, blau? Wer findet eine andere Reihenfolge und sagt sie vorher an?
- Schwierigkeitssteigerung: Hüpfkästchen erweitern auf acht oder mehr Felder.
- Abwandlung der Hüpfkästchenspiele durch Dazwischenschalten von 'Himmel' (neutrales Ausruhfeld) und 'Hölle' (sie muß jeweils übersprungen werden).
- Die Farbfelder werden in verschiedener Entfernung voneinander auf den Hallenboden gelegt. Wer kann zuerst zu gelb laufen, zu grün und über lila zu gelb zurückeilen?
- Mehrere verschiedenfarbige Tücher oder Papierquadrate werden weit auseinander an die Wand geklebt, über Geräte gehängt oder einfach auf den Boden gelegt. Jedes Kind hat einen Tennisball und versucht damit die jeweils genannte oder hochgezeigte Farbe zu treffen.
- Wenn eine große Tafel vorhanden ist, so können Farbziele (z. B. Kreise) auch mit bunter Kreide angemalt und wie oben getroffen werden.
- Schwierigkeitssteigerung: Jedes Kind hat zwei Bälle und wirft sie nacheinander auf die benannten oder auch nur gezeigten Farben.

3.2.1.3. *Optische Größenunterscheidung*

- Wer holt den größten Ball, den kleinsten Ring, den längsten Stab, das kürzeste Seil, den dicksten Balken, das dünnste Brett?
- Gemeinsam mit Schaumstoffbausteinen (Streichholzschachteln, Zwirnrollen) einen großen und einen kleinen Turm bauen. Später werden drei und mehr Türme miteinander verglichen.
- Desgleichen verschieden lange Züge (Eisenbahnen) bauen. Wer kann ganz schnell vom größten Turm zur kleinsten Eisenbahn laufen? Wer läuft von der mittellangen Eisenbahn zum mittelgroßen Turm?
- Oder: Wer springt über die lange Eisenbahn, läuft einmal um den größten Turm herum und setzt sich dann neben dem kleinsten Turm nieder?
- Jeder hat drei verschiedene Größen (Längen, Dicken) und sortiert sie in der Reihenfolge groß, klein, mittel. Wer kann die Reihenfolge ändern? Wer kann an die Tafel malen, wie seine drei verschieden großen Bälle (Brettchen) jetzt liegen?
- Zeigt eurem Partner mit den Händen, welchen Gegenstand er euch reichen soll: den ganz großen (langen), den ganz kleinen (kurzen) oder den der mittleren Größe.
- Euer Partner zeigt mit den Händen nacheinander drei Größen. Legt eure Brettchen genau in der angegebenen Reihenfolge vor euch auf den den Boden.
- Schwierigkeitssteigerung: Sortierübungen mit vier oder mehr Größen, z. B. mit Dezimalstäben oder Einsatzzylindern (nach MONTESSORI).
- Kombination von Farben und Größen: Die bunten Fliesen liegen im Raum verteilt; ebenfalls verschieden große Bälle (Klötze, Stäbe). Die Aufgabe kann heißen: Legt alle großen Gegenstände auf die roten Felder und alle kleinen Gegenstände auf die grünen.
- Bei den Hüpfkästchenspielen (vgl. 3.2.1.2.) können auch Farben und Größen kombiniert werden, indem man z. B. zwei verschieden große Fliesen verwendet. Wer hüpft einmal vom kleinen blauen Feld über das große weiße Feld zum großen roten Feld?
- Schwierigkeitssteigerung: Gleiche Reihenfolge vorwärts und dann in umgekehrter Anordnung wieder zurückhüpfen.
- Verschieden große Farbtücher, Papierbogen, Klebestreifen sollen mit einem oder mehreren Bällen am Boden (an der Wand) auf den Ruf 'groß' oder 'klein' getroffen werden.
- Desgleichen sollen verschieden hohe Türme (z. B. aus Holzkästchen, Sandsäckchen oder Schaumstoff-Backsteinen) im Werfen differenziert werden.

3.2.1.4. *Optische Formenunterscheidung*

- Runde und eckige Formen sollen gezeigt werden. Wer sieht ein Gerät, das ganz rund ist (Ball)? Wer holt etwas, das Ecken hat? Wer kann eine Ecke in die Luft oder an die Tafel malen?
- Lauft einmal in der Runde, wie beim Karussell. Wer bringt es fertig, Ecken zu laufen (Haken zu schlagen, im Zickzack zu laufen)? Wer kann dies in die Luft malen? Wer malt es an die Tafel?
- Wie sehen wohl Wellen (Schlangenlinien) aus? Wer kann einmal in Kurven durch den Raum laufen? Zeigt, wie eine ganz scharfe Kurve aussieht. Wer kann es anmalen?
- Wir suchen Geräte, mit denen man Ecken, Zickzacklinien, Rundungen und Wellenlinien nachlegen kann, z. B. Halbbögen, Seile, Bleischnüre für Rundformen oder Stäbe und Brettchen für Ecken.
- Wer kann zeigen, wo bei einer Ecke innen und wo außen ist? Zeigt die innere und äußere Rundung bei einem Halbbogen (Mond).
- Gibt es Ecken hier im Raum? Sind das Innenecken, (Winkel) oder Außenecken? Welche Großgeräte haben Rundungen?

- Was ist, wenn eine Ecke ganz spitz ist? Könnt ihr mit zwei Stäben eine Ecke legen, die spitz ist (spitzer Winkel)? Macht nun eure Ecke stumpfer, damit sich keiner damit stechen kann (stumpfer Winkel).
- Macht eure Ecke mit einem dritten Stab zu. Wieviel Ecken haben wir jetzt? Wer kann sie zählen? Ja, es ist ein Dreieck. Malt es in die Luft, an die Tafel.
- Desgleichen mit vier Stäben (Viereck). Wo sind die Ecken (Winkel) spitzer: beim Dreieck oder beim Viereck? Fügt ein Dreieck oben an das Viereck an. Was gibt das (Haus)?
- Jedes Kind hat ein viereckiges Tuch (Zeitung, Packbogen) vor sich und versucht, daraus ein Dreieck zu falten. Welche anderen Formen kann man durch verschiedene Arten des Faltens herstellen? Probiert es einmal aus.
- Wir markieren ein großes Dreieck mit drei Sandsäckchen am Hallenboden. Lauft um das Dreieck herum. Achtet darauf, daß ihr an den Ecken wirklich eckig lauft!
- Versucht ein Viereck abzustecken und umlauft es.
- Wie können wir einen ganz runden Kreis am Boden anzeichnen oder markieren? Wie kommen wir zu einem Halbkreis?
- Die Umrisse der betreffenden Figuren werden mit bunten Klebestreifen (Tesa) am Boden genau markiert. Wer kann auf allen Vieren um das Dreieck herumkrabbeln und dann rückwärts die Linien des Vierecks entlanggehen?
- Je nach Entwicklungsalter können später weitere Figuren hinzugenommen werden, z. B. Kreuz, Rechteck, Spirale, Herzform, Eiform, Brezel, Acht.
- Die Figuren werden mit Bleischnüren, Brettchen usw. auf den Boden gelegt, in die Luft und evtl. an die Tafel gemalt. Sie sollen auch mit Klebeband recht groß am Hallenboden bzw. verkleinert an der Wand fixiert sein. Aufgabe: Wer trifft mit seinem Ball in das Rechteck (Kreuz, Herz) an der Wand?
- Wer läuft die große Spirale am Hallenboden von außen nach innen und dann von innen nach außen?
- Verschiedene Kleingeräte liegen am Boden, wie z. B. Reifen, Tennisringe, Schaumstoffplatten, Bälle, Seile, Stäbe usw. Der Lehrer oder ein Partner malt mit den Händen die Form und Größe des Gegenstandes in die Luft, den er haben möchte. Wer gibt ihm das Richtige?

  Alle unter 3.2.1.2. und 3. genannten Hüpfkästchenübungen eignen sich in gleicher Weise auch zur Festigung der Formenunterscheidung. Statt der Farben werden die Felder mit Formen gekennzeichnet.
- Wer hüpft vom Dreieck zum Kreuz und von dort über das Herz zum Kreis? Für Schulkinder können ähnliche Lernprozesse mit Buchstaben und Zahlen durchgeführt werden.
- Reizvoll ist selbst für ältere Kinder die Kombination von Farben, Größen und Formen.
- Aufgabe: Trefft mit eurem Ball das große rote Rechteck an der Wand. Setzt euch in den großen grünen Kreis am Boden. Oder: Malt ein kleines rotes Herz mit bunter Farbe an die Tafel.
- Im Vorschulalter können statt geometrischer Figuren auch optische Signale in Buchstaben- oder Wortform hinzugenommen werden, beispielsweise P (für Parken) D und H (für Damen- oder Herrentoilette), HALT u. a. m.

3.2.1.5. Optische Mengenunterscheidungen

- Auf dem Hallenboden liegen unregelmäßig verstreut verschiedene Handgeräte, z. B. je zwei Keulen, Ringe, Stäbe, Seile usw. Die Aufgabe lautet: Findet Paare von Gegenständen, die in Farbe, Größe und Form gleich sind.
- Durcheinandergeratene Schuhe (auch Handschuhe) sollen zu Paaren geordnet werden.

- Variation: Wer bringt mir zwei Geräte, die aus Gummi gemacht sind? Desgleichen Holz, Plastik, Eisen, Leder oder Textilien.
- Schwierigkeitssteigerung: Jedes Kind soll drei, später auch vier und mehr Geräte finden, die genau übereinstimmen.
- Oder: bringt mir zwei Gegenstände aus Leder und drei aus Gummi.
- Jeder sucht so viele Bälle, wie ich Finger an beiden Händen habe. Oder: Holt so viele Stäbe, daß jedes Kind zwei bekommt.
- Hüpft so oft wie ich mit den Fingern zeige (z. B. sechsmal).
- Oder: Klopft so oft auf den Boden, wie ich in die Hände klatsche.
- Zählt leise mit, wie oft ich den Ball springen lasse und zeigt es mit euren Fingern. Oder: Macht genauso viele Striche an die Tafel. Oder: Legt genauso viele Brettchen vor euch auf den Boden.
- Zählt einmal nach, wieviel Fenster (Türen, Turnkästen usw.) wir haben und stampft genauso oft auf den Boden (oder klatscht die Zahl in die Hände).
- Merkt euch, wie oft ich mich im Laufen um mich selber gedreht habe (oder wie oft ich dabei mit dem Kopf genickt habe).
- Rechnen: Alle Kinder sitzen auf einer Matte. Nur zwei Kinder bleiben stehen. Ein weiteres Kind darf sich dazustellen. Wieviel stehen jetzt insgesamt? Zwei weitere Kinder stehen auf usw.
- Alle Kinder stehen beisammen. Wieviel sind wir? So, jetzt setzen sich zwei hin. Wieviel stehen noch? Drei weitere Kinder setzen sich. Wieviele sind jetzt noch übrig?
- Macht von einem Sandsäckchen (Teppichfliese) aus zwei große Schritte vorwärts und einen wieder zurück. Wieviel Schritte seid ihr von eurem Standpunkt entfernt?
- Schwierigkeitssteigerung: Geht drei Schritte vorwärts, zwei zurück und nun wieder einen Schritt vor.
- Je zwei Partner haben einen Würfel und dürfen von einer Startlinie aus jedesmal so viele Schritte (oder auch Fuß vor Fuß) vorgehen, wie der Würfel Augen zeigt. Jedes Kind darf seinen neuen Standpunkt durch ein Sandsäckchen kennzeichnen. Wann werden alle Kinder die Ziellinie erreichen?

3.2.2. Akustische Sinneserfahrung

Die akustische Differenzierungfähigkeit beginnt auf der nicht-verbalen Ebene, wobei es zunächst überhaupt darum geht, akustische Zuwendung, akustische Konzentration zu schulen. Ähnlich wie im Optischen werden hier bestimmte Geräusche, Töne oder Laute vom akustischen Hintergrund abgelöst. Diese akustische 'Figur-Grund-Differenzierung' bildet die Voraussetzung zur Lokalisation, zur Unterscheidung und zum Im-Gedächtnis-Behalten verschiedener akustischer Signale. Erst danach kann es sinnvoll sein, das Wortsinnverständnis auf verbaler Ebene anzusprechen.

3.2.2.1. Richtungshören

- Mit geschlossenen Augen hören, aus welcher Richtung ein Geräusch kommt. Zeigt mit dem Finger, wo ihr den Ton (Triangel, Zimbel) hört. Der Lehrer (oder ein Kind) verändert dabei öfters seinen Standpunkt.
- Variation: Die Geräuschquelle bewegt sich. Könnt ihr zeigen, wohin sich der Ton fortbewegt? Könnt ihr leise dem Ton nachgehen?
- Jedes Kind hat ein Brettchen und wirft es ein wenig über die Schulter hinter sich. Wer hat gehört, wo es niederfiel und kann es mit geschlossenen Augen finden? Wiederholung mit Bohnensäckchen oder Papierbogen.

- Einer Holzkugel (Klingelball oder Keksdose mit klappernden Blechspulen darin) nachkrabbeln. Stoßt eure Kugel etwas ab und horcht mit geschlossenen Augen, wo sie zum Stehen kommt. Wer bringt es fertig, sie schnell wiederzuholen, ohne dabei die Augen zu öffnen?
- Variation: Gleich hinterherkrabbeln und die Kugel einholen.
- Alle Kinder liegen oder sitzen mit geschlossenen Augen auf der Matte. Wer seinen Namen vom Lehrer geflüstert hört, darf leise hinübergehen und sich zu ihm setzen.

3.2.2.2. Geräusch- und Tonunterscheidung

- Es werden zunächst zwei (später mehr) Geräuschquellen gezeigt und ausprobiert, z. B. Fahrradklingel, Wecker. Wann ertönt unter einem Tuch, hinter einem Schirm oder in einem offenen einteiligen Turnkasten eines der Geräte? Wer holt es schnell aus dem Kasten?
- Schwierigkeitssteigerung: Drei oder mehr Geräuschinstrumente werden nacheinander betätigt, z. B. Gong, Hupe, Spieluhr. Wer hat sich die Reihenfolge gemerkt?
- Variation: Es werden Körpergeräusche dazugenommen, z. B. Klatschen, Stampfen, Füßescharren, Fingerschnippen, Schnarchen, Zähneklappern. Wer hat die zwei (oder drei) vorgemachten Geräusche erkannt und kann sie nachmachen?
vorgemachten Geräusche erkannt und kann sie nachmachen?
- Mit geschlossenen Augen heraushören, gegen welchen Gegenstand der Lehrer mit der Faust (den Fingerknöcheln) dagegenklopft, z. B. Turnkasten, Schrank, Fensterscheibe, Blechteller, Gong.
- Rollende Gegenstände am Klang erkennen, z. B. Holzkugel, Eisenkugel, Plastikkugel, Blechrolle, Klangholz, Gymnastikstab.
- Desgleichen fallende Gegenstände z. B. Papierbogen, Schlüsselbund, Tischtennisball, Medizinball.
- Desgleichen kreiselnde Reifen, Ringe, Scheiben, Teller usw. Auch große von kleinen Reifen, den Holzteller vom Marmeladeneimerdeckel unterscheiden.
- Tonlängen vergleichen: Ein Flötenton wird, je nachdem, ob er lang oder kurz ist, mit dem Ruf 'lang' oder 'kurz' beantwortet.
- Variation: Kinder zeigen mit den Händen, ob der Ton lang oder kurz war. Oder: Es wird jedesmal ein kurzes oder langes Brettchen (Stäbchen) auf den Boden gelegt.
- Eine ganze Folge von kurzen und langen Tönen kann auch von den Kindern mit Strichen an die Tafel gemalt werden.
- Variation: Es kann auch von einem Kind eine Strichfolge an die Tafel gemalt werden, die der Lehrer dann abspielt. Absichtliches Falschspielen wird von den aufmerksam lauschenden Kindern sofort berichtigt.
- Tonhöhen unterscheiden: In ähnlicher Form werden hohe und tiefe Flötentöne mit Bewegungshandlungen beantwortet, z. B. hoch oder tief mit den Händen anzeigen, einen Reifen oder Stab ganz niedrig oder hoch halten, beim hohen Ton sich auf einen Stuhl stellen und beim niedrigen Ton sich flach auf den Boden legen.
- Rhythmen nachvollziehen. Der Lehrer oder ein Kind geben ein einfaches rhythmisches Teilstück durch Klatschen, Stampfen oder Trommeln an, das von den anderen Kindern nachgemacht wird. Können wir das auch mit geschlossenen Augen tun?

3.2.2.3. Wortverständnis

Alle im optischen Bereich (3.2.1.) gemachten Erfahrungen der Farben-, Größen-, Formen- und Mengenerkennung werden nunmehr unter Betonung der akustischen Wahrnehmung von Bedeutungen vertieft:

- Es liegen einfarbige Teppichfliesen (Tücher) in zwei Grundfarben unregelmäßig im Raum verteilt auf dem Boden, z.B. rot und grün. Für jedes Kind soll in jeder Farbe eine

Fliese als 'Insel' vorhanden sein. Nennt der Lehrer das Wort 'grün', so versucht das Kind eine Insel gleicher Farbe zu erreichen.

- Schwierigkeitssteigerung: Es sind drei oder mehr Farben vorhanden. Auch genügt es, für je zwei Kinder eine Farbinsel zur Verfügung zu haben. Dadurch wird zugleich soziale Anpassung geübt.
- Es liegen kleine und große Inseln am Hallenboden, z. B. kleine und große Reifen oder Kreise aus verknoteten Seilen. Ruft der Lehrer 'groß' oder 'klein', so begeben sich die Kinder zu einer entsprechenden Insel.
- Schwierigkeitssteigerung: Es werden drei verschiedene Größen (groß, mittelgroß, klein) genannt.
- Auf Pappquadraten sind mit Tusche verschiedene geometrische Formen gemalt worden, z. B. Kreis und Kreuz. Auf das entsprechende Wort laufen die Kinder zu einer freien Pappe der genannten Form hin.
- Schwierigkeitssteigerung: Es sind drei oder mehr Formen vorhanden. Bei großen Pappen oder wenn ein Plastikreifen um das Pappviereck gelegt wird, können auch zwei oder drei Kinder die gleiche Formeninsel wählen.
- Kombinationen zwischen kleinen und großen Farbinseln, kleinen und großen Formeninseln sowie verschiedenfarbigen Formen können - je nach Entwicklungsstand der Kinder - hinzugenommen werden.
- Auf Pappe sind, ähnlich wie beim Würfel, Mengen als dicke Punkte angezeichnet. Zunächst mit den Mengeninseln 1 und 2 beginnen; später steigern bis 6. Auf das entsprechende Zahlwort versuchen die Kinder zu der richtigen Mengeninsel zu gelangen.
- Ein 'Kuckucksei' finden: Der Lehrer nennt eine Reihe von Farben, worunter sich ein Wort befindet (das Kuckucksei), das hier nicht hingehört, z. B. grün, blau, weiß, oval. Das letzte Wort ist das Kuckucksei. Jedesmal, wenn die Kinder ein solches, nicht zu der Kategorie gehörendes Wort hören, laufen sie schnell zur gegenüberliegenden Wand und schlagen dort einmal an. Wer ist wohl der erste?
- Beispiele für andere Kategorien: Werkzeuge, Obst, Blumen, Tiere.
- Ein bestimmtes Wort heraushören: Aus dem gesprochenen Text soll z. B. das Wort 'Ball' herausgehört werden. Wer das Wort zuerst hört, holt schnell einen Ball.
- Variation: Kommt im gesprochenen Text das Wort 'Bauch' vor, so legen sich alle Kinder schnell auf den Bauch.
- Schwierigkeitssteigerung: Es soll außerdem auch auf das Wort 'Rücken' geachtet werden. Sobald es vorkommt, legen sich alle Kinder auf den Rücken. Entsprechend können andere Worte genommen werden. Z. B. machen alle Kinder beim Wort 'Nase' eine lange Nase.
- Für das aus dem gesprochenen Text herauszufindende Wort können entsprechende Wortkarten von einer entfernten Matte geholt werden. Es sollte anfangs nur mit einem Wort begonnen werden. Später soll zwischen zwei verschiedenen Wortkarten unterschieden werden.
- Ein 'Zaubersteinchen' heraushören (Übung für das Vorschulalter): Wir suchen einen bestimmten Buchstaben, z. B. 'W'. Wenn dieser Laut in einem langsam vom Lehrer gesprochenen Text vorkommt, so laufen alle Kinder schnell zur Matte und holen sich dort das Buchstabenkärtchen 'W'.
- Schwierigkeitssteigerung: Es soll auf zwei (später auch mehr) Laute geachtet werden. Auf der Matte liegen entsprechende Buchstabenkarten bereit.

3.2.3. Taktile Sinneserfahrungen

Mit Hilfe des Tastsinnes können die gleichen kognitiven Lernprozesse, wie sie im optischen und akustischen Bereich (3.2.1. und 3.2.2.) angeregt wurden, nochmals gefestigt werden. Durch die Ausschaltung des optischen Sinnes lernt das Kind, daß es allein durch das Tasten alle wichtigen Informationen über die Beschaffenheit von Material und Gegenständen erhalten kann. Übungen der Tastwahrnehmungen dienen nicht nur der Größen-, Formen- und Mengendifferenzierung, sondern auch der Erkennung unterschiedlicher Gewichte (leicht - schwer), unterschiedlicher Festigkeit (hart / wabbelig / weich), Feuchtigkeit (naß / glitschig / trocken), Temperatur (warm / lauwarm / kalt) sowie der Oberflächenbeschaffenheit (glatt / rauh / geriffelt / durchbrochen / wellig / klebrig).

Da diese Tastübungen ein fast bewegungsloses Verharren am Ort erfordern und außerdem große Konzentration beanspruchen, sollen sie nur kurzfristig durchgeführt und immer wieder von großräumigen Bewegungen unterbrochen werden.

- Unter einem großen Tuch befinden sich verschiedene Gegenstände, die durch Tasten von außen oder auch durch Daruntergreifen (ohne darunter zu sehen) erkannt werden sollen, z. B. Tennisring, Schlüsselbund, Gabel, Banane.
- Jedes Kind hat ein eigenes Tuch, unter dem ein oder mehrere Gegenstände zu identifizieren sind. Wer eins der Objekte durch Ertasten erkannt hat, darf es dem Lehrer ins Ohr flüstern oder an die Tafel zeichnen.
- Variation: Die Tastobjekte können auch vom Lehrer vorher in Turnschuhbeutel, die man oben zuziehen kann, gesteckt worden sein. Es sollte immer eine Vielzahl vorbereiteter Tastbeutel im Geräteschrank parat liegen.
- Jedes Kind hat nur einen Gegenstand unter dem Tuch vor sich. Es darf nicht verraten werden, um welches Objekt es sich handelt. Statt dessen stellt der Lehrer gezielte Fragen zur Materialbeschaffenheit, z. B. 'Ist es schwer oder leicht?', 'Ist es lang oder kurz?', 'eckig oder rund?', 'weich oder hart?' usw.
- Jedes Kind erhält zwei Tastbeutel von unterschiedlichem Inhalt. Die Unterschiede beziehen sich auf Form, Größe, Länge, Schwere und Härte des Materials. 'Welcher Beutel ist schwerer!', Welcher Gegenstand ist länger?' 'weicher, runder?'.
- Formen ertasten: Es soll durch Abtasten festgestellt werden, welche Form sich im Beutel befindet, z. B. ein Holzquadrat, ein Kreuz, ein Ring.
- Schwierigkeitssteigerung: Buchstaben und Zahlen ertasten.
- Mengen ertasten: Es soll durch Abtasten gezählt werden, wieviel Gegenstände der Tastbeutel enthält.
- Schuhe ordnen: Jeder hat zwei Paar Schuhe, die er zuerst durcheinanderbringt und dann durch Betasten richtig zusammenstellen soll. Danach Augen öffnen und kontrollieren.
- Desgleichen mit anderen Paaren, z. B. zwei Kartoffeln und zwei Zitronen.
- Schwierigkeitssteigerung: Drei Paare sollen zusammengelegt werden, z. B. zwei Gabeln, zwei Eßlöffel, und zwei Teelöffel.
- Textilien ertasten: Ein Partner schließt die Augen und bekommt nacheinander von seinem Gegenüber ein Stückchen Fell oder Schaumstoff gereicht. Desgleichen Leder, Gummi, Wolle, Seide.
- Fußtasten: Der Partner liegt mit geschlossenen Augen auf dem Rücken und hat die Knie angezogen. Sein Gegenüber legt ihm den zu ertastenden Gegenstand oder ein Gewebe unter die nackten Füße, z. B. eine Haarbürste, Sandpapier oder ähnliches.
- Körpertasten: Der auf dem Rücken liegende Partner stützt sich auf die Ellenbogen und hebt den Körper etwas an, so daß ein kleiner Hohlraum zwischen Boden und Rücken

entsteht. In diesen Hohlraum schiebt sein Gegenüber den zu ertastenden Gegenstand. Daraufhin senkt der Partner langsam seinen Rücken und versucht, durch vorsichtiges Hin- und Herbewegen zu tasten, ob es sich z. B. um einen kantigen oder runden Gegenstand handelt (Bauklotz, Rundstab).

- Etwas auf die Haut schreiben: Einer der Partner zeichnet dem anderen Partner eine Form auf dessen Rücken oder auch auf die nach hinten ausgestreckte Handinnenfläche, z. B. Zickzacklinie, Spirale, Kreis, Kreuz, Acht usw. Bei fortgeschrittenen Kindern im Vorschulalter können es auch große Buchstaben oder Zahlen sein.

3.2.4. Körperorientierung

Die folgenden Übungen dienen einer systematischen Vertiefung der Körperwahrnehmung. Dabei sollte das Kind befähigt werden, sich ein schematisches Strukturbild von seinem Körper zu machen. Dieses Körperschema kommt aufgrund eines sich im Laufe der Kindheitsentwicklung ständig vergrößernden Erfahrungschatzes an kinästhetischen, taktilen und visuellen Empfindungen zustande.

Es handelt sich dabei um einen multiplen Sinneswahrnehmungsprozeß, der später durch die Koppelung mit akustisch fixierten Wortbegriffen gezielt bewußt gemacht werden kann. Hier beginnt das eigentliche kognitive Lernen, indem das Kind die verschiedenen sensorischen Informationen über seinen eigenen Körper in immer differenzierterer und kategorisierterer Form speichert. Sie betreffen vor allem die Kenntnis der Körpergröße (Ausdehnung), der Form, Struktur und räumlichen Anordnung der Körperteile einschließlich der segmentalen Gelenkuntergliederung sowie deren Bewegungsmöglichkeiten.

Die als Körperschema erlebte körpereigene Räumlichkeit geht als Steuerungsgröße mit in das sensomotorische Regelsystem ein (BAUMANN 1976). Der als Kinästhesie bezeichnete Komplex körpereigener Lage-, Bewegungs- und Muskelspannungswahrnehmungen funktioniert zwar unbewußt, ist aber bei jedem sensomotorischen Lernprozeß mit im Spiel. Außerdem besitzen kinästhetische Körperempfindungen immer auch einen hohen psychomotorischen Erlebnisgehalt. Zur Festigung des Körperschemas werden im folgenden die verschiedenen Informationsmöglichkeiten über die Sinneskanäle des Tastens, Sehens und Hörens gezielt genutzt.

3.2.4.1. Körperorientierung durch Tasten

- Bodenberührung: In Rückenlage spüren, wo der Körper überall aufliegt und wo Hohlräume sind. Ausstopfen der Hohlräume mit Sandsäckchen. Spürt ihr jetzt überall den Kontakt? Wiederholung in Bauchlage und Seitlage.
- Variation: Intensivierung des Bodenkontaktes durch Liegen auf Schaumstoff, Bohnensäckchen oder Turnstäben.
- Wer kann, vom Hinterkopf angefangen, aufzählen, mit welchen Körperteilen die Abgrenzung zur Unterlage zu spüren ist? Wiederholung in Bauch- bzw. Seitlage.
- Körperberührung mit Materialien: Sich in der Rückenlage etwas auf den Bauch, auf die Brust, auf die Beine oder auf die Stirn legen, z. B. Tennisringe, Holzblöcke, Sandsäckchen. Wie fühlt sich das an? Wird es als schwer oder leicht erlebt?
- Körperdruck spüren: In Bauchlage das Gewicht des sich langsam und vorsichtig quer (später längs) darüberlegenden Partners spüren. Hierbei wird auch der Sozialkontakt geübt. Was spürt ihr? Wird es als angenehm oder unangenehm empfunden? Wo drückt euer Körper jetzt fester auf den Boden?

- Körperteilberührungen: Ein Partner schließt die Augen. Der andere Partner berührt ihn leicht z. B. mit Hilfe einer Feder an irgendeiner Stelle. Wo wurde die Berührung gespürt? Zeig deinem Partner, wo er dich berührt hat. Wer kann die Körperregion benennen, z. B. Bauch, Knie, Nase, Daumen. (Abb. 40)
- Schwierigkeitssteigerung: Es werden zwei Körperteile gleichzeitig berührt oder angefaßt.
- Variation: Den betreffenden Körperteil anpusten oder anhauchen.
- Fremde Körperteile tasten: Mit geschlossenen Augen den Partner, eine Puppe, einen Hampelmann, Clown oder Teddy berühren. Wer kann an sich selber zeigen, welches Körperteil er angefaßt hat? Wer kann sagen, wie der Körperteil heißt?

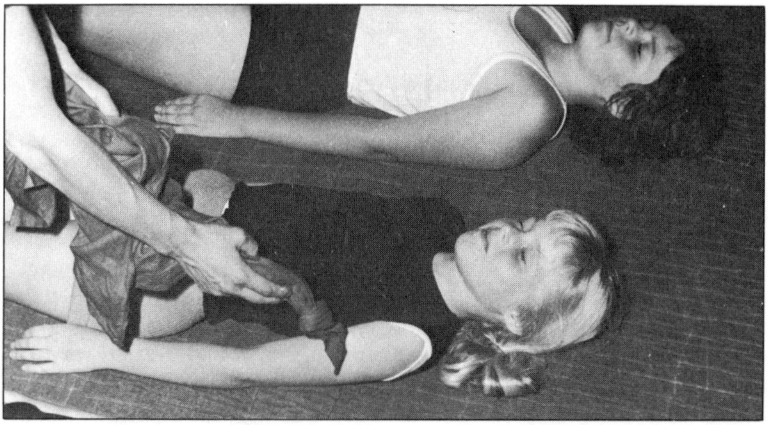

Abb. 40

- Fehlenden Körperteil identifizieren: Einen Hampelmann oder eine Puppe, bei denen ein Körperteil fehlt, mit geschlossenen Augen abtasten. Was stimmt da nicht? Z. B. Das Bein fehlt, ein Arm, der Kopf oder ein Ohr (für Vorschulalter).

3.2.4.2. Visuelle Körperorientierung

- Einen vorgezeigten Körperteil erkennen: Der Lehrer zeigt bei sich oder bei einem anderen Kind auf einem Körperteil, z. B. auf den Hals. Wer zeigt ihn schnell bei sich selber? Wer sagt wie der Teil heißt?
- Hochgezeigte Finger erkennen: Zeigefinger (ab 3 Jahre), Daumen (4 Jahre), beide Zeigefinger und Daumen aneinandergelegt (5 Jahre), Zeige- und Mittelfinger in V-Stellung (5 - 6 Jahre).
- Variation: Verschiedene Finger in Gegenüberstellung bringen, z. B. Berührung der beiden Daumen, der Ringfinger oder kleinen Finger.
- Fingerdifferenzierung: Jedes Kind hat ein Tamburin vor sich auf dem Boden. Der Lehrer berührt das Trommelfell klopfend oder kratzend mit Zeigefinger, Daumen usw. Wer macht es nach?
- Einzelne Körperteile wiedererkennen: Von einem auseinandernehmbaren Hampelmann oder Körperschema-Männchen wird nur ein Teil vorgezeigt, z. B. ein Arm, eine Hand, ein Ohr. Wie heißt es? Zeigt, wo es bei euch ist (ab vier Jahre).
- Fehlende Körperteile visuell erkennen: eine Puppe oder einen Hampelmann, denen ein Körperteil fehlt, wird vorgezeigt. Wer hat gesehen, was fehlt (für Vorschulalter)?
- Fehlende Körperteile richtig zuordnen: Jedes Kind bekommt ein unvollständiges Gliedermännchen. Zwei fehlende Teile liegen lose dabei, z. B. ein Arm und ein Bein. Könnt ihr die beiden Körperteile wieder an der richtigen Stelle ansetzen? Die Pappmännchen bestehen aus Einzelteilen, die mittels Klettenband aneinanderhaften (für Vorschulalter).

- Körper und Gesicht aus Einzelteilen zusammensetzen: Der Körper soll aus Rumpf, Kopf, Armen und Beinen, das Gesicht aus Mund, Nase und Augen (evtl. auch Ohren) bestehen (für Fünfjährige).
- Körperteile kennzeichnen: Der Lehrer klebt einem Pappmännchen oder sich selber ein Stückchen Pflaster bzw. buntes Klebeband ans Ohr, an die Nase oder in die Kniekehle. Könnt ihr dasselbe mit eurem Hampelmann machen?
- Isolierte Körperpunkte berühren: Wie vorgezeigt, mit dem Finger die Nasenspitze berühren, den Bauchnabel, ein geschlossenes Auge usw.
- Vorgemachte Körperpositionen erkennen: Der Lehrer macht eine bestimmte Stellung vor, zeigt sie an einem Körperschema-Männchen oder zeichnet sie an die Tafel. Z. B. Schlußstellung oder Hintereinanderstellung der Füße, gekreuzte Füße, Hockstellung, Knien, Sitzen, 'Bank', Bauchlage, Rückenlage. Wer macht es nach? Könnt ihr euren Hampelmann das gleiche machen lassen?
- Armhaltungen nachahmen: Z. B. einen Arm in Seithaltung, den anderen nach oben abgewinkelt (4 - 5 Jahre), die Arme diagonal ausgestreckt (5 Jahre). Versucht, ob ihr das auch könnt. Ob euer Hampelmann das auch kann?
- Beinhaltungen nachahmen: Im Liegen Beine nebeneinander nach oben strecken, gespreizt halten, gekreuzt, verschränkt, ein Bein gebeugt, eins gestreckt usw.
- Vorgezeigte Gelenkbewegungen nachahmen: Handgelenke, Ellenbogen-, Schulter-, Kniegelenke; auch Rumpfbeugen, Kopfdrehen, Kopfschütteln, Fingerbeugen und -strecken usw.
- Liegender 'Hampelmann': In Rückenlage fortlaufend gleichzeitig Arme und Beine abspreizen und wieder an den Körper führen. Wer macht das nach?
- Den Daumen nacheinander mit den Fingern der gleichen Hand berühren. Wer macht es nach? Ob es die andere Hand auch kann (Übung für das Schulalter)?
- Reihenfolge behalten: Zwei oder mehrere Körperteile werden nacheinander beklatscht oder hörbar mit einem Tamburin berührt, z. B. Knie, Ellenbogen oder Fußsohle, Faust, Kopf.
- Variation: Zweimal in die Hände klatschen, zweimal auf die Knie schlagen und einmal auf den Boden patschen. Wer kann etwas ähnliches vorzeigen?
- Veränderungen erkennen (Denkmalspiel): Eine vorher genau beobachtete Körperposition z. B. der Seitgrätschstand des Lehrers mit Seithalte beider Arme, wird, nachdem alle Kinder die Augen schließen oder sich umdrehen, verändert z. B. ein Arm diagonal gehalten. Was ist jetzt beim Denkmal anders?
- Kleidungsfehler erkennen: Der Lehrer zeigt eine große Puppe, einen Clown oder Teddybär vor, der seine Mütze oder Jacke verkehrt herum anhat, Strümpfe oder Schuhe an den Händen trägt, Handschuhe an den Füßen oder zwei verschiedene Schuhe anhat. Wer kann helfen, die richtige Ordnung wiederherzustellen?

3.2.4.3. Akustische und verbale Körperorientierung

- Vom Lehrer oder von einem Kind genannte Körperteile bei sich oder bei dem Partner bzw. am Hampelmann zeigen. Wer zeigt eine Wade, eine Schulter, einen Handrücken?
- Schwierigkeitssteigerung: Wer kann das auch mit Augen zu?
- Vom Lehrer oder von einem Kind vorgezeigte Körperteile benennen. Wer weiß, wie dieser Körperteil heißt?
- Vorher benannte Körper- und Gliederpositionen einnehmen bzw. am Gliedermännchen herstellen. Wer kann in die Hocke gehen? Kann euer Hampelmann beide Arme hochnehmen?
- Vorher benannte Gliedergelenke (bei Schulkindern auch Knochen oder Sehnen) anfassen, z. B. Handgelenk, Ellenbogen, Hüftgelenk, auch Wirbelsäule, Schienbein (evtl. Achillessehne).

- Schwierigkeitssteigerung: Die Gelenke und Knochen mit geschlossenen Augen finden.
- Vorher angesagte Gelenkbewegungen ausführen, z. B. Finger beugen und strecken, Handgelenk beugen, strecken und drehen, die Arme baumeln lassen, abspreizen, kreisen. (Vorschul- und Schulalter)
- Schwierigkeitssteigerung: Angesagte Bewegungen ohne Augenkontrolle ausführen.
- Den Körper groß und klein machen: Seid einmal so groß wie ein Riese. Und wer kann sich jetzt ganz klein machen wie ein Zwerg?
- Den Körper in offene und geschlossene Positionen bringen: Wer öffnet seinen Körper einmal und macht ihn ganz weit? Wie kann man den Körper ganz eng machen?
- Tonusbegriffe: Macht eure Arme ganz steif. Nun laßt sie ganz schlapp herunterhängen. Wer kann seine Beine ganz steif machen, wer im Liegen seinen ganzen Körper ganz fest anspannen? Und nun alles ganz locker und gelöst werden lassen.
- Raumbegriffe: Wer findet seine Körpermitte? Wo ist oben beim Körper? Der Kopf ist also oben; und was befindet sich unten? Der Bauch ist vorn, und was ist hinten? Was hängt an den Seiten unseres Körpers?
- Schwierigkeitssteigerung: Nennt mir Körperteile, die vorn oben sind (Gesicht). Was befindet sich ganz unten hinten (Ferse)? Wer kann beschreiben wo genau der Bauchnabel zu finden ist (für Vorschulalter)?
- Rechts-Links-Orientierung: Zeigt mir Paare von Körperteilen, die sowohl rechts als auch links vorkommen und benennt sie, z. B. Augen, Ohren, Füße usw.
- Schwierigkeitssteigerung: Wer weiß, welche Seite die rechte, (linke) ist (Schulalter)?

3.2.5. Raumorientierung

Während Körperorientierungsübungen das bewußte Erleben der eigenkörperlichen Räumlichkeit sowie der Raumlage von Körperteilen zu intensivieren trachten, werden bei den Übungen der Raumorientierung die Grenzen des Körpers zur Außenwelt überschritten. Dabei wird das nunmehr gefestigte Körperschema von innen nach außen projiziert, so daß Körper und Außenraum ein eng integriertes System bilden. Der Außenraum kann somit als dreidimensionales Koordinatensystem von oben/unten, vorn/hinten und rechts/links kognitiv erfaßt und aufgrund von Bewegungserfahrungen immer differenzierter strukturiert und organisiert werden. Dazu gehört das räumliche Einschätzen des eigenen Standortes ebenso wie der Entfernung zu den Handlungsobjekten. Hierbei erlebt das kleine Kind sich selbst noch als 'Mittelpunkt der Welt'.

Beim sensomotorisch-kognitiven Lernprozeß der Raumorientierung fällt den sprachlichen Begriffen eine entscheidende Rolle zu. Um ein Beispiel zu nennen: Kleinkindern ist schon relativ früh bewußt, daß es zwei seitliche Körperabschnitte gibt und daß man, wenn man seitlich über die Schulter blickt, eine der anderen Schulter entgegengesetzte Seite bzw. Raumrichtung hat. Nur weiß das Kleinkind noch nicht, daß diese beiden Seiten bestimmte Namen haben. Und es dauert oft bis ins Schulalter, ehe diese Wortsymbole fest mit den eigenen optischen und motorischen Raumerfahrungen verknüpft, d. h. in den entsprechenden Speicherarealen des Gehirns dauerhaft verankert sind.

Bei dem folgenden Übungskomplex werden zunächst optische und motorische Raumerfahrungen durch bestimmte Begriffe für die dreidimensionalen Raumebenen und ihre Ausdehnungen (Entfernungen) bewußtgemacht. Erst danach ist es möglich, die eigene Raumposition sowie die mittels Fortbewegung eingeschlagene Raumrichtung mit Hilfe räumlicher Termini verbal genügend präzise zu definieren. Das hat besonders für Kinder, die unter der sogenannten Raumlagelabilität leiden, eine große Bedeutung.

3.2.5.1. Raumlinien (Koordinaten)

- Erfahren, was eine Senkrechte ist: Probiert einmal aus, was ein Gegenstand macht, wenn man ihn losläßt. Er fällt senkrecht runter, weil ihn die Erde anzieht.
- Zeigt den Weg, den der fallende Ball genommen hat.
- Haltet den Stab (Reifen, Schnur, Band) senkrecht.
- Wer zeichnet eine Senkrechte an die Tafel? Macht lauter Senkrechte nebeneinander (Regen).
- Wo sind senkrechte Linien im Raum? Könnt ihr mir senkrechte Flächen zeigen? Ja, die Wände sind senkrecht.
- Springt selbst von einem Kasten senkrecht auf die Matte herunter. Wer kann ein Stückchen senkrecht hochspringen?
- Eine Waagerechte erfahren: Kann ein Tennisball waagerecht fliegen? Z. B. von hier bis zur Wand? Ja, ihr müßt ihn nur fest genug werfen, sonst gibt es in der Luft eine krumme Linie und keine Gerade.
- Macht alle mal ganz gerade waagerechte Linien in die Luft. Nun versucht es an der Tafel.
- Seht einmal her, wie dieses Brettchen auf meinem hochgestreckten Zeigefinger in die Waage kommt. Das ist waagerecht. Legt euer Brettchen auch in die Waagerechte, indem ihr es auf einen Körperteil legt.
- Könnt ihr hier im Raum waagerechte Linien entdecken? Welche Flächen sind waagerecht? Ist die Wasseroberfläche waagerecht oder senkrecht? Natürlich genauso waagerecht wie der Boden oder die Decke.
- Wenn ihr über den Boden lauft, lauft ihr genauso waagerecht wie die Fliege an der Zimmerdecke. Wenn eine Fliege an der Wand heraufläuft, läuft sie dann senkrecht oder waagerecht?
- Eine Diagonale erfahren: Es gibt auch Ebenen, die schief sind. Wer kann mir eine nennen? Richtig, die Rutschbahn ist eine schiefe Ebene. Sie liegt schräg in der Luft.
- Haltet euren Stab einmal schräg. Legt das Brettchen irgendwo so auf, daß es schräg ist.
- Ob ihr wohl eine schräge Linie an die Tafel malen könnt? Seht ihr, sie liegt genau zwischen waagerecht und senkrecht. Zeichnet zwei schräge Linien an, die sich kreuzen.
- Wir stellen unsere Langbank (Stegelbrett) schräg, indem wir sie in die Sprossenwand einhängen. Nun geht einmal über die Schräge.

3.2.5.2. Raumausdehnung (Größe, Höhe, Entfernung)

- Ist die Turnbank lang oder kurz? Ist das Stegelbrett lang oder kurz?
- Wo ist die Lauffläche breit und wo schmal?
- Wir hängen die schiefe Ebene in verschieden hohe Sprossen ein. Ist die schräge Lauffläche nun flach oder steil?
- Zeigt mir Turngeräte, die niedrig sind und solche, die hoch sind.
- Könnt ihr euch ganz nah zu mir stellen? Und nun geht ganz weit weg von mir.

3.2.5.3. Raumlage (Position)

- Wir bauen aus vier großen Turnkästen ein Haus. Setzt euch bitte alle vor das Haus.
- Franz, kannst du bitte einmal hinter das Haus gehen? Kommt einmal her und schaut, ob der Franz noch zu sehen ist. Nein, er ist nicht mehr zu sehen, weil er hinter dem Haus ist.
- Wer kann sich einmal neben das Haus setzen? Welche Seiten sind von mir aus 'neben'?

- Ich brauche vier Kinder. Einer setzt sich bitte vor das Haus, einer auf die eine Seite neben das Haus, einer dahinter und einer auf die andere Seite.
  Die anderen kommen bitte zu mir und helfen mir, festzustellen, wer vor, neben und hinter dem Haus ist.
- Die Hälfte der Kinder geht einmal in das Haus, die andere klettert auf das Haus. Welche sind jetzt oben und welche unten?
- Kann man auch unter das Haus klettern? Nein, aber man kann sich unter einer Decke verstecken. Wer zeigt das einmal?
- Wir stellen zwei Kästen in einem kleinen Abstand nebeneinander. Hockt euch zwischen die beiden Kästen. Findet zwei andere Geräte in der Halle, zwischen die man sich stellen kann. Tut euch zu dritt zusammen: Es soll nun einer zwischen zwei anderen stehen.
- Schaut euch die drei Kinder an: Wer steht wohl in der Mitte? Und wer steht neben dem mittleren? Ja, sie stehen seitlich neben ihm.
- Drei Kinder stellen sich hintereinander auf. Welches Kind steht am Anfang? Ja, es ist das erste. Und welches steht am Ende? Es ist das letzte der drei Kinder.
- Es drehen sich alle Kinder einmal herum: Wer bisher vorn war, der ist jetzt hinten. Nur der in der Mitte ist geblieben.
- Zwei Partner stellen sich bitte nebeneinander auf. Eure Seiten sollen sich dabei berühren. Nun sollen sich die anderen beiden Seiten berühren. Ja, nun steht ihr andersherum.
- Stellt euch bitte hintereinander. Und nun in Gegenüberstellung. Nun steht einer dem anderen gegenüber.
- Jedes Kind hat einen Reifen vor sich auf dem Boden liegen: Stellt euch genau in die Mitte des Reifens. Und nun an den Rand (auf den Rand).

3.2.5.4. Raumrichtungen (gezieltes Gehen)

- Wenn wir spazierengehen, gehen wir dann vorwärts oder rückwärts? Zeigt es einmal!
- Probiert nun vorsichtig, rückwärts zu gehen.
- Wechselt zwischen Vorwärtsgehen und Rückwärtsgehen. Kann man auch seitwärts gehen? Nur nach einer Seite, oder gibt es da zwei verschiedene Seiten? Weiß jemand schon, wie die beiden Seiten heißen (rechts, links)?
- Wir markieren eine Straßenkreuzung mit Seilen, die wir auf den Boden legen. Alle Autos fahren jetzt geradeaus bis zur Kreuzung. Dann muß sich jeder Autofahrer entscheiden, ob er nach rechts oder links abbiegen will. Wer ist nach rechts gefahren, wer nach links?
- Aus zwei Tauen wird eine Straße gebaut: Wir gehen alle die Straße entlang. Einmal gehen wir hin und kommen dann wieder zurück.
- Wer kann quer über die Straße gehen (die Straße überqueren)?
- Wie geht man schräg (diagonal) über die Straße? Kann man das in zwei Richtungen tun?
- Wir gehen jetzt an den Seiten der Straße entlang, auf der einen Seite hin und auf der anderen Seite zurück.
- Wir bauen aus Turnkästen und Stegelbrettern eine Brücke. Wir gehen auf der einen Seite hinauf, gehen über die Brücke und auf der anderen Seite wieder hinunter.
- Wer krabbelt einmal unter der Brücke hindurch?
- Versucht einmal, durch den Reifen zu schlüpfen.
- Nun legt ihn auf den Boden und lauft um den Reifen herum.

3.2.5.5. Taktil-kinästhetische Raumorientierung

- Mit geschlossenen Augen auf ein Ziel zugehen: Jeder legt in einigen Metern Entfernung ein Sandsäckchen (Bohnensäckchen, Medizinball, Teppichfliese) vor sich auf den Hallenboden. Dann die Augen schließen und darauf zugehen oder krabbeln.
- Schwierigkeitssteigerung: Die Abstände vergrößern. Auch Dazwischenschalten von Hindernissen, z. B. liegende Leiter oder Balken.
- Variation: Jedes Kind hat einen Stab in der Hand, den es vor sich über den Boden schiebt, bis es damit an sein Ziel (das Sandsäckchen oder ähnl.) stößt.
- Sich an der Wand entlangtasten: Die Wände werden mit Hindernissen, z. B. kleinen Turnkästen, Medizinbällen oder Kastenoberteilen unregelmäßig verstellt. Probiert aus, wie weit ihr euch, ohne die Augen zu öffnen, an der Wand entlangtasten könnt.
- Über Hindernisse tasten: Es wird eine kleine Hindernisbahn aufgebaut, die jeder nach eigenem Belieben vorher ausprobieren kann. Wer wagt es einmal mit geschlossenen Augen?
- Wer klettert mit geschlossenen Augen die Sprossenwand empor und wieder hinunter?
- Erklettert den Kletterturm und rutscht mit geschlossenen Augen das Schrägbrett hinunter.
- Schwierigkeitssteigerung: Den Turm auch mit geschlossenen Augen erklettern.
- Seinen Platz wiederfinden: Stellt euch auf eure Teppichfliese (Sandsäckchen), und nehmt eine Richtung ein, in der ihr einige Schritte vorwärtsgehen könnt, ohne den Weg eines anderen zu kreuzen. Dann schließt die Augen und macht zwei Schritte vorwärts, dreht euch herum und versucht wieder mit zwei Schritten euren alten Standpunkt zu erreichen.
- Variation: Macht zwei Schritte vorwärts und zwei Schritte rückwärts.
- Schwierigkeitssteigerung: Drei oder mehr Schritte machen.
- Man kann auch bei der Rückkehr einen Schritt vor seiner Fliese mit gechlossenen Augen stehenbleiben und mit einem kleinen Sprung sein Ziel zu erreichen versuchen.
- Legt euer Sandsäckchen (Fliese) wieder wie am Anfang in einiger Entfernung von euch auf den Boden. Seht euch gut die Entfernung an, dann schließt die Augen und lauft auf euer Ziel zu. Wer erreicht es auch wirklich?
- Variation: Versucht aus dem Laufen so rechtzeitig abzustoppen, daß ihr möglichst noch vor eurem Säckchen zum Stehen kommt.(Die Kinder dürfen bei dieser Übung nicht zu eng stehen, damit sie sich nicht gegenseitig in die Bahn kommen!)

3.2.6. Reaktionsschulung

Die folgende Übungsgruppe stellt den Übergang dar zu den im nächsten Kapitel abzuhandelnden motorischen Trainingsformen. Bewegungsreaktionen sind kausal bedingte, von der Außenwelt abhängige Sinnesreizantworten. Sie stellen die Grundmuster jedes menschlichen Verhaltens dar. Auf ihrem neurologischen Funktionsbestand baut die willkürliche, selbstgesteuerte, aktive Handlungsmotorik (Operationalmotorik) auf. Nach behavioristischer Auffassung sind Bewegungshandlungen, ja selbst Sprech- und Denkakte als Reaktionen auf vorhergegangene Anstöße von außen aufzufassen.

Hier geht es jedoch erst einmal darum, sensomotorische Grunderfahrungen zu vermitteln. Während bei den bisherigen Sinnesübungen der kognitive Aspekt im Vordergrund stand, sollen nunmehr das sofortige und richtige Reagieren mit Hilfe eines schon gekonnten Bewegungsmusters auf einen bekannten Sinnesreiz hin geübt werden (z. B. auf ein optisches oder akustisches Signal hin schnell weglaufen). Das Ziel ist also, eine möglichst kurze Reaktionszeit zu erreichen. Je einfacher die Reize gesetzt werden, desto übersichtlicher bleibt die sensomotorische Situation für das Kind. Im Grunde kann jede Sinneswahrnehmung eine Reizantwort auslösen. Ein Kind kann beispielsweise auf einen Berührungsreiz hin, je nachdem, ob seine rechte oder linke Schulter angepustet oder mit einer Feder berührt wurde, zur entsprechenden Seite hin weglaufen.

Wir beschränken uns hier jedoch auf optische und akustische Reaktionen. Dabei spielt es keine Rolle, ob ein Licht- oder Schallreiz plötzlich auftaucht oder ein schon länger bestehender Reiz plötzlich aufhört. In jedem Fall kommt es zu einer veränderten Wahrnehmungssituation.

3.2.6.1. Reaktionen auf optische Reize

- Ein selbst hochgeschlagener Luftballon soll gefangen oder mit der Hand oder einem Gegenstand getroffen werden.
- Variation: Der Luftballon wird von einem Partner zugeworfen. Man kann hier auch eine akustische Reaktion mit einschalten, indem der Fänger vorher die Augen schließt und erst auf Zuruf 'fang' die Augen öffnet, um den Ballon zu fangen.
- Einen selbst hochgeworfenen oder mit Wucht auf den Boden geprellten Ball fangen.
- Variation: Der Partner wirft den Ball senkrecht hoch, prellt ihn oder wirft ihn zu.
- Einen vom Partner geworfenen Wasserball aus der Luft zurückschlagen.
- 'Hase und Jäger': Ein Partner ist der Jäger und versucht, den weglaufenden Hasen mit dem Ball abzutreffen.
- Torwartspiel: Ein Kind ist im Tor (z. B. zwischen zwei Stühlen oder Keulen). Ein anderer kickt in Richtung auf das Tor.
- Eine von einem Kind waagerecht hochgehaltene Latte (Brettchen) soll nach dem plötzlichen Loslassen von dem Partner in der Hocke gefangen werden.
- Schwierigkeitssteigerung: Das Brettchen soll einhändig gefangen werden.
- Auf eine vom Partner hingehaltene Hand schnell draufschlagen.
- Variation: Jedes Kind hat ein Brettchen in der Hand. Abwechselnd hält eines sein Brettchen hin, damit der Partner es mit seinem Brettchen treffen kann.
  (Bei diesen beiden Übungen kommt es auf schnelles Wegziehen der Hand an).
- Einen kreiselnden Reifen beobachten, bis er fast am Boden ist. Dann schnell zufassen.
- Variation: In den kreiselnden Reifen hineinspringen, wenn er niedrig genug ist.
- Eine Papprolle wird von einer schiefen Ebene (Stegelbrett oder Langbank mit geringer Neigung) vom Kind selbst herabgerollt. Dann hinterherlaufen und die Rolle fassen.
- Schwierigkeitssteigerung: Die Rolle (auch einen Ball) überholen, um ihn dann von vorn zu erwarten.
- Variation: Es gibt verschiedene Arten, den rollenden Gegenstand aufzuhalten, z. B. ihn mit dem Fuß zu stoppen, ihn durch Unterschieben der Hände aufzunehmen, mit dem Finger dagegenzuschnippen, ganz fest dagegenzupusten usw.
- Variation: Es kann auch mit einem Schaumstoffball oder einem anderen Gegenstand dagegengeworfen werden.
- Variation: Beidfüßig drüberspringen, wenn die Rolle die Füße des Kindes fast erreicht hat.
- Schwierigkeitssteigerung: Das Kind rollt selbst seine Rolle (den Ball) an und versucht sie im Hinterherlaufen zu überspringen.
- Variation: Es soll versucht werden, den wegrollenden Gegenstand mit einem Ball zu treffen.
- Schwierigkeitssteigerung: Ein Partner rollt dem Kind die Rolle entgegen, während es versucht, mit beiden Beinen gleichzeitig drüberzuspringen, sich herumzudrehen und die Rolle einzuholen.

- Eine niedrige, waagerechte Schnur, die von zwei Kindern an den Enden straffgehalten wird, soll übersprungen werden. Dabei bewegen sich die beiden Kinder mit der Schnur im Gehen langsam vorwärts.
- Es soll ein von zwei Kindern geschwungenes Seil durchlaufen oder in dieses eingesprungen werden.
- Auf Handheben des Lehrers aus vollem Lauf stoppen, bei Handsenken weiterlaufen.
- Variation: Auf Handzeichen aus dem Laufen zum Gehen kommen.
- Schwierigkeitssteigerung: Auf ein weiteres, betonendes Handzeichen einen Stampfschritt ausführen.
- Die gemeinsam klatschenden Kinder werden auf Handzeichen des Lehrers laut, auf ein anderes leise.
- Auf Handzeichen Positionen einnehmen: Ein erhobener Finger heißt z. B. Einbeinstand.
- Schwierigkeitssteigerung: Es werden weitere Handzeichen für Hocke, Bauchlage, Vierfüßlerstand usw. dazugenommen.
- Schwarz-Weiß-Spiel (vereinfacht): Eine Karte, die auf der einen Seite schwarz, auf der anderen Seite weiß ist, wird hochgeworfen. Liegt die schwarze Seite oben, so bleiben die Kinder ruhig liegen. Bei weiß laufen sie schnell weg.
- 'Schattengehen': Ein Partner geht in freigewählten Schlangenlinien durch den Raum. Der andere versucht, ihm auf den Fersen zu bleiben.
- Variation: Das vorausgehende Kind wechselt verschiedene Gangarten (Krabbeln, Rückwärtsgehen, Hüpfen usw.) ab, die der Partner nachmachen soll.
- 'Spiegelübung': Zwei Partner stehen einander gegenüber. Der eine bewegt langsam einen Arm, ein Bein, den Kopf, führt verschiedene Gesten aus oder nimmt nacheinander verschiedene Stellungen ein. Der andere versucht, die Bewegungen fast gleichzeitig mitzuvollziehen.
- Variation: Anfangs empfiehlt es sich, die Spiegelübung mit allen Kindern gemeinsam zu machen, wobei der Lehrer die Stellungen betont langsam vorgibt.
- 'Schwänzchen erhaschen': Jeder Spieler steckt sich ein rotes Band hinten in die Hose. Alle laufen durcheinander, wobei jeder versucht, einem anderen das Bändchen zu entreißen.

3.2.6.2. Reaktionen auf akustische Reize

- 'Bremsproben der Autos': Jedes Kind hat einen Tennisring als Steuerrad in der Hand und läuft mit den anderen auf eigenen Wegen durch den Raum. Auf einen Pfiff des Lehrers kommen alle Autos so schnell wie möglich durch Bremsen zum Stehen.
- Jedes Kind hat einen Stammplatz (Teppichfliese, Reifen). Wenn Musik erklingt, laufen alle im Raum durcheinander. Wird die Musik unterbrochen, so sucht jedes Kind schnell seinen Platz auf.
- Variation: Bei Aufhören der Musik legen sich alle Kinder aus dem Laufen heraus ganz schnell auf den Rücken.
- Schwierigkeitssteigerung: Nach Unterbrechen der Musik erklingt ein Gong. Ein Gongschlag bedeutet Bauchlage, zwei Gongschläge Rückenlage.
- Variation: Es werden die entsprechenden Worte zugerufen, woraufhin die Kinder ihre Körperlage blitzschnell verändern, z. B. Stand, Bauch, Rücken, Hocke, Sitz, Bank.
- Ein lustiger Text wird vorgelesen. Auf ein vorher festgelegtes Wort soll eine bestimmte Handlung ausgeführt werden: z. B. bei 'Löwe' schnell auf ein Gerät klettern und bei 'Hexe' sich irgendwo verstecken.
- Schwierigkeitssteigerung: Es muß auf drei Textworte reagiert werden. Z. B. bei 'Wasser' Bauchlage einnehmen und Schwimmbewegungen machen, bei 'Maikäfer' in Rükkenlage gehen und mit Armen und Beinen zappeln. Oder bei dem Wort 'Pferd' durch den Raum galoppieren.

- Verschiedene Taktarten, Rhythmen oder musikalische Themen mit entsprechenden, freigewählten Ausdrucksbewegungen beantworten. Je nachdem kann gelaufen, gehüpft, gewippt, geschwungen oder getanzt werden.
- Auf ein akustisches Signal soll die Laufrichtung geändert werden. Z. B. auf Pfiff in die entgegengesetzte Richtung laufen (zurücklaufen).
- Schwierigkeitssteigerung: Auf einen Pfiff nach rechts abbiegen, auf zwei Pfiffe nach links. Eventuell bei drei Pfiffen in die entgegengesetzte Richtung laufen.
- In Rückenlage mit geschlossenen Augen die Gongschläge zählen und bei einer vorher ausgemachten Zahl (z. B. fünf) aufstehen.
- Partnerübung: Ein Kind liegt mit geschlossenen Augen auf dem Rücken, das andere prellt neben ihm einen Ball fest auf den Boden. Daraufhin springt das liegende Kind schnell auf, um den Ball möglichst in der Luft zu fangen.
- Variation: Ein Kind läßt einen Ball hinter dem Rücken des Partners fallen. Er soll sich so schnell wie möglich umdrehen, um den hüpfenden Ball zu fangen.

Es können eine Reihe der vorgenannten optischen Reaktionsspiele abgewandelt werden, indem nunmehr ein akustischer Reiz gesetzt wird. Beim Schwarz-Weiß-Spiel wird jeweils das entsprechende Wort 'schwarz' oder 'weiß' laut gerufen. Ähnlich bei 'Tag- und Nacht', 'Wasser und Feuer' usw.

3.2.7. Orientierung im Wasser

Bei dieser Übungsgruppe geht es um die Verbesserung der optischen, akustischen, taktilen, kinästhetischen und räumlichen Orientierung in einem neuen und für die Kinder meist ungewohnten Experimentierfeld. Das Wasser schafft eine Umweltsituation, in der bisherige Sinneserfahrungen nur in begrenztem Umfang Gültigkeit haben. Das Kind lernt über die Haut, aber auch über seinen Bewegungssinn völlig neue Sinnesreize kennen. Und es dauert gewiß eine Zeit, die von Kind zu Kind naturgemäß unterschiedlich ist, bis hier eine Anpassung an das nasse Element erfolgt ist und die Kinder sich darin zu orientieren vermögen.

Das bedeutet methodisch, daß am Anfang aller Wasserübungen der freie Umgang mit den verschiedenen Materialien und Geräten stehen muß. So kann die Anpassung und Gewöhnung an die Wassersituation gemäß den individuellen Möglichkeiten und Bedürfnissen Schritt für Schritt und ohne jegliches Drängen von außen, ohne Zwang und Zeitdruck stattfinden. Auf diese Weise erhält das Wasser eine lustbetonte Erlebnisqualität, was für gehemmte und ängstliche Kinder von Wichtigkeit ist.

3.2.7.1. Geräteausstattung

Für die Wasserübungen muß nicht unbedingt ein Lehrschwimmbecken zur Verfügung stehen. Im Kleinkindalter genügt, zumal bei Kleingruppen, ein im Garten oder in einem warmen Innenraum aufzustellendes Plastikrundbecken. Das A und O aller Wahrnehmungsübungen im Wasser sind die im folgenden stichwortartig aufgeführten Spiel- und Lernmaterialien. Hier ist der Phantasie des Motopädagogen keine Grenze gesetzt, wenn es darum geht, die in der Turnhallensituation gemachten Wahrnehmungserfahrungen unter Verwendung kindgemäßer Kleingeräte auf die Wassersituation zu übertragen.

a) schwimmendes Lernmaterial

- Schwimmgürtel aus Kork oder Styropor
- Aufblasbare Schwimmflügel (Oberarm-Manschetten)
- Aufblasbare Schwimmringe verschiedener Größe
- Schwimmbretter aus Styropor
- Eventuell Schwimmsprossen (Sportgeschäft)
- Aufblasbare Schwimmtiere
- Schiffe und Boote aller Art
- Kleinere Schwimmtiere aus Plastik oder Zelluloid
- Luftballons, Wasserbälle und Gymnastikbälle
- Tennisringe aus Gummi oder Plastik
- Hula-Hoop-Reifen
- Gymnastikstäbe aus Plastik
- Plastikkegel, Plastikflaschen
- Leere Plastiktuben zum Einsaugen und Ausspritzen von Wasser
- 'Heulschläuche' aus geriffeltem Plastik
- Farbige Nylon-Taue (1, 1,5 und 2 m)
- 'Frisbee'-Wurfscheiben oder Plastikteller
- Plastik-Hohlwürfel und 'Baubecher'
- Plastiktassen, -becher, -eimer
- Plastik-Gießkannen und Behälter mit einem, zwei oder mehreren Löchern
- 'Logische Blöcke' aus Hohlplastik
- Plastik-Buchstaben oder zusammensteckbare Buchstabenklötze
- Verschiedenfarbige Korkstücke oder Plastikbrettchen
- Korkstücke mit aufgemalten Mengensymbolen und/oder Zahlen
- Geschlossene Dosen verschiedener Größe, mit Farben, Buchstaben oder Zahlen
- Verschiedenfarbige Tischtennisbälle
- Verschiedenfarbige Schwämme und Strohhalme.

b) nicht-schwimmendes Lernmaterial

- In Segeltuch eingenähte Backsteine
- Steinerne Kinderbauklötze
- Wassergefüllte Dosen
- Tauchringe aus Vollgummi
- Tauchteller aus durchlöchertem Blech
- Mit Blei beschwerte Buchstabenwürfel oder Plastikbuchstaben
- Eßlöffel und Teelöffel
- Schöpfkelle, Nußknacker, Bieröffner usw.
- Schlüsselbund, Steigbügel usw.
- Saubere Steine verschiedener Größe und Formen

3.2.7.2. Taktile und kinästhetische Erfahrungen

Schon in der Spiel- und Gewöhnungsphase des freien Umgangs mit dem Wasser macht das Kind eine Reihe von Entdeckungen und Erfahrungen, die es hier bewußtzumachen gilt. Sie betreffen die Temperatur und 'Festigkeit' des Wassers genauso wie seine Auftriebskraft und den Widerstand, den das Wasser der menschlichen Bewegung entgegensetzt.

- Die Kinder stehen ruhig im brusttiefen Wasser: merkt ihr, wie eure Unterarme ohne euer Zutun von allein auftreiben? Wie kommt das wohl?

- Jetzt dürft ihr alle mal das Wasser durch kräftiges Herumrühren mit den Armen ganz wild machen. So, halt, genug. Schließt jetzt die Augen und steht für eine Weile ganz still.
- Wer hat dabei gemerkt, wie Bewegung in die Unterarme kam?
- Habt ihr Schwierigkeiten mit dem Gleichgewicht gehabt? Ja, man kam dabei richtig ins Wanken.
- Jetzt machen wir noch einmal wilde Wellen und spüren dann mit geschlossenen Augen, ob kleine Luftblasen an unseren Beinen hochkullern.
- Probiert einmal aus, wie sich das Wasser anfaßt. Kann man es greifen? Ist es so wie Sand? (Wasser ist flüssig)
- Schlagt einmal vorsichtig und dann immer fester auf die Wasseroberfläche. Ist das Wasser nun hart oder weich?
- Kommt euch das Wasser kalt oder warm vor? Der Übungsleiter gibt zum Vergleich jedem Kind eine Plastiktasse mit kaltem Leitungswasser oder, falls vorhanden, einen Eiswürfel für jedes Kind.
- Wer kann seinen Eiswürfel mit geschlossenen Augen einmal ganz um seinen Körper herumführen, indem er den Würfel jedesmal ein Stückchen mit den Fingern anstößt?
- Laßt den Eiswürfel vor euch in das Wasser fallen und versucht ihn, mit geschlossenen Augen wiederzufinden.
- Jedes Kind sammelt ein paar Dosen und ein paar Schwämme oder Korkstücke ein, und wirft sie mit geschlossenen Augen vor sich ins Wasser. Versucht, so viel weiche Gegenstände wie möglich zu tasten.
- Versucht mit geschlossenen Augen etwas Schweres herauszufischen (oder etwas ganz Leichtes).
- Holt lauter runde (eckige) Gegenstände aus dem Wasser.
- Jedes Kind wirft drei verschieden lange Nylonseile vor sich ins Wasser. Versucht, mit Augen zu, das kleinste Seil herauszufinden und haltet es über eurem Kopf.
- Wer kann mit Augen zu alles, was aus Plastik ist (Kork, Blech, Gummi) aus dem Wasser fischen?
- Jedes Kind bekommt zwei verschlossene Plastikflaschen, wovon die eine leer, die andere halb gefüllt ist. Laßt sie beide vor euch ins Wasser fallen und fischt mit Augen zu die schwerere von beiden heraus.
- Schwierigkeitssteigerung: Eine leere, eine halbgefüllte und eine ganz gefüllte Plastikflasche unterscheiden.
- Wir spielen Seehunde. Jeder wirft einen Tischtennisball ein Stückchen vor sich ins Wasser und versucht, ihn mit der Nase anzustupsen. Wer kann es mehrmals hintereinander?
- Schwierigkeitssteigerung: Gleiche Übung mit geschlossenen Augen.
- Nehmt einen schwimmbaren Hohlkörper (Plastiktasse, Hohlwürfel, Baubecher) und laßt ihn vor euch schwimmen. Drückt ihn mit der Hand unter Wasser. Faßt nun den Gegenstand umgekehrt, so daß er mit der hohlen Seite zum Wasser zeigt, und probiert wiederum, ihn unter Wasser zu drücken. Was ist hier anders?
- Drückt einen Ball so weit wie es geht unter Wasser. Warum geht es so schwer?
- Für Wassersichere: Versucht euch mit dem Bauch auf den Grund zu legen! Warum geht das nicht?
- Warum gehen einige Gegenstände unter und die anderen nicht?
- Versucht so schnell ihr könnt durch das Wasser zu rennen. Was ist hier anders als auf dem Lande?
- Rudert einmal fest dabei mit den Armen. Und jetzt haltet euch am Rand fest und strampelt mit den Beinen. Was meint ihr: Sind eure Arme stärker oder die Beine?

Durch das Verbalisieren all dieser physikalischen Erlebnisse wird natürlich die Intelligenz des Kindes geschult. Die mehr unbewußten Erlebnisse werden zur Erfahrung. Anfangs ist es mehr ein Experimentieren im Sinne von Versuch und Irrtum. Dabei können beispielsweise die Kinder ausprobieren, wieviel Wasser sie in ihr 'Boot' schöpfen müssen, bis es untergeht. Später wissen sie aus Erfahrung, wann die Grenze der Tragfähigkeit eines Hohlkörpers erreicht ist. Schließlich sind sie in der Lage, auch ohne Manipulieren und Experimentieren von vornherein sagen zu können, ob dieser oder jener Gegenstand schwimmfähig ist, oder ob er sofort unter Wasser sinken wird. Man kann daraus ein Spiel machen, indem die Kinder soviel Gegenstände wie sie tragen können, aus dem Wasser fischen oder vom Grund herausholen und sie dann, eins nach dem andern, vom Beckenrand hineinwerfen. Dabei rufen sie vorher: 'schwimmt!' oder 'sinkt!'

3.2.7.3. Visuelle Wahrnehmungsübungen im Wasser

- Optische Zielverfolgungsübung: Wir schnippen einen Tischtennisball mit dem Zeigefinger vorwärts.
- Taucht den Tischtennisball tief unter Wasser und laßt ihn plötzlich los. Beobachtet dabei, wie hoch er fliegt. Wer will, kann ihn dabei in einem Gefäß auffangen.
- Versucht, ob ihr eure Walnußschale mit einem Strohhalm vorwärtspusten könnt.
- Spiel: In einem schwimmenden Plastikreifen schwimmt ein Tischtennisball. Zwei oder drei Kinder stehen herum und versuchen, den Ball zur anderen Seite rüberzupusten.
- Der Tischtennisball oder ein Eiswürfel schwimmt auf einem wassergefüllten Becher und wird fortlaufend in einen anderen um- und wieder zurückgeschüttet.
- Wettspiel: Die Kinder stehen an einer Längsseite in Linie nebeneinander und haben jeder einen Wasserball, Luftballon oder Gymnastikball. Wer schafft es, seinen Ball mit der Stirn vor sich herzustoßen und das andere Ufer zu erreichen? Seht zu, daß ihr dabei den Ball nicht aus den Augen verliert.
- Reaktionsspiel (bekannt als 'Tag und Nacht' oder 'Schwarz und Weiß'): Die Kinder stellen sich in zwei Linien in der Mitte des Beckens in 1 m Abstand einander gegenüber auf. Die eine Partei ist schwarz, die andere weiß. Der Lehrer läßt eine runde Plastikscheibe genau zwischen die beiden Linien auf das Wasser fallen. Ist schwarz zu sehen, so muß schwarz flüchten und die Längsseite des Beckens erreichen. Weiß darf versuchen abzuschlagen. Abgeschlagene Spieler wechseln zur Gegenpartei.
- Die Kinder der einen Partei sind die 'Schwimmer', die anderen die 'Taucher'. Der Übungsleiter läßt einen kleinen Gegenstand zwischen die beiden Linien fallen. Geht der Gegenstand unter, so müssen die 'Taucher' schnell weglaufen. Schwimmt er jedoch oben, so müssen die 'Schwimmer' Reißaus nehmen.
- Alle Kinder dürfen beim Vorzeigen einer grünen Scheibe nach Herzenslust im Wasser spritzen. Jeweils auf Pfiff oder Gongschlag zeigt der Lehrer die Scheibe wieder hoch. Ist grün zu sehen, so dürfen die Kinder weiterspritzen. Bei rot müssen sie sofort aufhören.
- Variation: Statt des Spritzens dürfen die Kinder bei Grün im Wasser herumrennen.
- Größenunterscheidung: Der Lehrer hält ein Gefäß hoch. Sucht schnell alle im Wasser schwimmenden Gefäße heraus, die größer sind als das, was ich in meiner Hand halte.
- Der Lehrer hält ein durchsichtiges Gefäß hoch, welches zur Hälfte mit Wasser gefüllt ist. Aufgabe: Nehmt ein gleich großes Gefäß und füllt es mit ebensoviel Wasser.
- Sucht das größte Gefäß und das längste Nylontau aus dem Wasser und haltet es hoch über eurem Kopf.
- Nehmt zwei Gefäße und füllt sie unterschiedlich mit Wasser. In welchem der beiden Gefäße ist mehr Wasser drin? Haltet das vollere Gefäß hoch.
- Sammelt so viel Rundgefäße ein, wie ihr findet. Legt sie auf diese Beckenseite. Vielleicht liegen noch runde Gefäße am Beckenboden?
- Variation: Ich möchte gern alle Gegenstände, die rund und grün sind auf diese Beckenseite haben. Wenn ihr grüne eckige Geräte findet, so legt sie auf die andere Beckenseite.

- Sucht euch ein blaues Dreieck und ein rotes Viereck. Wenn ihr sie habt, so haltet sie beide hoch.
- Schwierigkeitssteigerung: Sucht bitte ein großes rotes Dreieck und einen kleinen grünen Kreis.
- Optische Mengenerfassung: Jedes Kind hat einen schwimmenden Plastikreifen vor sich. Es liegen genug Korkenstücke, Schwämme oder Tischtennisbälle bereit. Der Übungsleiter legt eine bestimmte Menge gleicher Materialien in seinen Reifen, z. B. 3 Tischtennisbälle. Aufgabe: Versucht genausoviel Bälle in eurem Reifen schwimmen zu lassen.
- Variation: Legt eine bestimmte Anzahl von Gegenständen in euren Reifen und zeigt mit den Fingern, wieviele es sind.
- Statt mit den Fingern zu zeigen, können auch schwimmende Zahlenplättchen, Zahlenscheiben oder Zahlenwürfel verwendet werden.
- Schwierigkeitssteigerung: Der Lehrer geht bei den Kindern vorbei und wirft jeweils ein, zwei oder drei weitere Bälle in die Reifen der Kinder. Was hat sich verändert und welche Zahl muß jetzt oben schwimmen?:
- Rechnen im Wasser: Der Lehrer hat zwei schwimmende Reifen. In dem einen liegen 3, in dem anderen 2 Tischtennisbälle. Frage: Wieviel sind es, wenn man alle Tischtennisbälle zusammenzählt?
- Zahlen- und Rechenspiel: Je nachdem, wieviel Tischtennisbälle der Lehrer in den schwimmenden Reifen wirft, müssen sich schnell Kinder zusammentun und sich als 'Traube' gegenseitig anfassen und umarmen. Wechsel zwischen Zweiertraube, Dreier- und Vierertrauben.
- Die Kinder dürfen nach Belieben mehrere Trauben bilden. Welche Menge hat jede Traube? Wenn wir 2 (später 3) Trauben zusammenzählen, wieviel Kinder sind es insgesamt?
- Sortieren nach Oberbegriffen: In einen schwimmenden Reifen legen wir alle Plastikgegenstände, in einen zweiten die aus Gummi, in einen dritten alles, was aus Kork besteht.
- Variation: Alle weichen Gegenstände in einen Reifen, alle harten in einen anderen.
- Variation: Alle schwimmenden Gegenstände auf die eine Beckenseite, alles was untergeht auf die andere.
- Leseübungen: Der Lehrer zeigt ein bestimmtes Wort. Wer findet die richtigen Buchstabenwürfel und setzt sie zusammen, daß 'Eis' ('Wasser') herauskommt.
- Körperorientierung: Berührt mit der Hand ein Knie; faßt die Zehen eines Fußes an; berührt die Ferse, die Wade usw.
- Schwierigkeitssteigerung: Gleichzeitig zwei Körperteile anfassen, z. B. die linke Wade und das rechte Knie.
- Nehmt einen Eiswürfel (Schwamm) und berührt damit nacheinander beide Ellenbogen, dann die Stirn und zuletzt die Nase.
- Träufelt euch mit dem Schwamm Wasser in den Nacken, auf die linke Schulter, auf das rechte Knie.
- Experimentierübung: Probiert aus, wieviel Schwämme ihr ausdrücken müßt, um einen Becher zu füllen.
- Variation: Wieviel Tassen füllen einen Eimer? Probiert es aus.
- Variation: Stellt eure Plastikschüssel (Baubecher) vollgefüllt auf den Rand. Schätzt einmal, wieviel Tassen Wasser ihr ausschöpfen müßt, bis das Gefäß nur noch halb gefüllt ist. Nun probiert es aus.
- Nehmt zwei verschieden geformte Gefäße und füllt sie beide halb voll. Was meint ihr, in welchem Gefäß mehr Wasser drin ist? Ihr dürft es selber nachprüfen. Sagt mir, wie ihr es machen wollt.

- Wie kann euer Boot seine Richtung ändern, ohne daß ihr es anfaßt? Probiert aus, wie es dennoch geht.

3.2.7.4. Akustische Wahrnehmungsübungen im Wasser

Alle Reaktionsübungen und -spiele, bei denen es auf schnelles optisches Reagieren ankam, können nun mit akustischer Reaktion verbunden werden. Dabei besitzen Worte einen Symbolgehalt, der zunächst erkannt und dann erst zur Grundlage der Reaktion gemacht werden kann. Wenn also vorher die Farbe 'grün' gezeigt wurde, so wird nunmehr das Wort 'grün' ausgesprochen. Oder: Statt der schwarz-weißen Plakette kann jetzt 'Tag' oder 'Nacht' oder auch etwas anderes, welches vorher ausgemacht wird, gerufen werden. Desgleichen werden jetzt nicht mehr Mengen oder Zahlen optisch erfaßt, sondern akustisch aufgenommen und identifiziert.

- Reaktionsspiel: Jedes Kind steht in einem schwimmenden Reifen. Nur ein Kind ist ohne Reifen, hat aber die Möglichkeit, während des Herumlaufens nach Musik nach einem freien Reifen Ausschau zu halten. Auf Aussetzen der Musik versucht jedes Kind schnell in einen Reifen zu gelangen.
- Begriffe: Z. B. ziehen und schieben: Probiert aus, was besser geht, euer Plastiktier (Boot) vorwärts zu schieben oder zu ziehen.
- Tut in einen Becher viel Wasser, in den anderen wenig. Oder: Macht eine Tasse ganz voll, die andere laßt leer.
- Findet einen Partner, der genauso groß (größer) ist wie ihr.
- Oberbegriff-Spiel: Eine der beiden Längswände stellt den Gemüsestand dar, die andere Beckenseite ist eine Fleischerei. Je nachdem, welches Wort vom Lehrer gerufen wird, versuchen die Kinder schnell die entsprechende Wand zu erreichen, z. B. Wurst, Banane, Braten, Birne usw.
- Variation: Bäckerwaren, Möbelgeschäft, Küchengegenstände, Toilettenartikel des Badezimmers usw.

Literatur zur Wahrnehmungsförderung siehe Verzeichnis Seite 188.

HINFÜHRUNG ZUR MOTORISCHEN ADAPTION

Es wird aufgebaut auf dem jeweiligen **Grundbestand** („Vokabular")
an Wahrnehmungs- und Bewegungsmustern

1. Grobziel: Erweiterung dieses Grundbestandes

2. Grobziel: Hinführung zu Bewegungsfähigkeiten
durch Modifizierung und Abwandlung der Umweltreize
= vielfältige Lernprozesse führen zur **Generalisierung,**
d. h. zur **Anwendbarkeit** schon gekonnter Muster
in neuen Bewegungssituationen.

3. Grobziel: Bewältigung komplexmotorischer Problemlösungen – vom **Versuch- und Irrtumverhalten** zur Fähigkeit, **motorische Handlungserfolge vorherzusagen und umweltverändernde Handlungsstrategien** zu bilden.

4. Grobziel: Ausbildung von Bewegungsfertigkeiten
als hochgeübte und automatisierte Bewegungsabläufe.
= Stärkung des Selbstwertgefühls,
aber **limitiert in der Anwendbarkeit**
und kaum auf andere Bewegungssituationen zu übertragen.

Abb. 41

3.3. Motorische Entwicklungsförderung

Für jede Bewegungsaktion ist ein gewisser Grundstock motorischer Erfahrungen notwendig. Ihn durch entsprechende Übungsangebote zu ergänzen und zu erweitern, ist das erste motodidaktische Grobziel (vgl. Abb. 41). Ein entscheidendes motorisches Entwicklungsmerkmal ist jedoch die Fähigkeit zur Anpassung an die vielfältigen Bewegungsituationen, welche in der Turnhalle gezielt angeboten werden können (2. Grobziel). Diese Fähigkeit bildet die eigentliche Voraussetzung zur handelnden Umweltveränderung und Umweltaneignung, wie sie vor allem bei motorischen Problemlösungsaufgaben geübt wird (vgl. 3. Grobziel, Abb. 41). Aus diesem Grunde ist es methodisch von größter Wichtigkeit, die motorischen Lernprozesse immer wieder situativen Veränderungen zu unterwerfen. Und dies, bevor die erlernten Bewegungsmuster so fixiert sind, daß sie nicht mehr abwandelbar und übertragbar sind.

Die im folgenden zu besprechenden bewegungsschulenden Übungen sind - genau wie die wahrnehmungsschulenden Übungen des vorigen Abschnitts - in erster Linie für die Altersbereiche der Kleinkind- und Vorschulzeit gedacht. Sie reichen aber, mehr noch als das bei den perzeptiven Grunderfahrungen der Fall ist, bis über den Primarbereich der Schule hinaus. Das bedeutet, daß sowohl die Quantität als auch die Qualität der zu erlernenden Bewegungsmuster, Fähigkeiten und Fertigkeiten sich auch dann noch durch Übung verbessern lassen.

Der motorische Kapazitätszuwachs ist sowohl altersabhängig als auch übungsabhängig. Es ist als gesichert anzusehen, daß per Übung Einfluß auf die neurologischen Reifungsvorgänge im zentralen Nervensystem des heranwachsenden Kindes genommen werden kann. Wichtig ist dabei nur, daß die Übungsreize entwicklungsgemäß programmiert werden. Auf keinen Fall sollen sie zu früh, d. h. vor Ausbildung der individuellen neuromotorischen Entwicklungsvoraussetzungen, an die Kinder herangetragen werden. Als Anhaltspunkte mögen die im Abschnitt 'Motodiagnostik' unter 2.1. angegebenen Spätentwicklungsdaten des Sensomotorischen Gitters dienen.

Zum Aufbau entwicklungsorientierter motorischer Übungssequenzen sollte mit möglichst lustbetonten Grunderfahrungen der allgemeinen Körper- und Bewegungskontrolle begonnen werden. Dabei wechseln Aufgaben ortsgebundener Spannungs- und Stützmotorik (z. B. bei Körperspannungs- und Balanceübungen) mit dynamischer Fortbewegungsmotorik (z. B. im Laufen und Springen). In jedem Fall aber leiten gezielte Entspannungsübungen einen wichtigen ausgleichenden neuro-vegetativen Beruhigungsprozeß ein, den zu erlernen besonders hypermotorischen, antriebsgesteigerten Kindern schwerfällt.

Je jünger die Kinder sind, desto großräumiger sollen die Bewegungsaufgaben sein. Dabei geht es zunächst einmal um das Ausprobieren und Experimentieren mit den verschiedenen Fortbewegungsarten (vgl. unter 3.3.1.).

Dazu kommen die vielen körpermotorischen Möglichkeiten der Umweltanpassung und Umweltveränderung, wie sie beispielsweise beim Überklettern oder Wegschieben von Hindernissen geübt werden. Man kann diese Aufgaben auch als Übungen der Augen-Körper-Koordination bezeichnen. Denn es sind vor allem die Augen, die den in dynamischer Bewegung befindlichen Körper durch den Raum und die verschiedenartigen Raumhindernisse steuern (vgl. unter 3.3.2.).

Hochdynamische Übungen müssen gemäß der Bewegungsaufgabe sowohl kraftmäßig als auch zeitmäßig abgestimmt werden. Das heißt, es muß die jeweils angemessene Impulskontrolle gefunden werden, damit der betreffende Sprung, Schlag oder Stoß nicht zu schwach - oder was häufiger ist - zu stark erfolgt (vgl. unter 3.3.3.).

Koordinative Bewegungsaufgaben haben jedoch über die dynamisch-räumliche Komponente hinaus auch zeitliche Umweltgegebenheiten zu berücksichtigen. Das betrifft nicht nur die Bewegungsanpassung an Metren und Rhythmen, sondern die zeitgerechte Auslösung einer Handlung überhaupt. Damit ist vor allem gemeint, daß Bewegungsreaktionen auf bestimmte Umweltreize, z. B. Richtungsänderungen während des Laufens oder spielgerechte Wurfreaktionen nicht übereilt und verfrüht, aber auch nicht verlangsamt und damit verspätet erfolgen (vgl. unter 3.3.4.).

Übungen zur Verbesserung des Körpergleichgewichts umfassen eine breite Skala koordinativer Anforderungen. Sie können auf verkleinerter bzw. labiler Standfläche (z. B. Balken, Sportkreisel) oder auf beweglichen Geräten (Stelzen, Pedalo) erfolgen (vgl. 3.3.5.). Besonders hoch ist die Gleichgewichtsanforderung beim aufrechten Springen auf federnden Geräten (Trampolin). Wegen ihres hohen Aufforderungscharakters werden Sprungübungen auf federnder Unterlage schon früh, d. h. schon im Kleinkindalter, den Kindern anzubieten sein (vgl. 3.3.6.).

Der Übungsschwerpunkt bei Kleinkindern liegt eindeutig auf der spielerischen Schulung der Körpermotorik. Dennoch werden auch hier bereits erste Materialerfahrungen dazugenommen. Eigentliche Hand- und Fußgeschicklichkeitsaufgaben werden allerdings erst später, frühestens ab Vorschulalter, systematisch geübt werden können (vgl. 3.3.7.).

Von hier aus führt ein gerader Weg zu den Übungen der Zielkontrolle und Zielanpassung (vgl. 3.3.8.). Dabei werden die koordinativen Fähigkeiten der Hand-Auge-Koordination besonders im Hinblick auf spätere Ballspiele angesprochen. Sie führen aber auch zur Ausbildung verschiedener kombinationsmotorischer Fertigkeiten, kleinen 'Kunststückchen' also, die nicht nur einmal gelingen, sondern jederzeit vorgemacht werden können (vgl. 3.3.9.).

Bei allen diesen Übungsformen rückt das freigewählte oder von außen angeregte Handlungsziel (vom Zielwurf bis zur Meisterung selbsterfundener Geschicklichkeitsaufgaben) deutlich in den Vordergrund. Dabei ist die Turnhalle ein geradezu ideales Übungsfeld zur Verbesserung des konstruktiven Problemlösungsverhaltens (vgl. unter 3.3.10.).

3.3.1. Erlernen von Bewegungsmustern

So wie das kleine Kind sehr früh lernt, bestimmte sensorische Muster, d. h. immer wiederkehrende und ziemlich gleich verlaufende Schablonen der Wahrnehmung verschiedener Sinnesreize auszubilden, genauso lernt es sich mit Hilfe einfacher Bewegungsgrundformen in der Umwelt zurechtzufinden. Die Fortbewegungsmuster des Kriechens, Krabbelns, Gehens, Laufens, Hüpfens und Springens werden ergänzt und erweitert durch Schieben, Ziehen, Tragen, Treten, Stoßen, Schlagen, Greifen usw. So wird das individuelle 'Bewegungsvokabular' systematisch erweitert.

Je mehr Anforderungen über Umweltreize an ein Kind herangetragen werden, desto mehr Bewegungsmuster wird es zum Zwecke der Umweltbewältigung ausbilden. Bei den folgenden Übungsbeispielen können wir an die unter 3.2.4. geschilderten Körpererfahrungen anknüpfen.

3.3.1.1. Gelenkbewegungskontrolle

- Welche Muskeln kann man anspannen? Probiert es aus, von den Fingern angefangen bis zu den Oberarmen, von den Zehen bis zu den Oberschenkeln, von den Gesichtsmuskeln bis zu den Bauchmuskeln.
- Wir probieren den Unterschied aus zwischen Streck- und Beugespannung. Macht eine Faust (Fingerbeugung) und streckt die Finger dann ganz fest aus.
- Desgleichen Beugen und Strecken der Zehen, der Arme und Beine.
- In welchen Gelenken bewegen sich die Arme und Beine? (Ellenbogen, Schulter, Knie, Hüftgelenk).
- Probiert aus, wie sich eure Hände und Füße bewegen (Handgelenk, Fußgelenk).
- Probiert, ob sich Hände, Füße oder der Kopf auch drehen lassen.
- Kann sich der ganze Körper in der Wirbelsäule drehen?
- Mit welchen Gelenken könnt ihr kreisende Bewegungen ausführen (z. B. Hüfte, Schulter, Kopf)?
- Wir experimentieren mit den Gelenkbewegungsmustern des Pendelns, Grätschens, Spreizens, Klatschens, Stampfens, Tretens, Stoßens, Schlagens, Greifens,Tragens, Heranziehens, Wegschiebens, Fallenlassens und Wegwerfens.
- Wir tun jetzt nicht nur so, sondern wir schlagen nach aufgehängten (oder zugeworfenen) Wasserbällen, wir treten zugerollte Wasserbälle mit dem Fuß zurück und werfen mit Bällen verschiedener Größe und Schwere.
- Wieviele Bälle könnt ihr auf einmal tragen? Probiert es mit den schweren Medizinbällen.
- Versucht einmal zu zweit einen kleinen umgedrehten Turnkasten wegzuschieben oder wegzuziehen. Beschwert ihn mit Medizinbällen. Schafft ihr es jetzt auch noch?

3.3.1.2. Allgemeine Körperkontrolle

- Wie weit kann man den Oberkörper im Hüftgelenk nach vorn beugen? Und jetzt vorsichtig nach hinten und dann zur Seite.
- Geht einmal tief in die Kniebeuge. Könnt ihr euch in der Hockstellung halten, wenn ihr die Arme zur Seite nehmt?
- Wer kann in der Hocke die Fersen an den Boden bringen?
- Wir neigen den Körper im Stand so weit vorwärts, ohne in den Hüften abzuknicken, bis wir einen großen Ausfallschritt machen müssen.
- Wir versuchen, uns aus dem Stand in uns zusammenfallen zu lassen, ohne uns dabei wehzutun (Matte!).
- Wer bringt es fertig, aus dem Stand über die Kniebeuge in den Kniestand und wieder zurückzukommen, ohne dabei mit den Händen zu helfen?
- Versucht, ob ihr euch ohne Handhilfe hinsetzen und wieder aufstehen könnt.
- Wir haben hier verschieden hohe Turnkästen. Probiert aus, auf welchen Kasten ihr ohne Benutzung der Hände noch hinaufkommt.
- Legt euch in Bauchlage auf den Boden und faltet die Hände auf eurem Rücken. Wer kann jetzt noch aufstehen?
- Wer schafft es, aus der Rückenlage, ohne die Hände zu benutzen, aufzustehen? Jawohl, man dreht sich in die Bauchlage und kommt dann über die Knie zum Stand.
- Erschwerung: Aufstehen aus der Rückenlage ohne Körperdrehung durch hohes An-

heben und schwungvolles Herabdrücken der Beine. Am besten geht es über den Schneidersitz.

- Macht eine Schaukelpferdbewegung, indem ihr die Schienbeine anfaßt und euch aus dem Sitz nach hinten abrollen laßt. Wer kann sich mit dem Genick so fest abdrücken, daß er wieder in den Sitz zurückkommt?
- Wir wollen einmal drei Körperstellungen nacheinander ausführen: Stand, Bank (auf allen vieren) und Bauchlage. Hierbei dürfen die Hände helfen.
  Auf jeden Tamburinschlag versucht ihr, so schnell ihr könnt, die nächste Stellung einzunehmen. Nach der Bauchlage geht es dann wieder über die Bank zum Stand.
- Variation: Die gleiche Übungsfolge wird unter Wippschwung auf dem Trampolin versucht. (Dabei müssen einige Grunderfahrungen auf diesem Gerät vorhanden sein).

3.3.1.3. Fortbewegungskontrolle

- Wir rollen und wälzen uns über den Boden; wir rutschen im Sitz, in Bauch- und Rükkenlage; wir kriechen und krabbeln vorwärts und rückwärts.
- Karussellübung: wir drehen uns um die eigene Achse, im Sitzen, im Liegen, auch unter Zuhilfenahme von Sportkreiseln oder Rollbrettern.
- Schwierigkeitssteigerung: Langsames und vorsichtiges Drehen im Stand.
- Wir wippen und federn im Stehen. Wer kann dabei etwas hüpfen und seine Beine abwechselnd seitwärts grätschen und wieder schließen?
- Desgleichen im Wechsel der Schrittstellung, wobei jedesmal ein Bein nach vorn und eines nach hinten gesetzt wird (Beinspreizen).
- Wir gehen langsam vorwärts und steigern das Tempo, ohne ins Laufen zu kommen.
- Wer kann vorsichtig rückwärts gehen, ohne jemanden anzustoßen?
- Wir gehen auf ein vereinbartes Zeichen im Wechsel vorwärts und rückwärts (Reaktionsübung).
- Kann man auch seitwärts gehen? Probiert es.
- Wer kann vorwärtsgehen und dabei die Augen schließen?
- Gehen wir auch wirklich geradeaus? Geht mit geschlossenen Augen eine Linie entlang. Kontrolliert von Zeit zu Zeit selbst, ob ihr euch noch auf der Linie befindet.
- Wir laufen auf der Stelle; erst langsam beginnend, dann immer schneller.
- Und nun in Vorwärtsrichtung. Versucht augenblicklich abzustoppen und stehenzubleiben, wenn der Gong ertönt (Reaktionsübung).
- Wir versuchen zu galoppieren wie die Pferde auf der Weide (für Vorschulalter).
- Statt geradeaus zu gehen, wollen wir das in Wellenlinien versuchen, ähnlich wie wenn einer betrunken ist. Wie könnte man dazu sagen? (Wanken, Torkeln usw.).
- Probiert aus, wie man noch anders gehen kann und benennt es (stampfen, marschieren, tänzeln, schweben, schlendern, hasten, eilen, hinken usw.).
- Wie kann man sich anders als gehend fortbewegen? Wer kann sich wie eine Schlange vorwärtsschlängeln, wie ein Frosch hüpfen, wie ein Bär auf Händen und Füßen gehen?
- Wir erproben Fortbewegungsarten auf rollenden Unterlagen (Flachroller).
- Probiert aus, wie es am besten geht: in der Bauchlage, knieend oder sitzend.
- Wer kann nicht nur vorwärts, sondern auch rückwärts fahren? (Abb. 42)
- Geht es auch seitwärts? Und wer kann mit seinem Brett kreiseln?
- Baut euch irgend etwas auf euer Rollbrett und seht, ob ihr damit fahren könnt (Autoschläuche oder -reifen, Schaumstoffteile, kleine Turnkästen oder Kastenteile, große Plastikrundformen wie Abb. 43).
- Statt euch mit den Händen oder Füßen vom Boden abzustoßen, könnt ihr auch einen 'Motor' erfinden (vgl. Pedalo auf Abb. 44 und 45).

Abb. 42

Abb. 43

Abb. 44

Abb. 45

3.3.2. Räumliche Bewegungskontrolle

Die bisher experimentell erfahrenen und in immer neuen Variationen geübten Bewegungsmuster (vgl. 3.3.1.) werden jetzt, je nach veränderter Umweltsituation, modifiziert (vgl. 2. Grobziel, Abb. 41). Ein Kind, das gelernt hat, auf ebener Bodenfläche vorwärtszulaufen, muß, wenn es plötzlich eine Steigung überwindet, den Körper nach vorn neigen und kräftiger antreten. Und es muß seinen Lauf bremsen, wenn es einen Abhang hinunterläuft. Dadurch vollzieht es unbewußt eine Anpassung seiner bisherigen Bewegungsmöglichkeiten an neue Gegebenheiten.

Der Raum mit seinem Auf und Ab, seinen natürlichen oder künstlichen Hindernissen (Turngeräte) fordert diese sensomotorischen Anpassungsleistungen regelrecht heraus. Dabei kommt der Bewegungs-Erfolgskontrolle über die Sinne, insbesondere der Augenkontrolle, eine besondere Bedeutung zu.

Beim Erlernen der grundlegenden Bewegungsmuster spielte die optische Rückkoppelung (Feedback) lange nicht die Rolle, da ja die Umweltverhältnisse hierbei gleichblieben. Bei jeder räumlichen Veränderung jedoch müssen dieselben zuerst einmal mit den Sin-

nen erfaßt und dann die Bewegungen eben dieser Veränderungen angepaßt werden. Man spricht hierbei, wie schon eingangs betont, nicht zu Unrecht von der Auge-Körper-Koordination.
Dieser sensomotorische Anpassungsvorgang ist für ein gesundes Kind gerade wegen des Neuartigen der veränderten Situation besonders reizvoll. Immer gibt es etwas Neues, Ungewohntes, Unerprobtes zu erobern. Das Kind befindet sich in der Lage eines 'Terranauten' (BARSCH). Es ist ein kühner Erderoberer, dessen Forschertrieb ihn den Raum mit den Augen, mit dem Blick abtasten und mittels eigener Fortbewegung schließlich durchmessen und in seiner Ausdehnung erfahren läßt (vgl. auch die Übung der Raumorientierung unter 3.2.5.).

Die mannigfaltigen Gelegenheiten, das eigene Bewegungsrepertoire den neuen Umweltgegebenheiten anzupassen, sollen an folgenden Übungssequenzen beispielhaft aufgezeigt werden. Im Laufe dieser entdeckenden und erprobenden Umwelterfahrungen lernt das Kind schließlich auch, daß es selbst seine Umwelt verändern kann. So wird es vielleicht einen Kasten näher an die Sprossenwand heranschieben oder ein Brett als Brükke auf zwei auseinanderstehende Kästen legen. Wenn ihm hier auch körperliche Grenzen gesetzt sind, so paßt es doch seine Umwelt den eigenen Bedürfnissen bis zu einem gewissen Grade an.

- Wir rollen (wälzen) uns über ein Feld verschieden weicher Unterlagen: Matten, Federmatratzen, Luftmatratzen, Kissen, Schaumstoffteile, Sandsäckchen. Wiederholung im Kriechen (Robben), Krabbeln und auf allen vieren, im Kniegang und schließlich im Gehen und Laufen (Rennen).
- Wenn möglich, soll die Anpassung der genannten Fortbewegungsmuster auch an einem wackeligen und federnden Untergrund geübt werden: z. B. Airtramp, mehrere Trampoline hintereinander (Abb. 46), breite wippende und federnde Bretter, die auf Autoreifen aufliegen, Hängebrücke oder Hänge- und Halteseil auf dem Spielplatz.

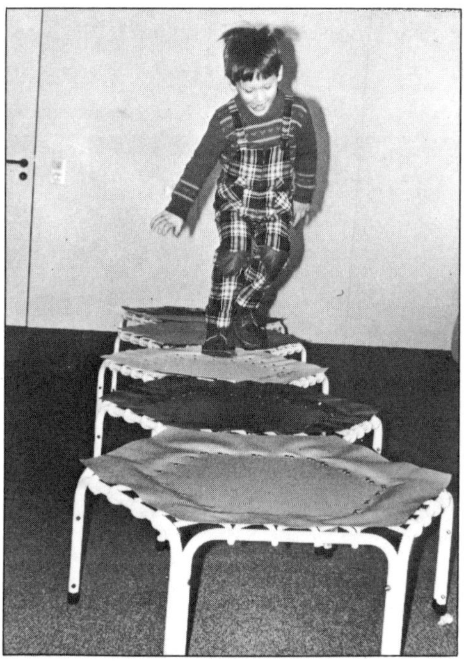

Abb. 46

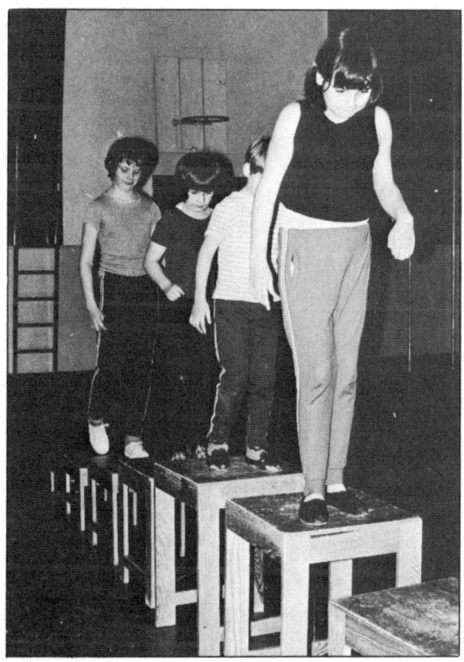

Abb. 47

- Gehen und Laufen sollen unbedingt auch draußen barfuß den verschiedenen Böden angepaßt werden: tiefer Sand, Rasen, Moos, Tannenboden, Kies usw.
- Desgleichen sich gegen Wasserwiderstand gehend fortbewegen: knöchelhohes Wasser, kniehoch, bauch- bzw. brusthoch (Arme dürfen mitrudern). Bei schultertiefem Wasser kann versucht werden, sich hüpfend fortzubewegen.
- Laufen mit Richtungsänderungen: Wir rennen in Schlangenlinie durch eine Slalombahn, durch Tore oder zwischen Kästen hindurch.
- Später, wenn die Kinder auf Geräten fahren gelernt haben, kann die Kurvenstrecke auch in Bauchlage auf Flachrollbrettern oder stehend mit dem Roller oder auf Rollschuhen durchfahren werden.
- Wir probieren Steigungen bergauf und bergab zu überwinden: Schräggestellte Kastenoberteile, auf einen Stegelbalken gelegte Schwungbretter, in eine Reckstange eingehängte Langbänke (immer zwei oder drei nebeneinander), möglichst jeweils mit glatten Mattenbahnen überdeckt. Zunächst geringer Steigungsgrad, dann allmählich immer steiler stellen.
- Wer findet eine neue Fortbewegungsart rauf und runter? z. B. vorwärts oder rückwärts auf dem Po rutschen, in Bauchlage kriechend, sich wälzend oder im Purzelbaum, auf allen vieren.
- Nun wollen wir uns im Hinübersteigen von Reifen zu Reifen üben. Die Reifen liegen zunächst flach am Boden und werden allmählich durch Unterlegen von Schaumstoffteilen erhöht (5 cm, 10, 15 und 20 cm).
- Wer kann über eine Reihe von gespannten Schnüren oder Hürden steigen, über eine Reihe von Kastenunterteilen oder über die Sprossen einer etwas erhöht liegenden Horizontalleiter?
- Wir steigen Treppenstufen oder Stufen aus unterschiedlich hohen Turnkästen hinauf und hinab. Probiert einmal aus, wie hoch eine Stufe sein kann, daß ihr gerade noch ohne Hilfe hinaufsteigen könnt. Wer nimmt zwei Stufen mit einem Schritt? (Abb. 47)
- Wir klettern auf verschieden hohe Turnkästen. Sucht euch eine Höhe aus, die ihr gerade noch schafft. Könnt ihr auch vorsichtig wieder herunterklettern?
- Wer kann einen Kletterturm, eine Sprossenwand oder Leiter erklettern? Wie weit kommt ihr auf dem wackeligen Kletternetz empor?

Abb. 48

Abb. 49

- Wer kann unter einer Turnbank durchkriechen oder durch eine große Papprolle? Sucht noch andere Hindernisse, unter denen man durchkriechen kann, z. B. Hürden, etwas erhöht liegende Reifen oder Horizontalleiter.
- Wir bauen gemeinsam eine Hindernisbahn: Kurvenlaufstrecke zwischen Toren hin-

durch, Steigestrecke über Hürden, im Wechsel mit Durchkriechen unter einer Turnbank, Rauf- und Runterlaufen über einen 'Berg' und zum Schluß Überklettern von Turnkästen.

- Wir probieren aus, auf welche Weise wir eine Schrägleiter hinauf- und hinunterklettern können. (Abb. 48)
- Wer schafft es, unter der Leiter hängend, zu klettern? (Abb. 49)
- Wer kann über eine ausgeklappte Sprossenwand klettern?
- Versucht einmal, euch durch die Sprossen einer Kletterwand zu winden. (Abb. 50)
- Wo eine Weichspiellandschaft aus verschiedenen Schaumstoffelementen zur Verfügung steht, kommen weitere, schier unerschöpfliche Umwelterfahrungen hinzu (vgl. Abb. 51 - 61).

Abb. 50

Abb. 51

Abb. 52

Abb. 53

Abb. 54

Abb. 55

Abb. 56

Abb. 57

Abb. 58

Abb. 59

Abb. 60

Abb. 61

3.3.3. Dynamische Bewegungskontrolle

- Jedes Kind probiert für sich aus, ob es mit beiden Beinen vom Boden hochspringen kann. Wer kann die Knie dabei hochreißen?
- Könnt ihr euch aufrecht hüpfend vorwärtsbewegen? Macht viele kleine und dann einen großen Hüpfer.
- Wer kann seitlich hin- und herhüpfen, einmal nach rechts und einmal nach links, und das fortlaufend?
- Wer kann einen kleinen Hüpfer nach vorn machen und gleich wieder rückwärts zurückhüpfen?
- Wer kann mit beiden Beinen gleichzeitig hochhüpfen?
- Wer kann sogar auf einem Bein hüpfen? Versucht es auch auf dem anderen. Ob ihr wohl mehrmals hintereinander auf einem Bein vorwärtshüpfen könnt? Stellt fest, auf welchem Bein ihr besser hüpfen könnt.
- Jetzt wollen wir einmal einen Sprung weit nach vorn machen. Wie geht es besser: Mit oder ohne Anlauf? Wer springt lieber mit einem Bein ab und wer mit beiden?
- Jeder legt einen Schaumstoff-Backstein (Sandsäckchen, Kissen) vor sich flach auf den Boden und versucht, mit beiden Beinen im Schlußsprung drüberzuspringen. Wer möchte, stellt dabei seinen 'Backstein' hochkant (Hochsprung) oder längs (Weitsprung).
- Wenn ihr wollt, könnt ihr euer Sprunghindernis auch erhöhen und verlängern; hier sind noch genügend Schaumstoffteile.
- Wir versuchen, ob wir auch mit Anlauf über unser Hindernis springen können. Was fällt euch leichter: der Schlußsprung oder der Anlaufsprung? Beschreibt einmal den Unterschied zwischen beiden Sprüngen.
- Macht euer Hindernis wieder ganz niedrig; wir wollen probieren, auf nur einem Bein drüberzuhüpfen. Wer schafft es sowohl rechts als auch links?
- Immer zwei Kinder bauen sich aus dem, was sie im Geräteraum finden, neue Sprunghindernisse (z. B. Autoreifen, Hürden, Sprungständer und -schnüre, Keulenreihe, Stäbe oder Reifen, auf Schaumstoffblöcke gelegt). (Abb. 62, 63)

Abb. 62

Abb. 63

Probiert aus, wie hoch ihr kommt, mit einem oder zwei Beinen abgesprungen, mit oder ohne Anlauf.

- Wir üben den Weitsprung auf der Langmatte. Springt über aneinandergelegte Papier- oder Pappbögen, Teppichfliesen, Schaumstoffunterlagen.
- Malt euch eine Absprunglinie auf den Boden und legt eine Teppichfliese so weit hinter die Linie, wie ihr meint, daß ihr sie im Sprung eben noch erreicht.
- 'Tarzanspiel': Jeder schwingt mit einem Klettertau aus dem Anlauf weit nach vorn und springt dort auf die Matte ab. Legt eine Teppichfliese dorthin, wo ihr aufgekommen seid. Wer schafft es, genau mittendarauf zu landen? Wer schwingt soweit vor, daß er das Ende der Fliese erreicht?

Abb. 64

Abb. 65

- Wir springen von einer an der Wand stehenden Langbank im Schlußsprung hinab auf unsere Teppichfliese (Matte als Unterlage). Legt sie so weit von euch weg, daß ihr sie gerade noch durch einen kräftigen Absprung erreicht.
- Probiert den Niedersprung von noch höher, indem ihr von einem der sechs verschieden hohen Turnkästen auf den Mattenberg abspringt. Jeder sucht sich seine Höhe, von der aus das Hinunterspringen am meisten Spaß macht.
- Gleiche Aufgabe mit beliebig hohen Niedersprungmöglichkeiten von der Sprossen-
- Wir nehmen jetzt federnde Absprunggeräte zuhilfe. Baut euch eine kleine Bewegungsbahn, wobei federnde und nicht federnde Geräte wechseln sollen. (Abb. 64, 65)
- Baut euch Schaumstoffhindernisse zwischen eure Trimmpoline. (Abb. 66, 67, 68)

Abb. 66

Abb. 67

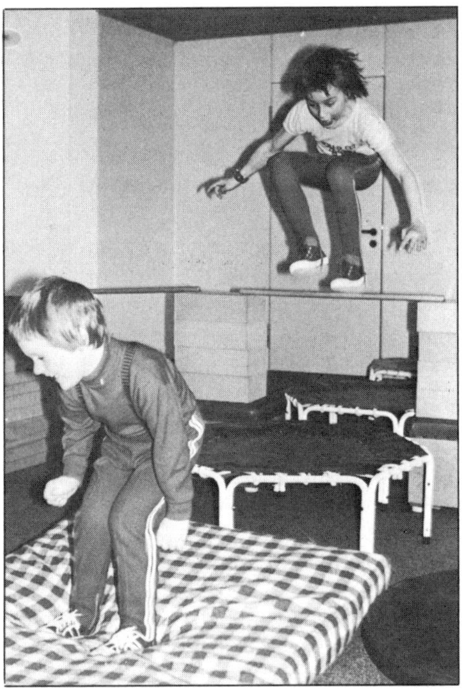

Abb. 68

- Wer Mut hat, springt von einem Federbrett über eine Hochsprungschnur. Spannt sie euch anfangs niedrig. Später könnt ihr sie höher und höher spannen, um mit Anlauf über die Schnur auf die Weichsprungmatte zu springen.
- Wer probiert einmal, mit dem Känguruh-Hüpfball über ein Hindernis hinwegzusetzen?
- Wir üben den Niedersprung aus dem Stand am Beckenrand ins brusthohe Wasser. Wer möchte über die niedrig gespannte Zauberschnur ins Wasser springen? Bei wem soll die Schnur etwas höher gehalten werden?
- Werft einen Gummiring vom Beckenrand so weit vor euch ins Wasser, daß ihr ihn beim Reinspringen mit der Hand greifen könnt.
- Legt einen großen Plastikreifen vor euch auf das Wasser und versucht, mitten hinein zu springen.
- Jeder sucht sich in der Turnhalle einen Medizinball, den er tragen oder sogar über den Kopf heben kann. Wer kann ihn über die hüft- bis kopfhoch schräg gespannte Zauberschnur auf die andere Seite stoßen?
- Die Schnur wird jedesmal ein Stückchen höher gespannt. Probiert, ob ihr leichtere oder kleinere Medizinbälle findet, die ihr noch höher drüberwerfen könnt. Wenn es mit Medizinbällen nicht mehr geht, so sucht euch andere Bälle zum Werfen.
- Jeder probiert mit seinem Gymnastikball ganz hoch gegen die Wand zu werfen. Der Ball braucht nicht gefangen zu werden. Merkt euch ungefähr eure höchste Höhe.
- Gleiche Aufgabe, diesmal mit einem Tennisball. Welches ist wohl die günstigste Entfernung von der Wand, um möglichst hoch zu treffen?
- Gleiche Aufgabe als Fußballstoß mit dem Wasserball hoch gegen die Wand (genügend Abstand zum Nebenmann!). Wer kann seinen Ball bis ziemlich unter die Decke hochschießen?
- Desgleichen als Fußballstoß über eine brusthoch bis kopfhoch gespannte Schnur. Wie weit muß man sich von der Schnur entfernt aufstellen, um gut rüberzutreffen?
- Fußballweitschießen von einer Hallenlängsseite zur anderen; desgleichen Weitwurf mit verschiedenen Ballgrößen (auch rückwärts über den Kopf). Ebenso Weitkegeln mit Medizinbällen.
- Wir schlagen einen am Boden liegenden Wasserball mit Hilfe einer Keule, eines Stabes, oder eines Hockeyschlägers kräftig weg. Wie weit fliegt euer Ball?

3.3.4. Zeitliche Bewegungskontrolle

- Wir experimentieren mit dem Zeitmaß einer Bewegung: Wurf-, Stoß- und Schlagbewegungen werden ohne Geräte zuerst in normalem Tempo ausgeführt. Wer kann die Bewegungen langsamer ausführen? Wer im Zeitlupentempo? Nun steigert die Bewegung allmählich wieder, bis ihr die höchste Geschwindigkeit erreicht habt.
- Gleiche Tempoerfahrung mit anderen Bewegungsmustern, z. B. Armkreisen, Vor- und Zurückschwingen der Arme, seitliche Achterschwünge eines Armes. Findet das für euch passende Tempo heraus. Es muß als angenehm empfunden werden. Dann Tempoverlangsamung und Temposteigerung, auch nach vorgegebenem Metrum (Metronom, Handtrommel, Händeklatschen, oder Rufe 'hopp-hopp').
- Wer kann seine Schwünge genau dem Takt anpassen? Wie ist das bei einem begleitenden Rhythmus?
- Desgleichen mit Kopf- und Körperschwüngen experimentieren. Wir probieren verschiedene Musikbegleitungen aus. Welche Musik wählt ihr euch aus für das Körperwiegen in den Hüften, welche für die Kopf-, Schulter- und Armschwünge?
- Wir finden in der Rückenlage Beinbewegungen zu den verschiedenen rhythmischen und musikalischen Begleitungen (Händeklatschen, Singen, Mundharmonika, Akkordeon).

- Versucht auf dem Rücken mit den nach oben gestreckten Beinen radzufahren und euch dabei dem wechselnden Tempo anzupassen: zuerst geht es munter ebenerdig die Landstraße entlang. Da kommt ein Berg; da müßt ihr langsamer treten (Musik verlangsamen), nun geradeaus und jetzt gehts bergab in immer schnellerem Tempo. Haaaalt! und nun ausruhen.
- Bleibt auf dem Rücken liegen, beugt die Knie an und stampft mit den Füßen zum Takt der Musik auf den Boden. Tempo verändert sich wie oben.
- Könnt ihr dazu in die Hände klatschen oder seitlich von euch auf den Boden patschen oder beides im Wechsel?
- Wir probieren einmal aus, wie schnell wir auf einer Langmatte auf Knien und Händen vorwärtskrabbeln können.
- Wer kann rückwärts krabbeln und dabei schneller werden?
- Könnt ihr auch im Zeitlupentempo vorwärtskrabbeln?
- Wir krabbeln nach Musik und passen uns dem jeweiligen Tempo an. Geht das auch, wenn wir auf dem Bauche wie ein Krokodil vorwärtskriechen?
- Und wer kann einmal den Bärengang zeigen (Hände und Füße am Boden)?
- Könnt ihr wohl nach Musik wie ein Frosch hüpfen? Sonst stellt euch auf und hüpft einfach auf der Stelle nach der Musik.
- Jeder probiert aus, wie schnell und wie langsam er gehen kann. Es soll aber kein Laufen daraus werden. Versucht es nach Musik.
- Wer möchte einmal in einem bestimmten Tempo (langsam, mittel oder schnell), das er sich vorher genau vorgestellt hat, losgehen. Die anderen nehmen das vorgegebene Tempo sofort auf, indem sie genauso schnell oder langsam vorwärtsmarschieren, irgendwo in den Raum hinein. Der Anführer muß nur darauf achten, daß er sein Anfangstempo beibehält und nicht plötzlich schneller wird. Danach Wechsel (anderes Kind).
- Auf der Stelle ganz schnell laufen, und dann wieder im Zeitlupentempo.
- Nun lauft vorwärts und richtet euer Tempo nach der Musik ein.
- Wir laufen durch ein Feld von auf dem Boden oder auf einer Langmatte liegenden Reifen. Findet dabei euren eigenen Rhythmus heraus. Der Lehrer (oder ein Kind) versucht, diesen Eigenrhythmus durch Begleitung mit der Handtrommel aufzunehmen.
- Die Reifenabstände werden verändert. Dabei verändert sich auch der Lauf- bzw. Sprungrhythmus.
- Wir bauen uns eine kleine Bewegungsbahn aus Matten, niedrigen Hürden, Turnkastenoberteilen oder kleinen Kästen. Findet euren Eigenrhythmus heraus und verändert die Bahn, so wie es euren Bedürfnissen entspricht.

3.3.5. Gleichgewichtskontrolle

Übungen der Gleichgewichtserhaltung des Körpers sind zugleich auch haltungsschulende Übungen. Ohne Anspannung der Stützmuskulatur, ohne 'Zusammenschluß' des Körpers könnte der Übende sein Gleichgewicht niemals aufrecht erhalten. So ist die Balance ein ständiger Kampf gegen die herabziehenden Kräfte der Schwerkraftwirkung einerseits und gegen ständige Drehtendenzen, durch welche die Schwerkraftlinie des Körpers leicht aus dem Lot gebracht werden kann andererseits. Dabei hilft eine kinästhetische Rückkoppelung den ständigen Fluß der wechselnden muskulären Spannungsfeinabstimmung zu regeln. Auch hier, wie überall, macht die Übung den Meister.

- Wir versuchen im Stand mit geschlossenen Augen das Gleichgewicht zu halten. Fühlt ihr die feinen Körperbewegungen, die verhindern, daß ihr umfallt oder den Ort verlassen müßt?
- Wer kann die Füße ganz nahe aneinanderbringen?
- Wer bringt es fertig, die Arme fest an den Körper zu legen?
- Könnt ihr euch mit geschlossenen Augen etwas mit den Fersen vom Boden erheben, ohne dabei umzufallen? Jetzt dürft ihr die Arme ruhig zum Ausbalancieren des Gleichgewichts nehmen. Probiert, wie weit ihr dabei in den Zehenstand gehen könnt.
- Wir probieren andere Fußstellungen aus, z. B. mit gekreuzten (verschränkten) Füßen oder mit den Füßen in Linie, ein Fuß vor dem anderen. Könnt ihr dabei die Arme an den Körper anlegen?
- Wir gehen in den Hockstand hinunter und nehmen die Arme in Seithalte. Wer kann in dieser Stellung eine Weile die Augen schließen, ohne dabei mit den Händen auf den Boden fassen zu müssen?
- Wer kann sich im Stehen mit offenen Augen ein wenig in den Fersenstand erheben? Die Zehenballen müssen dabei über dem Boden sein. Wenn ihr dabei das Gleichgewicht verliert, so macht einfach einige Schritte. Vielleicht habt ihr Spaß daran, ein wenig im Fersengang vorwärts oder rückwärts herumzustaksen.
- Wir versuchen auf einem Bein mit offenen Augen das Gleichgewicht zu halten. Probiert aus, wie es leichter ist: das freie Bein einfach einknicken, an der Knie-Innenseite einstützen oder mit der Hand hinten festhalten. Anschließend Wechsel mit dem anderen Bein.
- Ganz gute Balancierer können auch versuchen, kurzzeitig - und wenn es nur für eine oder zwei Sekunden ist - die Augen zu schließen.
- Wer kann mit offenen Augen im Einbeinstand einen kleinen Schritt vorwärtshüpfen und dabei das Gleichgewicht halten? Das freie Bein soll dabei den Boden nicht berühren und das Sprungbein den Ort der Landung nicht mehr verlassen. Probiert aus, bis zu welcher Entfernung ihr eine Landung zum sicheren Einbeinstand schafft.
- Wir probieren aus, ob wir von einer kleinen Anhöhe aus im Einbeinstand zur sicheren Einbeinlandung hinunterhüpfen können. Versucht es von einer niedrigen Bodenlatte herab oder im Einbeinstand auf zwei aufeinanderliegenden Sandsäcken stehend oder von einem umgedrehten Sportkreisel herab. Ganz gute Balancierer können später von einer Bank herunterhüpfen.
- Wir versuchen, auf einer am Boden liegenden schmalen Balancierlatte (Breite je nach Vermögen 8 cm, 6 cm, 4 cm oder schmaler) zu stehen.
- Wer schafft es quer zur Lattenrichtung mit den Füßen nebeneinander?
- Wer kann sogar auf einem Bein stehen?
- Stellt euch gegrätscht über die Balancierlatte, einen Fuß rechts davon und einen Fuß links davon am Boden. Springt nun unter kräftigem Hochreißen der Arme zum Stand Fuß vor Fuß auf die Latte. Es wird euch helfen, wenn ihr die Arme dabei zum Ausgleich zur Seite nehmt.
- Wir probieren das Vorwärtsgehen über die Balancierlatte. Wenn ihr die 8 cm breite Latte geschafft habt, so versucht euch an der schmaleren. Wer kann auch seitwärts im Nachstellschritt über die Latte gehen?
- Wer schafft es rückwärts, indem er jeweils einen Fuß hinter den anderen stellt?
- Stellt, wenn ihr wollt, eure Balancierlatte etwas erhöht auf Sandsäckchen, Holzklötze oder Backsteine. Bringt ihr es trotzdem fertig, vorwärts, seitwärts oder sogar rückwärts darüber zu balancieren?
- Desgleichen über die Balancierleiste einer umgedrehten Turnbank gehen. (Abb. 69)
- Wer will, kann die Latte ein wenig schräg stellen, so daß er die Schräge hinauf- und dann wieder hinunterbalancieren kann. Stellt eure Balancierlatte anfangs nicht zu steil. (Es ist gut, wenn an den zwei bis höchstens drei Meter langen Latten an den En-

Abb. 69

Abb. 70

den zwei nebeneinanderliegende Haken zum Einhängen in die Sprossenwand angebracht sind.)

- Wir üben das Herumdrehen auf der Balancierlatte, die wiederum zunächst auf dem Boden liegen kann. Später darf an der erhöht aufgelegten oder schräggestellten Latte geübt werden. Eine Meisterleistung ist die ganze Drehung, wobei der Übende danach in der gleichen Richtung weitergeht.
- Alle vorgenannten Balancierübungen dürfen später auf dem etwas schwierigeren Rundbalken ausprobiert werden.
- Wir bauen uns schmale Stege oder Balancierreihen aus Bierdeckeln, Holzklötzchen, Dosen oder umgedrehten Sportkreiseln. Hierbei wird man wesentlich vorsichtiger und langsamer ans Balancieren gehen müssen. Tastet den vor euch liegenden Gegenstand immer erst vorsichtig mit dem nackten Fuß vor, setzt ihn dann genau auf die Mitte und legt dann erst langsam das Körpergewicht auf den Fuß.
- Für Fortgeschrittene: Von Sportkreisel zu Sportkreisel vorsichtig über die Reihe vorwärtsgehen. Eventuell kann diese Übung auch mit alten, sehr abgeplatteten Medizinbällen ausgeführt werden. (Hilfestellung! Verletzungsgefahr!)
- Wir treten vorsichtig mit einem Bein auf das untere Trittbrett eines Doppel-Pedalos. Das andere Bein berührt lose die obere Pedalo-Plattform. Dann langsam das Gewicht verlagern, bis beide Standbretter in der Waage sind.
- Ausbalancieren eines Sportkreisels in der Bauchlage, im Sitz, im Kniestand und schließlich im aufrechten Beidfußstand. Wer nicht in den Stand kommt, darf sich zwei Gymnastikstäbe mit Gummipuffern zum seitlichen Abstützen zu Hilfe nehmen.
- Wer seinen Sportkreisel sicher im Stand ausbalancieren kann, darf versuchen, vorsichtig in die Kniebeuge zu gehen und sich wieder aufzurichten.
- Wir probieren andere Balancegeräte aus, auf denen wir uns stehend im Gleichgewicht halten können. (Abb. 70)

- Wer kann seinen Sportkreisel durch Armrucken langsam um die eigene Achse drehen?
- Wer schafft es, sein Körpergewicht nur auf einem Bein auf dem Sportkreisel auszubalancieren?
- Wer mag einmal versuchen, sich auf ein kurzes Brett zu stellen, das über einer Rolle liegt und im Gleichgewicht gehalten werden muß? (Hilfestellung von hinten durch leichtes Touchieren an den Hüften).
- Wir legen uns vorsichtig mit dem Bauch auf einen großen Ball (Pushball, Spastikerball, Känguruh-Hüpfball). Wer kann sein Gleichgewicht für eine Weile halten?
- Probiert, ob ihr auf dem großen Ball auf allen vieren balancieren könnt. (Abb. 71)

Abb. 71

- Wer kann kurzzeitig zum Sitzen kommen? Paßt auf, daß ihr mit dem Ball nicht nach hinten umkippt. (Hilfestellung!)
- Wenn große aufblasbare Plastikrollen (Durchmesser 80 cm bis 1 m) vorhanden sind, können sie in ähnlicher Weise verwendet werden. Am besten steigt das Kind von einem Kasten auf die große Rolle über.
- Wer kann sich auf allen vieren mit der großen Rolle vorwärtsbewgen? (Hilfestellung)
- Wer schafft es, von einer Rolle zur anderen überzusteigen? Hier ist Hilfestellung unbedingt erforderlich. (Statt der Plastikrollen, die doch relativ prall mit Luft gefüllt sind, lassen sich für diese Übungen auch große Luftkissen verwenden, die weniger aufgeblasen sind.)
- Wir versuchen, uns auf einfachen Fahrgeräten stehend vorwärtszubewegen, zunächst noch mit Hilfe zweier Gymnastikstäbe, die durch Gummipuffer am unteren Ende rutschfest sind (Abb. 72) dann ohne (Abb. 73).
  Während auf dem Doppel-Pedalo die Vorwärtsbewegung durch abwechselndes Gewichtverlagern von rechts nach links und umgekehrt praktisch von selbst geschieht, schieben sich die auf den Flachrollern stehenden Kinder mit Hilfe der Gymnastikstäbe vorsichtig staksend vorwärts.
- Ähnlich wird man auf Rollschuhen beginnen können. Hier übernehmen aber die Beine bald selbst die Vorwärtsbewegung.
- Wir lernen Stelzengehen, wobei zunächst sehr niedrige, kindgerechte Stelzen verwendet werden. Vielleicht genügen am Anfang einfache Blechdosen, die mit Hilfe einer Schlinge fest gegen den Körper gezogen werden.

- Wenn das normale Stelzengehen beherrscht wird, versuchen sich Kinder (etwa von 8 bis 10 Jahren aufwärts) gern an der dynamischen Sprungstelze. Dieser spatenförmig gearbeitete, gefederte Sprungstock fordert schon zu dynamischen Balanceleistungen heraus, wie sie etwa beim Trampolinspringen notwendig werden.

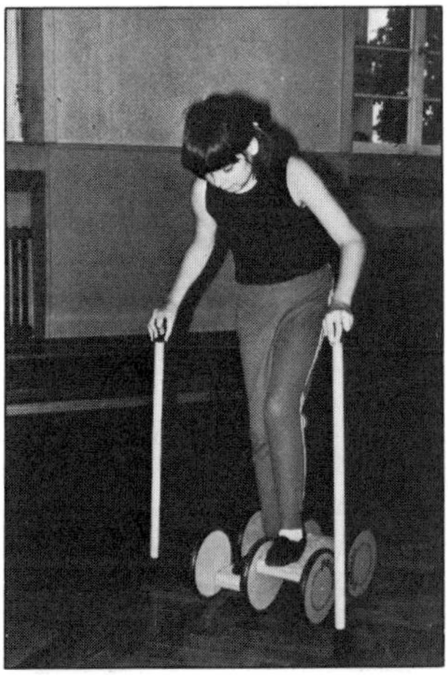

Abb. 72

Abb. 73

3.3.6. Trampolin-Grundübungen

Das Springen auf dem großen Trampolin ist eine Übung der dynamischen Balance. Es fordert die Gesamtkörperkontrolle in einmaliger Weise an, indem der Übende während der Flugphase seinen Körper im Gleichgewicht zu halten versucht. Darüberhinaus schult dieses Gerät die Organkraft von Herz-Kreislauf sowie die Sprungkraft der Beine.

Für langaufgeschossene, haltungsschwache Kinder und Jugendliche birgt das Trampolin die Gefahr von Wirbelsäulenverletzungen. Das Trampolin ist ebenfalls kontraindiziert bei Herzfehlern oder zu hohem Blutdruck sowie im Anschluß an überstandene Anginen oder grippale Infekte.

Wegen möglicher Hautabschürfungen an Knie und Ellenbogen empfiehlt es sich, abgeschnittene Strumpfteile an diesen Stellen überzuziehen. An den Füßen sind leichte Hallenschuhe aus Chromleder zu tragen. Brillenträger sollten ihre Brille beim Trampolinspringen ablegen oder sich eine Sportbrille verschreiben lassen.

Sichere Hilfestellung hilft eventuellen Stürzen (Aufschlagen auf die Umrahmung) vorzubeugen. Ist das Gerät in einer Raumecke plaziert, so brauchen nur zwei Seiten durch Hilfestellung abgesichert zu werden. Aus Erfahrung kann gesagt werden, daß die Wände, selbst wenn sie nicht abgepolstert sind, keine Gefahr für die springenden Kinder oder Jugendlichen darstellen. Bei Wandberührung treten die Hände automatisch und reflexhaft abstützend und wegdrückend in Tätigkeit.

Vor Beginn des Springens soll jeder Übende mit den Sicherheitsregeln bekanntgemacht werden:

1. Niemals unter das Sprungtuch kriechen, solange jemand springt.
2. Nicht vom Gerät herunterspringen, sondern langsam absteigen.

3. Anfangs nicht zu hoch springen, um nicht zu weit von der Tuchmitte abzuweichen.
4. Nicht länger als eine Minute springen, da danach die Sprungkontrolle sich rapide verschlechtert.
5. Anfänger sollten nicht zu zweit springen.

Eine Methodik des sukzessiven Übungsaufbaus hilft am besten Unfälle und Verletzungen zu vermeiden. Für Anfänger wird folgendes Vorgehen empfohlen:

- Zaghafte und ängstliche Kinder dürfen sich auf die Tuchmitte setzen und werden vom Übungsleiter sanft auf- und abgewippt. Mal sehen, wie lange der 'Cowboy' sich im Sattel halten kann, ohne umzukippen. Der Übende darf sich mit nach vorn zeigenden Handflächen nach hinten abstützen und die Beine ein wenig grätschen.
- Weitere Trampolingewöhnungsübungen bestehen in eigenständigem Wippen auf dem Kniesitz (Fersensitz) oder auch auf allen vieren (Bank). Das Kind soll selbst entscheiden, wann es sich zum Stand aufrichtet.
- Wir probieren einmal, auf dem großen Trampolin in Längsrichtung hin- und herzugehen. Man kann auch an jeder Schmalseite des Trampolins ein Schwungbrett oder eine Langbank einhängen, so daß die Kinder nacheinander über das Trampolin gehen, und auf der anderen Seite wieder hinuntersteigen können.
- Standsprünge in der Tuchmitte mit etwa schulterbreit aufgesetzten Füßen. Der Blick geht in Längsrichtung des Tuches, die Arme schwingen locker mit, und die ganzen Fußflächen drücken in das Sprungtuch hinein. Wer bringt es fertig, nicht mehr vor sich auf das Sprungtuch zu blicken, sondern geradeaus in Augenhöhe zur gegenüberliegenden Wand?
- Wenn das Kind schon eine gewisse Standsprungerfahrung hat, kann versucht werden, ob die Füße nach dem Absprung jedesmal für einen Moment geschlossen werden können, um dann beim Landen auf dem Tuch wieder gegrätscht (schulterbreit) aufgesetzt zu werden.
- Wir versuchen auf Zuruf, der während der Flugphase geschehen sollte, bei der nächsten Landung durch Wegnehmen des Schwunges zum Stehen zu kommen. Wer schafft es ohne Nachwippen? Kontrolliert immer, wie weit ihr von der Sprungtuchmitte (meistens ein aufgemaltes Kreuz) abgekommen seid.
- Wir versuchen nach dem Absprung eine halbe Drehung um die Körperlängsachse auszuführen und danach durch Abstoppen sofort zum Stehen zu kommen. Nehmt beim Absprung den Kopf sofort in Drehrichtung und laßt den äußeren Arm locker in die Drehrichtung hineinschwingen.
- Wir versuchen den Sitzsprung aus dem ruhigen Stand bzw. vom einmaligen leichten Kniewippen her einzuleiten. Die Beine werden dabei waagerecht nach vorne angehoben, während die Hände gleichzeitig hinter dem Körper das Tuch berühren. Die Finger zeigen nach vorn, die Daumen sollen angelegt werden (Verletzungsgefahr).
  Stellt euch vor, ihr steht auf dem Eis und jemand schleudert euch die Beine nach vorne weg. So ähnlich stützt ihr euch mit den Händen nach hinten ab.
- Wer schafft es durch kräftiges Wegdrücken mit den Händen, gleich wieder in den Stand emporzukommen? Versucht, daß bei der Sitzlandung die gesamte Hinterseite der Beine, von den Waden bis zum Gesäß, gleichzeitig auf das Sprungtuch auftrifft. Wer schafft es, sich genau dorthin zu setzen, wo eben noch die Füße gestanden haben?
- Wir gehen auf Knie und Hände in den Vierfüßlerstand und drücken möglichst gleichzeitig mit den Armen und Beinen vom Tuche weg. Knie und Hände müssen gleichviel Körpergewicht tragen und etwa gleich kräftig abdrücken, damit der Rumpf beim Abheben vom Tuch in der Waagerechten bleibt. Drückt das Kind mit den vorderen und hinteren Gliedmaßen ungleichmäßig ab, so entsteht das 'Bockeselspringen'. Es dauert eine Zeit, bis beim Banksprung der gleichmäßig koordinierte Abdruck gelingt.

- Wenn das Kind hierbei keine koordinativen Schwierigkeiten mehr hat, darf versucht werden, durch Kopfwenden zur Drehseite eine halbe Drehung im Banksprung auszuführen.
- Wer kann es nicht nur nach einer Seite (Schokoladenseite!), sondern auch zur anderen?
- Wir legen uns in Bauchlage auf die Sprungtuchmitte und winkeln die Arme leicht an, so daß sich die auf das Sprungtuch gelegten Hände fast berühren. In dieser Stellung wippt der Lehrer das Kind ein wenig auf und ab.
- Wer kann den Schwung ausnützen und sich mit den Händen so kräftig wegdrücken, daß er die Knie unter sich ziehen und in der Bank (Vierfüßlerstand) landen kann?
- Wer kann aus dem leichten Wippen in der Bankhaltung den Körper am höchsten Punkt ausstrecken und die Arme zur Bauchlandung anwinkeln?
- Wer drückt sich gleich wieder aus der Bauchlandung weg, zurück in die Bank?
- Wir versuchen die Kombination zwischen Sitzsprung und Banksprung: Bringt ihr es wohl fertig, aus der Sitzlandung mit den Händen so kräftig abzudrücken, daß ihr nach vorne aufs Tuch fassen könnt und in die Bankstellung kommt?
- Versucht die Kombination: Sitzsprung, Banksprung, halbe Drehung im Banksprung zur anderen Seite.
- Eine weitere Kombination: Sitzsprung, Banksprung, Bauchlandung. Wer schafft das flüssig aneinander?
- Wir üben die Sitzdrehung: Wer kann sich nach der Landung im Sitz durch schnelles Kopfdrehen in die Drehrichtung, durch kurzes Anziehen der Knie mit anschließendem schnellen Wiederausstrecken der Beine um die Längsachse drehen, so daß er mit Blickrichtung zur anderen Seite wieder sitzend auf dem Tuch landet?
- Wir versuchen die Kombination: Sitzsprung, Sitzdrehung, Banksprung, Bauchlandung, eventuell mit sofortigem kräftigen Abdrücken zum Stand oder zurück in die Bankposition.
- Eine weitere Sprungkombination: Sitzsprung, Sitzdrehung, Banksprung, Bankdrehung, Bauchlandung.
- Wer von euch kann seine Sprungkombination hinterher an die Tafel malen oder anschreiben?
- Wer kann es vorher tun?
- Eine recht schwierige Koordinationsanforderung stellt das Seilspringen auf dem Trampolin dar. Wer es am Boden flüssig kann, darf es einmal vorsichtig auf dem Trampolin probieren.

3.3.7. Hand- und Fußgeschick

Im handelnden Umgang (Handeln kommt von Hand) mit den verschiedenen Materialien und Kleingeräten lernt das Kind mehr und mehr, seine Spiel- und Experimentierwelt zu verändern. Das geschieht anfangs mehr tastend, versuchend und probierend. Die Erfahrungen werden gemäß Versuch und Irrtum gemacht. Allmählich lernt es aber, den Handlungserfolg aus Erfahrung vorauszusehen und ein bestimmtes Handlungsziel planend zu verfolgen. Das ist nur möglich durch eine ständige Rückkoppelung des Handlungserfolges über die Augen. Deshalb spricht man hier auch von Auge-Hand-Koordination.

Dieses Zusammenspiel von Auge und Hand bzw. auch von Auge und Fuß, Auge und Knie, Auge und Kopf, ist sowohl als neuromotorischer als auch als sensomotorischer Lernvorgang zu betrachten. Das, was wir als Koordination der Bewegung bezeichnen, ist im

Grunde nichts anderes als die dynamische und räumliche Abgemessenheit der Muskelimpulse. Diese Kunst der behutsamen Impulsdosierung, der 'Feinsteuerung' macht gerade Kindern mit Verhaltensstörungen und leichten Hirnfunktionsstörungen (minimale zerebrale Dysfunktion) Schwierigkeiten. Deshalb müssen die Lernangebote anfangs einfach und überschaubar sein.

Das sog. Hantieren (auch das kommt von Hand) mit den Materialien und Gerätschaften wird ermöglicht durch eine Reihe von handgeschicklichen Grundbewegungsmustern wie Greifen, Loslassen, Stoßen, Ziehen, Werfen und Drehen. Voraussetzung ist der entwicklungsmäßige Vollzug der Gegenüberstellung von Daumen und Hand sowie die Beweglichkeit der einzelnen Finger. Wenn diese Voraussetzungen gegeben sind, so ist es nunmehr notwendig, dem Kind immer neue Materialerfahrungen zu offerieren. Je variierter dieses Angebot ist, desto mehr kann sich eine Generalisierung dieser manuellen Bewegungsgrundmuster vollziehen. (Abb. 74, Abb. 75)

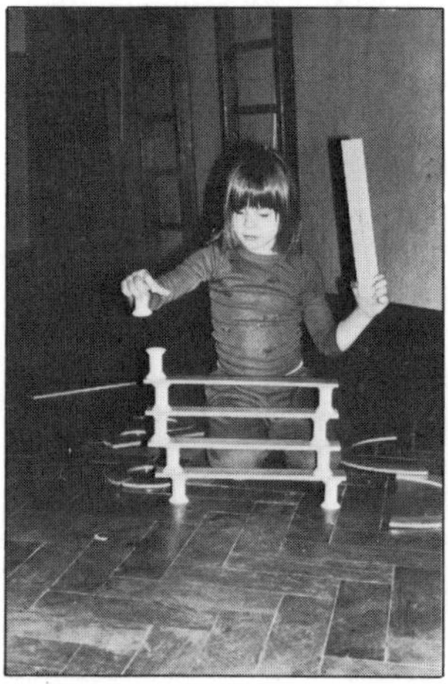

Abb. 74

Abb. 75

Das heißt, das Kind soll am Ende dieser vielfältigen Materialerfahrungen in der Lage sein, in jeder neuen Situation und in der Konfrontation mit neuen Spielgegenständen oder Sportgeräten seine Hände sinnvoll und der Bewegungssituation entsprechend zu gebrauchen.

Während die Hände die wohl vollkommensten 'Werkzeuge' des Menschen darstellen, sind der Fuß-, Knie- und Kopfgeschicklichkeit naturgemäß Grenzen gesetzt. Aber auch hier läßt sich die koordinative Grundeigenschaft der räumlich-dynamischen Impulsdosierung in vielen Situationen spielerisch üben (Abb. 76).

Als Geschicklichkeitsmaterialien und -geräte empfehlen sich Seilchen, Bleischnüre, verschieden große Tücher (auch solche aus Perlon); Bänder, Fahnen, Schaumstoffteile in Form von Fliesen und Blöcken, Sandsäckchen, Bohnensäckchen, Holzleisten verschiedener Längen, Kleiderbügel (ohne eingedrehte Haken), Papprollen, Pappleisten, Pappbogen, Papierbogen, auch ganz dünnes Durchschlagpapier, Plastikringe, Gummiringe, Fahrradschläuche, Plastikschläuche ('Heulschläuche'), Plastikflaschen, Plastikkegel, Gymnastikkeulen, Rundhölzer (Besenstielstücke), Plastik- oder Holzstäbe, Gymnastikreifen, Plastik-Wurfscheiben, flache Holzteller oder Holzscheiben, Handtrommeln, Holzblöcke, Holzkugeln, Medizinbälle, Moos- und Schaumgummibälle in verschiedenen Größen, großer Push-Ball, ähnlich dem Spastiker-Ball, Tennisbälle, Schlagbälle, Wasserbälle, 'Zeitlupenbälle', kleine sowie große Luftballons.

Aus den schier unendlichen Möglichkeiten der experimentierenden Handhabung all dieser Materialien und Geräte seien hier nur einige beispielhaft herausgegriffen. Sie sollen nicht in Form von Übungsanweisungen an die Kinder herangetragen werden. Statt dessen sollen nur Begrenzungen innerhalb der vielfältigen Möglichkeiten, mit den Geräten umzugehen, angegeben werden. Dabei kann man das jeweilige Bewegungsmuster nennen, und selbstverständlich auch den Körperteil, mit dem das Material gegriffen, gehalten, gedreht, gerollt oder ausbalanciert werden soll.

Abb. 76

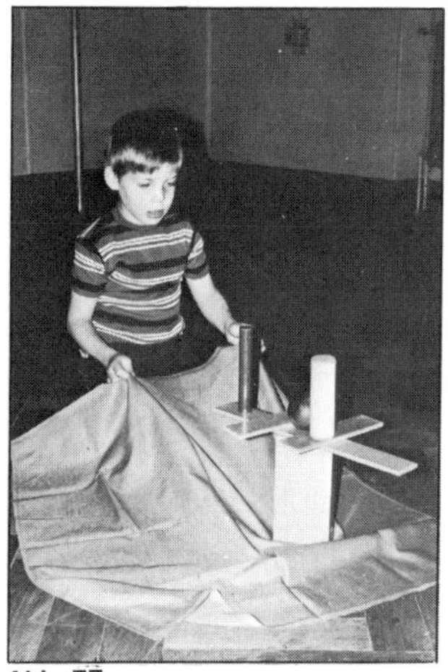

Abb. 77

- Etwas mit beiden Händen halten und vor dem Körper drehen (Ball, Stab). Wer kann es etwas schneller, wer dreht den Gegenstand auch andersherum?
- Wir drehen oder kreiseln etwas am Boden (Keule, Reifen, Handtrommel). Bei wem tanzt der Reifen am längsten? Wer kann zwei Reifen gleichzeitig nebeneinander kreiseln lassen? Fangt den tänzelnden Reifen auf, ehe er ganz am Boden liegt.
- Wir bewegen Tücher (Bänder, Fahnen) vor uns oder über uns in der Luft. Wir lassen sie pendeln, schwingen, kreisen und schlagen Achten in die Luft. Wer kann sein Tuch von einer Hand in die andere Hand übergeben? Bringt es jemand fertig, sein Tuch zwischen den Beinen durchzugeben?
- Etwas mit der Hand am Boden formen (Sandsäckchen, Tuch, Decke). Wer macht aus dem Rechteck ein Viereck? Wie kann man durch Zusammenlegen ein Dreieck herstellen? Rollt euer Tuch zu einer ganz langen Wurst zusammen. Macht daraus einen Kreis. Wer kann eine Brezel formen?
- Mit der Hand etwas am Boden schieben, ziehen, stoßen, schlagen, rollen oder führen.
- Baut mit drei Holzblöcken eine Brücke auf euer am Boden liegendes Tuch und zieht dieses vorsichtig an eine andere Stelle. (Abb. 77)
- Legt euer Seilchen um einen am Boden hochkant gestellten Holzklotz und versucht ihn vorsichtig von der Stelle zu ziehen. Wie kann man ihn vorsichtig schieben, ohne daß er umfällt?
- Wir stoßen, schlagen, rollen oder führen verschieden große Bälle über den Boden. Wer kann seinen Ball mit einem Holzstäbchen vorwärtsführen?
- Versucht, ob ihr gleichzeitig zwei Bälle führen könnt.
- Probiert aus, an welchen Flächen man einen Ball mit beiden Händen vorwärtsrollen kann. Wer schafft es eine Schräge hinauf?

- Wollt ihr es einmal an einer senkrechten Wand versuchen?
- Wer kann seinen Ball im Sitzen einhändig vorsichtig an seinem Körper oder an seinem anderen Arm emporrollen, vielleicht über die Schulter und dann den Kopf hinauf? Wenn es mit einer Hand nicht geht, so nehmt die zweite zu Hilfe.
- Wir wollen einmal sehen, auf welchen Körperteilen wir welche Geräte tragen können. Was könnt ihr euch im Gehen auf die Schulter legen, was auf dem Kopf tragen? Sandsäckchen braucht man nicht auszubalancieren. Anders ist es mit Holzleisten, Holzblöcken oder Stäben. Die muß man genau in die Waage legen und dabei sehr vorsichtig vorwärtsgehen.
- Probiert im Sitzen aus, auf welchen Körperteilen man ein Holzbrettchen ausbalancieren kann: auf dem Handrücken, Unterarm, Ellenbogen, auf dem Knie des angezogenen Beines, auf dem Fußrücken, auf Schulter, Kopf, Kinn und sogar auf der Nase.
- Versucht im Gehen etwas auf der ausgestreckten Hand zu tragen, ohne daß es herunterfällt: einen Wasserball, Luftballon oder ein Schaumstoffteil.
- Wer schafft es statt auf der Handfläche auf dem Handrücken?
- Kann man sich auf beide Handrücken etwas legen?
- Wer kann sich damit vorsichtig hinsetzen und wieder aufstehen?
- Wir balancieren etwas auf einem Tamburin aus: Eine Holzkugel, einen Tischtennisball, Tennisball, Gymnastikball usw.
- Probiert aus, ob es leichter geht, das Tamburin mit zwei Händen oder nur mit einer Hand zu fassen.
- Könnt ihr damit vorwärtsgehen und eventuell über kleine Hindernisse steigen?
- Versucht, ob ihr einen Besenstiel oder Turnstab senkrecht auf eure Handfläche stellen und einige Sekunden ausbalancieren könnt. (Abb. 78)
- Wir üben uns im beidhändigen und einhändigen Hochwerfen verschiedener Gegenstände und Materialien: Schaumstoffteile, Sand- und Bohnensäckchen, Pappbogen, Wurfscheiben, Fahrradschläuche, Plastikschäuche, Plastik- und Gummiringe, Tücher, Seilchen und Bälle.
- Wer kann etwas ganz hoch werfen, wer schleudert es ganz weit weg?
- Zeigt, welche Arten zu werfen es gibt.
- Versucht es ein- und zweihändig.
- Wir versuchen Schleuderwürfe. Das geht, wenn man z. B. ein Bohnensäckchen an ein Seilchen bindet. Auch Strümpfe, in deren Fuß man weiches Material gestopft und darüber einen Knoten gezogen hat, eignen sich gut zum Schleuderwurf.
- Versucht, ob es euch gelingt, die Richtung vorherzusagen, in welche der Gegenstand gleich fliegen wird (für Fortgeschrittene).
- Wir üben das Prellen eines Balles gegen den Boden. Probiert die verschiedenen Ballgrößen aus.
- Welcher Ball fliegt am höchsten, wenn wir ihn ganz fest gegen den Boden prellen?
- Laßt den Ball nur kopfhoch springen, brusthoch, bauchhoch.
- Probiert es rechts und links.
- Welche Bälle oder Ballons lassen sich auch mit Fuß, Knie und Kopf weg- oder hochstoßen?
- Wer kann einen Luftballon mehrmals hintereinander hochstoßen, ohne dabei die Hände zu benutzen?
- Was fällt euch leichter, die 'Fußarbeit' oder die 'Kopfarbeit'?
- Wer kann einen Wasserball hochhalten, ihn herabfallen lassen und mit dem Knie genau senkrecht hochstoßen?
- Wir legen ein Sandsäckchen oder Bohnensäckchen auf unseren Fußspann und versuchen dasselbe möglichst weit weg- oder ganz hochzuschleudern.

Abb. 78

- Stellt euch soweit von der Wand entfernt auf, daß ihr euer Säckchen mit dem Fuß bis gegen die Wand schleudern könnt.
- Probiert es auch mit dem anderen Fuß.
- Werft es mit beiden Händen ein wenig hoch, und versucht einmal, ob ihr es mit dem gebeugten Rücken oder im Nacken auffangen könnt. Je geringer die Höhe ist, desto leichter fällt euch das Fangen.
- Legt euch das Säckchen auf beide nebeneinander gehaltenen Handflächen und werft es in sanftem Bogen auf eure Stirn. Nehmt den Kopf dabei etwas in den Nacken, dann ist es leichter. Verfolgt den Flug des Säckchens mit den Augen (für Fortgeschrittene).
- Hochschleudern des Sandsäckchens mit dem Fußspann zum Fangen mit den Händen vor dem Körper.
- Wer kann das Säckchen mit einer Hand auffangen?
- Wer schafft es, sein mit dem Fuß hochgeschleudertes Säckchen mit dem gebeugten Rücken aufzufangen (auch für Fortgeschrittene)?
- Wir üben das Fangen der verschiedenen Ballons und Bälle: Probiert, ob ihr den kräftig gegen den Boden geprellten Ball vor dem erneuten Auftreffen auf dem Boden wegfangen könnt.
- Wenn das noch nicht gelingt, so laßt den Ball einfach aus beiden Händen vor euch auf den Boden fallen und greift ihn in der Luft.
- Wir üben uns im Hochwerfen und Wiederfangen des Balles. Mit welchem Ball geht das am leichtesten? Werft ihn vorerst nur ein wenig hoch, dann fliegt er euch nicht so leicht aus der Bahn.
- Probiert, wie es ist, einen Ball mit einer Hand hochzuwerfen und mit der gleichen Hand zu fangen. Es geht sicher besser mit beiden Händen. Sie greifen den Ball wie eine Zange.
- Stellt euch etwa zwei Meter von der Wand entfernt auf und werft euren Ball im leichten Bogen gegen die Wand, so daß er etwa in Kopfhöhe dagegen trifft. Nachdem der Ball zurück auf den Boden geprellt ist, könnt ihr versuchen, ihn aufzufangen.
- Wenn euch das noch nicht gelingt, so stellt euch etwas weiter von der Wand weg oder etwas näher heran.
- Ihr müßt auch ausprobieren, wie leicht oder fest ihr gegen die Wand werfen müßt, um den Ball mühelos zu fangen.
- Auch mit der Höhe kann man variieren. Wenn man weiter weg von der Wand steht, so muß man den Ball höher werfen.
- Gleiche Aufgabe, nur soll der von der Wand zurückprellende Ball direkt gefangen werden. Probiert die günstigste Entfernung aus.
- Mit welchem Ball gelingt euch das Fangen am sichersten?
- Welche Gegenstände (außer Bällen) kann man noch über den Boden rollen lassen? Probiert es aus mit Holzkugeln, Papprollen, Holzstäben, Holzkeulen, Handtrommeln, Gummiringen und Gymnastikreifen.
- Rollt euren runden Gegenstand an und versucht ihn möglichst schnell im Laufen einzuholen.
- Wer hat etwas gefunden, das am schnellsten rollt? Welcher Gegenstand rollt am zweitschnellsten, und welcher am langsamsten?
- Probiert aus, welche Gegenstände oder Geräte ihr um euer Handgelenk oder euren Unterarm kreisen lassen könnt: Geht es mit einem Plastikreifen?
- Wie ist das mit einem Plastikschlauch, dessen Enden zusammengesteckt wurden?
- Kann man auch einen Fahrradschlauch oder ein zusammengeknüpftes Seilchen um seinen Arm schleudern?
- Versucht einen kleinen Plastikring, den ihr flach vor euch auf den Boden legt, mit dem hineingesteckten Zeigefinger in schwingende Bewegungen zu versetzen.

- Schafft ihr diesen Kreiselschwung sowohl nach der einen als auch nach der anderen Seite?
- Wer kann es mit einem anderen Finger?
- Wer kann zwei Plastikringe gleichzeitig ins Kreiseln bringen?
- Wir haben einen Gymnastikreifen vor uns auf dem Boden liegen und versuchen verschiedene Bälle innen am Rand herumlaufen zu lassen. Probiert aus, wie stark ihr den Ball anschubsen könnt, ohne daß er durch zu großen Anschwung über die Begrenzung nach außen rollt. (Impulskontrolle!)
- Könnt ihr euren Tennisball durch einmaligen Anschwung einen ganzen Kreis ausführen lassen?
- Für einen Gymnastikball müßt ihr wahrscheinlich einen zweiten Gymnastikreifen zur Erhöhung drauflegen.
- Wer kann zwei Bälle hintereinander anrollen?
- Wer kann seinen Ball mit einem Stab im Kreis herumführen?

3.3.8. Zielkontrolle und Zielanpassung

Mehr noch als bei den vorgenannten, mehr probierend und experimentierend ausgeführten Handgeschicklichkeitsübungen kommt es bei den folgenden zielorientierten Bewegungsabläufen auf bewußtes Planen und höchste Konzentration bei der Kraftdosierung und Richtungskontrolle im Moment des Auslösens der Zielhandlung an.

- Jeder von euch darf sich ein Turnkastenteil irgendwo auf den Boden legen. Das ist euer Ziel. Versucht nun, mit verschiedenen Gegenständen (Schaumstoffteile, Tennisringe, Bohnensäckchen, Bälle usw.) in euren Kasten hineinzutreffen.
- Wenn ihr ausprobiert habt, mit welchem Wurfgegenstand es am besten und sichersten geht, so geht immer ein Stückchen weiter zurück und markiert die Stelle, von der aus ihr es noch geschafft habt, in den Kasten zu treffen.
- Bei wem wird der Gymnastikball hüpfend in den Zielkasten springen? Versucht herauszubekommen, wie man den Ball prellen muß, daß er zuletzt noch über den Kastenrand in das Ziel hineinhüpft.
- Wir stellen uns mit dem Rücken zum Ziel und versuchen mit unserem Ball, ohne daß wir das Ziel sehen können, mit einem Wurf über den Kopf hineinzutreffen.
- Probiert es mit Sandsäckchen, Wasserbällen, Medizinbällen, Schlagbällen und anderen Wurfgeräten.
- Wir verändern das Ziel z. B. durch Hochkantstellen des Kastenteils an der Wand oder indem wir es quer auf eine Erhöhung legen. In letzterem Falle werden wir versuchen, durch das Ziel hindurchzutreffen.
- Markiert wieder euren weitesten Abstand zum Ziel.
- Versucht auch mit anderen Wurfgegenständen an diese Rekord-Entfernungsmarke heranzukommen.
- Wir probieren einmal, ob wir einen kleineren Medizinball, so ähnlich wie beim Kugelstoßen mit einer Hand ins Ziel zu stoßen vermögen. Verkleinert den Abstand so weit, bis ihr ganz sicher hineintrefft.
- Legt eine Handtrommel vor euch auf den Boden und trefft sie mit einem Tennisball. (Abb. 79)
- Baut euch neue Ziele auf, nach denen ihr mit Tennisbällen werfen wollt. Wer schafft es, ein aufrecht stehendes backsteinförmiges Schaumstoffstück vom Kasten runterzuwerfen?
- Wer wirft sogar einen Kegel um?
- Fortgeschrittene, die im Umgang mit Plastik-Wurfscheiben geübt sind, dürfen versuchen, damit ihren Zielgegenstand herunterzutreffen. Wenn die Wurfscheibe euch nicht gehorcht, so versucht es in der gleichen Wurfart mit einem Tennisring.

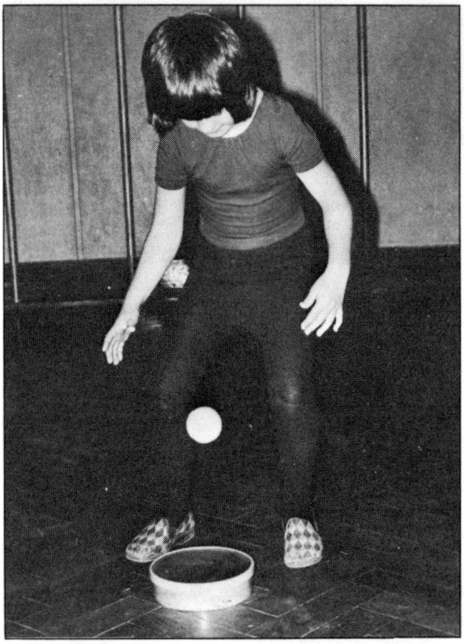

Abb. 79

- Legt einen Stuhl um, so daß die vier Beine in die Luft ragen und versucht, über jedes Stuhlbein einen Tennisring zu werfen.
- Wenn nicht zu schwere Plastikreifen (Hula-Hoop-Reifen) zur Verfügung stehen, so kann versucht werden, diese als waagerecht fliegende Flugkörper über einen nicht zu hohen Sprungständer, einen Reckpfosten oder über einen Basket (Korb) zu werfen (für Fortgeschrittene).
- Wir üben uns im Zielkegeln: Sucht euch einen ungestörten Platz, wo ihr eure Kegel (Gymnastikkeulen) aufstellen könnt. Legt euch einen Stab oder ein Seilchen an die Stelle, von der aus ihr kegeln wollt.
- Jeder darf zunächst einmal verschiedene 'Kegelkugeln' ausprobieren, z. B. Medizinball, Gymnastikball, Tennisball, Holzkugel. Damit sie euch nicht immer weglaufen, stellt am besten eure Kegel vor der Wand auf.
- Wer kann seinen Tennisring oder seinen Gymnastikreifen so gezielt rollen, daß er den Kegel umtrifft?
- Wenn er schlecht zu treffen ist, so baut euch ein breiteres Ziel aus Schaumstoffteilen.
- Wer kann seinen Gymnastikreifen durch einmaliges Anrollen zwischen zwei Schaumstoffteilen hindurchrollen lassen? Macht das 'Tor' ruhig erst einmal recht breit, dann ist es leichter.
- Wir wollen versuchen, auf welche Weise wir einen Ball durch ein solches Tor hindurchrollen können:
- Wer kann es in der Bauchlage, indem er dem Ball mit beiden Händen einen kräftigen Abschwung gibt?
- Wer stellt sich mit dem Rücken zu seinem Tor auf und rollt den Ball durch die gegrätschten Beine?
- Wer glaubt, daß er seinen Ball auch sicher in das Tor hineinkicken kann? Wenn es nicht gelingen will, so macht euer Tor größer.
- Ganz gute Torschützen dürfen sich einen Kegel auf die Torlinie zwischen die beiden Pfosten stellen und versuchen, ihn umzuschießen.

- Jeder darf sich einen Kreis an die große Tafel der Turnhallenwand malen. Es können auch mit bunten Tesakreppstreifen größere und kleinere Kreise an die Turnhallenwand bzw. auch an die Glasbausteine geklebt werden. Anfangs sollen sie nicht zu hoch sein. Versucht mit dem Ball in einen der Kreise hineinzutreffen.
- Wer kann es beidhändig, einhändig, mit dem Fuß, Knie oder Kopf? Mit dem Wasserball geht es sicher am leichtesten.
- Eine besonders kindgemäße Übung für den Sommer ist das Zielschießen mit Wasserpistolen. Dabei können aufgemalte Figuren, ein großer Plastik-Stehaufmann oder aufgehängte Masken und dgl. getroffen werden. Auch das Ausschießen von angezündeten Kerzen bringt viel Spaß.

Wenn das Treffen von festen Zielen genügend beherrscht wird, so geht man zum Treffen bewegter Ziele über. Dabei findet eine dynamische Anpassung der Augen-Hand-Koordination an die Bewegungsgeschwindigkeit und -richtung des sich bewegenden Zielgegenstandes statt. Das bedeutet eine enorme Schwierigkeitssteigerung.

Es sei dies hier zunächst exemplarisch mit den beiden Gegenständen Tennisball und Handtrommel aufgezeigt:

- Die Handtrommel wird zunächst mit dem Trommelfell nach oben auf den Boden gelegt. Aus anfangs naher und später etwas größerer Entfernung wird versucht, mit dem Tennisball die Trommel zu treffen. Statt der liegenden kann auch die senkrecht aufgestellte Handtrommel als Ziel dienen. Der Tennisball kann dabei gerollt oder geworfen werden. Das ist noch relativ leicht.
- Die Handtrommel wird durch Anrollen in Bewegung gesetzt und soll während des Rollens getroffen werden.
- Diese Übung kann auch als Partnerübung ausgeführt werden.
- Auch kann der Lehrer eine Handtrommel nach der anderen anrollen, um den Kindern Gelegenheit zu geben, von der Seite mit ihrem Tennisball die rollende Trommel abzuwerfen.
- Umgekehrt kann versucht werden, mit der Handtrommel einen hochgeworfenen Tennisball zu treffen. Dabei wird nach senkrechtem Hochwerfen des Tenisballes die waagerechte Handtrommel so geführt, daß der Ball beim Herunterfallen auf das Trommelfell auftrifft.
- Eine etwas schwierigere Anpassungsübung ist das fortlaufende Hochprellen eines Tennisballes in geringer Höhe mit Hilfe der Handtrommel.
- Wer kann den Tennisball in umgekehrter Richtung mit seiner Handtrommel gegen den Boden prellen?
- Wie oft könnt ihr ihn wohl hintereinander treffen?
- Wer es noch nicht schafft, läßt seinen Tennisball einfach auf den Boden fallen und fängt ihn dann in der Handtrommel wie in einer Schüssel auf.
- Wir versuchen, mit unseren Tennisbällen andere sich bewegende Ziele zu treffen: Durch einen rollenden Gymnastikreifen hindurchtreffen.
- Wer kann es außer mit dem Ball auch mit einem Sand- oder Bohnensäckchen?
- Wer trifft den rollenden Reifen sogar am Rand, daß er dadurch umfällt oder aus der Bahn kommt?
- Wir treffen einen rollenden großen Push-Ball oder Spastiker-Ball.
- Ein vom Lehrer oder auch durch das Kind selbst hochgeschlagener Luftballon soll im Herunterschweben mit dem Tennisball getroffen werden.
- Fortgeschrittene dürfen ihn mit der Wurfscheibe während des Herabschwebens treffen.
- Wer trifft einen hochgeschlagenen Wasserball während des Herunterfallens, ehe er den Boden berührt?

Hierbei kann den Kindern das Antizipieren bewußtgemacht werden. Das bedeutet, daß bei der relativ schnellen Fallgeschwindigkeit des Wasserballes nicht auf den Ball selbst sondern ein bis zwei Meter unterhalb hingezielt werden muß, um ihn zu treffen.

Die vorgenannten Übungen der Zielkontrolle und Zielanpassung sowie auch die Übungen der Hand- und Fußgeschicklichkeit (3.3.7.) können bei älteren Kindern (etwa ab 10 Jahre aufwärts) wirksam in Form eines Geschicklichkeits-Circuits (KESSELMANN und KIPHARD, 1966) angeboten werden. Bei einer solchen Wettkampfform kommt es nicht darauf an, besser als der andere zu sein, sondern seine eigene Höchstleistung zu ermitteln, um sie bei einer späteren Wiederholung neu vergleichen zu können. Dabei kommt es zu individuellem Leistungszuwachs, der wiederum zu neuen Übungsversuchen motiviert. Denn jedes Kind möchte gern seine eigene Anfangsleistung überbieten.

Es hat sich als günstig erwiesen, wenn die Kinder selbst aus dem bisherigen Übungsangebot, d. h. mit dem bisher schon erreichten Bestand an Bewegungsfähigkeiten und vielleicht auch -fertigkeiten verschiedene Übungsstationen selbst aufbauen, ausprobieren und nach ihren eigenen Vorstellungen verändern:

- Einen Wasserball durch Kicken, Kniestoßen und Köpfen in der Luft halten. Gezählt wird die Anzahl der Körperberührungen während einer halben Minute.
- Einen Tennisball (auch Tischtennisball) auf einer Handtrommel in Kopfhöhe fortlaufend hochprellen. Wieviel Trommelberührungen schafft ihr innerhalb einer halben Minute?
- Aus einem kleinen umgedrehten Turnkasten Gymnastikbälle einen nach dem anderen herausnehmen, um damit Basketball-Korbwürfe zu erzielen. Der Korb ist in mittlerer Höhe an einem Sprungständer angebracht.
- Auf einem kleinen Turnkasten stehend einen Gymnastikball fortlaufend gegen den Boden prellen. Wie oft gelingt euch das innerhalb einer halben Minute?
- Wieviel Kerzen werden aus etwa zwei Meter Entfernung mit der Wasserpistole ausgeschossen? Auf dem Brett müssen etwa zehn angezündete Kerzen vorhanden sein.
- Einen Tischtennisball aus einem Fangtrichter mittels Schneppvorrichtung in die Luft befördern und wieder auffangen. (Abb. 80)

Abb. 80

3.3.9. Kombinationsmotorische Fertigkeiten

Bei den nun folgenden Übungen werden verschiedene Bewegungsmuster miteinander verbunden, z. B. Gehen und Werfen, Hüpfen und Prellen, Balancieren und Jonglieren. Dabei handelt es sich meist um Kombinationen körpermotorischer und hand- bzw. fuß- und kopfmotorischer Vollzüge. Mit anderen Worten: Die verschiedenen Fortbewegungsmuster werden durch Zusatzaufgaben erschwert und zur Komplexität erweitert.

- Hochhüpfen auf der Stelle und dabei einmal in die Hände klatschen, ehe man den Boden wieder erreicht hat.
- Wer kann hoch genug springen und früh genug mit dem Händeklatschen beginnen, so daß er möglicherweise ein zweimaliges Händeklatschen vor der Landung schafft?
- Wer kann einen Ball hochwerfen (oder gegen die Wand werfen) und vor dem Fangen mehrmals in die Hände klatschen?
- Wer bringt es fertig, vor dem Fangen einmal vor dem Körper und einmal hinter dem Körper in die Hände zu klatschen?
- Wer schafft es, vor dem Fangen einmal eine ganze Körperdrehung auszuführen?
- Probiert aus, was ihr in der kurzen Zeit, während der Ball in der Luft ist, sonst noch machen könnt, z. B. zweimal hüpfen, einmal Armkreisen usw.
- Wer kann ein dreisilbiges Wort vor dem Fangen rufen? Wer findet ein Wort mit mehr als drei Silben?
- Wir versuchen den Ball im Stehen hochzuwerfen, uns schnell hinzusetzen und ihn im Sitzen wieder zu fangen. Versucht den Ball genau senkrecht nach oben zu werfen, dann ist es leichter.
- Versucht im Vorwärtsgehen den Ball fortlaufend hochzuwerfen und zu fangen.
- Wer kann dazwischen jedesmal einmal in die Hände klatschen?
- Wir versuchen im Vorwärtsgehen einen Ball mit der Hand oder mit einem kurzen Stab vorwärtszuführen.
- Wer kann das auch durch ein Feld von Hindernissen oder durch eine Slalomreihe hindurch?
- Wir prellen den Ball im Gehen (Dribbeln) auch um Hindernisse herum.
- Wer kann sich einmal um sich selbst drehen und dabei den Ball weiter mit der Hand gegen den Boden prellen?
- Erschwerung: Wir probieren einen Tennisball mit dem Tamburin (Handtrommel) fortlaufend gegen den Boden zu prellen, während wir vorwärtsgehen oder uns um unsere Achse drehen.
- Wer schafft es im Gehen mit dem Ball ein Ziel zu treffen (beispielsweise einen Reckpfosten)?
- Wem gelingt das auch noch, wenn er das Tempo steigert und sehr schnell geht?
- Wer kann sogar dabei laufen?
- Wir versuchen in gleicher Weise einen Korbwurf (Basketball).
- Wer kann vor dem Korbwurf mit dem Ball dribbeln?
- Wenn das Rollschuhlaufen lange genug trainiert worden ist, so daß es als Bewegungsmuster generalisierbar, d. h. in anderen Situationen auch anwendbar ist, dann können die bisher geschilderten Zusatzaufgaben des Ballzielwerfens oder Balldribbelns rollschuhfahrend ausgeführt werden.
- Wer kann im Vorwärtsgehen (oder auf Rollschuhen) einen Luftballon auf dem Handrücken tragen?
- Wer kann ihn sogar auf einer kurzen Holzlatte vorwärtstragen, ohne daß er herunterfällt?

- Wer kann ihn mit der Hand schräg nach oben vorwärtsschlagen?
- Für Fortgeschrittene: Wer köpft seinen Luftballon im Gehen vorwärts?
- Wir treiben im Vorwärtsgehen einen Reifen neben uns her. Die Hand gibt ihm kurze Anschwünge.
- Wer kann das auch mit einem kurzen Brettchen oder einem Rundholz?
- Wer gibt seinem Reifen einen einmaligen Anschwung, läuft hinter ihm her und holt ihn wieder ein?
- Wer läuft so schnell hinterher, daß er seinen Reifen sogar überholt und ihn von vorn her erwartet?
- Wer schafft es, unterwegs einmal um den rollenden Reifen herumzulaufen?
- Für Fortgeschrittene: Wer läuft so weit voraus, daß er am Ende von der Seite her durch den Reifen springen kann?

- Wir drehen einen Reifen am Arm und versuchen dabei vorwärts zu gehen.
- Wer schafft das sogar im Laufen?
- Wer kann an jedem Arm einen Plastikreifen drehen und damit vorwärts gehen?
- Wir nehmen ein Seilchen und schlagen das Seilchen im Vorwärtsgehen fortlaufend über unseren Kopf. Voraussetzung ist hier natürlich wiederum, daß das Seilspringen als Bewegungsmuster schon zu einer Fertigkeit eingeübt worden ist.
- Wer kann beim Vorwärtstragen ein Glöckchen so ruhig halten, daß es nicht zum Klingen kommt?
- Versucht das gleiche mit einem bis an den Rand gefüllten Wasserbecher.
- Wer kann sogar zwei Wasserbecher tragen?
- Wer schafft es, damit über ein Feld von kleinen Hindernissen zu steigen?
- Legt euch ein Sandsäckchen, einen Tennisring oder auch beides auf den Kopf und versucht, ob ihr damit gehen, laufen, stoppen, euch hinsetzen, in Bauchlage gehen und wieder aufstehen könnt?
- Wer kann damit Treppen gehen, eine Leiter oder eine Sprossenwand erklettern, ohne die 'Krone' vom Kopf zu verlieren?
- Wir üben uns im Steigen, Klettern und im Überwinden von Hindernissen (großen Turnkästen, schiefen Ebenen usw.), indem wir etwas auf dem Kopf, in einer Hand oder in beiden Händen tragen.
- Versucht es mit den verschiedensten Geräten. Wenn ihr einen Medizinball auf dem Kopf tragen wollt, so müßt ihr ihn natürlich mit beiden Händen festhalten.
- Wir gehen über einen Balancierbalken und probieren aus, welche Zusatzaufgaben wir dabei bewältigen können. Wer rollt dabei einen Medizinball auf dem Balken vor sich her?
- Wer legt unterwegs ein oder mehrere Sandsäckchen vor sich auf den Balken, um sie beim Zurückgehen wieder aufzunehmen?
- Wer nimmt unterwegs mehrere, rechts und links vom Balancierbalken stehende Keulen auf?
- Baut euch vorher etwa in der Mitte des Balkens ein Hindernis auf, über das ihr hinübersteigt, z. B. einen auf zwei Schaumstoffstapeln gelegten Stab, einen waagerechten Reifen. Ihr könnt auch einen Reifen senkrecht zwischen zwei Turnkästen klemmen und dann unterwegs durch ihn hindurchsteigen.
- Wer kann beim Vorwärtsbalancieren einen Reifen mit sich führen und in der Mitte durch diesen Reifen hindurchsteigen?
- Wer kann das auch beim Rückwärtsgehen?
- Wer dreht während des Balancierens einen oder zwei Reifen am Arm?
- Wer prellt beim Vorwärtsgehen über den Balken einen Ball neben sich auf dem Boden?
- Wer hält ein Tamburin in der Hand, auf dessen waagerechter Fläche ein Tennisball ausbalanciert wird?

- Wir wählen als Standfläche den Sportkreisel und probieren gleiche oder ähnliche Zusatzaufgaben aus. Wer kann, auf dem Sportkreisel stehend, ein Sandsäckchen hochwerfen und fangen?
- Für Fortgeschrittene: Auf einem Bein stehen und mit dem anderen Fuß das Sandsäckchen zum Fangen hochschleudern.
- Vom Sportkreisel aus durch Heruntergehen in die Hocke verschiedene Gegenstände vom Boden aufnehmen.
- Wer kann, auf dem Sportkreisel balancierend, ein Holzbrettchen oder eine Plastikkeule oder Plastikflasche so hochwerfen, daß sie nach einer halben oder ganzen Drehung wieder mit der Hand gefangen werden kann?
- Wer balanciert auf seiner Plastikflasche einen Luftballon oder ein japanisches Papierbällchen aus?
- Wer prellt einen Ball gegen den Boden?
- Wer dreht zwei Plastikreifen an den Armen?
- Wir fahren mit dem Doppel-Pedalo vorwärts und führen dabei Zusatzaufgaben aus, z. B. Ballzielwürfe im Vorbeifahren.
- Einen Ball, um den ein Seil gelegt wurde, vorsichtig an diesem Seil hinter sich herziehen.
- Einen Reifen seitlich neben dem Pedalo vorwärtsrollen.
- Während des Fahrens Kleidungsstücke ausziehen.
- Wer kann noch andere Handgeschicklichkeitsübungen mit dem Pedalofahren kombinieren?
- Man kann gefüllte Becher tragen, einen Tischtennisball auf einem Tischtennisschläger ausbalancieren, einen Wasserball mit dem Stab vor sich herführen oder ihn vorwärtsprellen u. dgl. mehr.
- Für Fortgeschrittene: Wer bringt es fertig, im Sprung einen Ball zu werfen?
- Wer schafft es, diesen Ball im Springen einem Partner zuzuwerfen?
- Wie wäre es, wenn ihr versucht, im Sprung einen zugeworfenen Ball zu fangen? (für Schulkinder, vgl. Umschlagfoto)

Ähnliche zusammengesetzte bzw. komplexe Übungsabläufe lassen sich auch durch Kombinieren zweier Handgeschicklichkeitsgeräte erreichen. Hier nur einige wenige Beispiele:

- Ein Sandsäckchen in die Luft werfen und es mit einem Turnstab wieder auffangen. Dabei kann der Turnstab waagerecht oder senkrecht gehalten werden.
- Einen Luftballon fortlaufend mit dem waagerecht oder senkrecht gehaltenen Stab hochprellen.
- Wer kann einen großen Wasserball auf einem Gymnastikball in der Waage halten? Je größer der obere Ball ist, desto leichter fällt die Übung.
- Probiert den Wasserball auf einem waagerecht gehaltenen Stab vor dem Körper auszubalancieren.
- Ihr könnt ihn auch fortlaufend mit dem Stab hochschlagen. Wie oft könnt ihr ihn hintereinander treffen?
- Wir legen einen Luftballon oder einen Wasserball auf zwei vor den Körper gehaltene Stäbe und werfen ihn in die Luft, um ihn anschließend wieder auf den Stäben aufzufangen. Am besten eignen sich Bambusstäbe oder leichte Plastikstäbe dazu.
- Wir legen auf die beiden vorgehaltenen Stäbe einen dritten Stab quer darüber und werfen ihn etwas in die Luft. Wer kann ihn wieder auffangen, ohne daß er herunterfällt?
- Wer kann dem waagerecht daraufliegenden Stab einen kleinen Seitschwung geben, so daß er sich einmal überschlägt?
- Versucht einen Tennisring um euren Stab zu drehen.
- Macht das gleiche mit einem Fahrradschlauch, einem zusammengeknoteten Seil oder einem Plastikreifen.

3.3.10. Konstruktive Aufgabenlösung (Problemlöseverhalten)

Bei der folgenden Übungsgruppe handelt es sich um gezielte Lernanreize zur Verbesserung des Problemlösungsverhaltens. Dabei werden motorische Lernprobleme in Form verlockender Aufgaben angeboten, die die Kinder - je nach Entwicklungsstand - entweder experimentierend oder vorausdenkend bewältigen. Dazu müssen sie die ungewohnte Umweltbedingung der Turnhallen-Lernsituation schnellstmöglich erfassen, sich darauf einstellen und handelnd eine Bewegungsantwort darauf finden.

Dem Motopädagogen fällt hierbei die Aufgabe zu, phantasiereiche Aufgaben anzubieten, welche die Kinder zu planenden Zielhandlungen anregen. Es darf also keinesfalls einfaches Vormachen und Nachmachen, aber auch nicht ein Handeln gemäß bestimmter Übungsansagen und Vorschriften sein. Statt dessen wird das Handlungsziel angegeben, das zu erreichen auf verschiedenen Wegen möglich ist. Dabei sollen nach Belieben verschiedene Geräte und Hilfsmittel eingesetzt werden können.

- Versucht einen in einem liegenden Reifen befindlichen Ball ohne Handberührung in einen 3 - 4 m entfernt liegenden zweiten Reifen zu befördern.
- Gleiche Aufgabe, diesmal auch ohne Fußberührung (nur mit dem Körper).
- Erschwerung: der Ball muß eine schiefe Ebene hinaufbefördert werden.
- Das gleiche mit einem Medizinball.
- Der Ball soll mit Hilfe eines Reifens oder einer Schnur oder eines anderen frei zu wählenden Gegenstandes befördert werden.
- Versucht einen oder zwei Bälle (Medizinbälle) ohne Handhilfe aus einem umgedrehten einteiligen Turnkasten in einen zweiten zu befördern.
- Bewegt eine Holz- oder Papprolle ohne Körperberührung von der Stelle.
- Wir wollen einen etwa 2 m großen Zwischenraum zwischen zwei Langmatten, den wir im Spiel als Wasser (Bach) bezeichnen, durch einen Steg oder eine Brücke zu überwinden versuchen. Jedes Kind soll sich selbst einen Übergang bauen, ohne dabei 'nasse Füße' zu bekommen. Anschließend werden die gefundenen Lösungsmöglichkeiten miteinander besprochen.
- Der Abstand zwischen den Matten wird etwas erweitert mit der neuen Aufgabenstellung, Sandsäckchen als 'Steine' vor sich in den Bach zu legen, um von Stein zu Stein trockenen Fußes an das andere Ufer zu gelangen. Wer kommt mit möglichst wenigen Sandsäckchen aus?
- Versucht von Sandsäckchen zu Sandsäckchen einen schmalen Steg zu bauen, um anschließend sicher darüber zur anderen Matte zu gelangen. (Hierzu eignen sich gut die Balancierlatten des KTK.)
- Baut einen zweiten parallelen Steg daneben, um eine Reihe von schweren Medizinbällen von einem Ufer zum anderen hinüberrollen zu können.
- Wer kann mit einem großen Wasserball, einem Medizinball oder zwei Gymnastikbällen in der Hand über ein Feld von Hindernissen auf die andere Hallenseite gelangen? Sucht euch einen günstigen Weg.
- Jeder darf sich ein 'Boot' mit Hilfe eines Flachwagens, Gleitrollers, Skateboards oder mit Hilfe mehrerer Rollschuhe bauen. Versucht damit von einer Matte zur anderen zu fahren. Der Mattenabstand kann allmählich vergrößert werden.
- Welchen 'Antrieb' habt ihr gefunden, um euch mit eurem Boot fortzubewegen? (z. B. in Bauchlage mit den Händen abstoßend, im Sitz rückwärts zur Fahrtrichtung mit den Füßen hinten abstoßend, mit zwei gummigepufferten Stäben sich abstoßend oder ein Pedalo als Antrieb benutzend.)

- Wer kann mit seinem Boot einen großen Medizinball über den Fluß transportieren? Wer kann noch mehr mitnehmen? Wer kann einen Fährdienst einrichten, um andere Kinder über den Fluß zu bringen? (Hierzu kann man umgedrehte Kastenoberteile auf zwei flache Rollwagen legen).
- Die ganze Turnhalle stellt ein überschwemmtes Gebiet dar. Die darin stehenden großen Turnkästen stellen Häuser, die Sprungständer Bäume dar. Sie müssen umfahren werden. Auch muß entgegenkommenden Booten ausgewichen werden. Welche Verkehrsregeln wollen wir dabei aufstellen, z. B. Vorfahrt von rechts?
- Diesmal stehen viele Geräte mit jeweils kleineren oder größeren Abständen unregelmäßig in der Turnhalle verteilt, z. B. verschieden hohe Kästen, verschieden breite Balancierbalken, Kleinsttrampoline, Autoreifen, Matten u. a. m. Es stehen keine Boote zur Verfügung. Jedes Kind muß sich einen Weg durch das Überschwemmungsgebiet suchen, indem es von einem Gegenstand zum anderen steigt, springt oder balanciert.
- Manchmal geht es nicht weiter, weil der Abstand zu groß ist. Dann muß man wieder zurück und einen anderen Weg suchen. Mit der Zeit aber findet jedes Kind einen genau festgelegten Weg von einer Hallenseite zur anderen. Man kann auch jedem Kind einige Sandsäckchen mit auf den Weg geben zum Überbrücken zu großer Geräteabstände.
- Es sollen Strecken abgemessen werden. Dabei stehen verschiedene 'Meßlatten' zur Verfügung, z. B. Halbmeter- und Meterstäbe. Wer kann ausmessen, wie lang und wie hoch ein Turnkasten ist, welche Höhe ein Sprungständer hat, wie hoch die Sprossenwand ist, wie lang die einzelnen Matten sind und wieviel Meter die Turnhalle in der Breite mißt?
- Es soll ein hohes Hindernis überwunden werden. Beispielsweise werden zwei hohe Kästen in einer Hallenecke rechteckig aneinandergestellt. Dahinter liegen auf dicken Matten Luftballons. Wie kann man über diese Barriere gelangen, um sich einen der Luftballons zu holen? Jedes Kind sucht nach eigenen Möglichkeiten, z. B. Anlegen eines Schrägbrettes, einer Leiter, Aufeinanderschichten einiger Klötze, Heranholen von anderen Gegenständen, auf die man steigen kann. Es können sich auch zwei Kinder gegenseitig helfen. Überhaupt bieten sich bei diesen Problemlösungsübungen immer wieder auch soziale Kommunikationsaufgaben an (vgl. auch unter 3.4.5.).
- Wer findet eine gute Möglichkeit, schwere Medizinbälle über das Kastenhindernis in die Raumecke zu transportieren? Wer findet eine einfache und dennoch sichere Lösungsmöglichkeit?
- Es sollen eine Reihe von Bällen auf die oberste Sprosse der Sprossenwand transportiert werden. Auf welche Weise können wir dieses Problem lösen?
- Der Lehrer hat vor Stundenbeginn viele bunte Luftballons unerreichbar für die Kinder in die Schaukelringe der Turnhalle eingeklemmt oder sie mit kleinen Klebestreifen an das Trapez oder an Klettertaue befestigt. Wie können wir an die Ballons herankommen? Jeder findet selbst eine Lösungsmöglichkeit, z. B. indem er mit Bällen oder Tennisringen nach den Luftballons wirft, an den Seilen rüttelt oder mit Stangen danach zu schlagen versucht, eventuell nachdem er mit Hilfe eines anderen Kindes einen Turnkasten unter die Ringe geschoben hat. Hinterher darf jeder sagen, wie es ihm trotz der großen Schwierigkeit gelungen ist, einen Luftballon zu erhaschen.
- Über dem Basketball-Korb hängen eine Reihe von Plastikreifen. Sie sollen herunterbefördert werden. Wie kann man das bewerkstelligen? (z. B. durch Dagegenschlagen mit einem anderen Reifen, eventuell von einem Kasten aus, durch Anstellen einer Leiter und dgl. mehr.)
- Kleinere Kinder bekommen z. B. die Aufgabe, eine Reihe von Tennisringen, welche über einen Sprungständer geworfen worden sind, irgendwie abzunehmen. Das Hochschieben am Sprungständer nützt wenig. Man muß auf den Gedanken kommen, den Sprungständer umzulegen. Dann lassen sich die Ringe leicht abstreifen.

- Baut mit Hilfe von Plastikreifen und Schaumstoffstücken einen hohen Turm. Es dürfen auch andere Materialien verwendet werden, z. B. Garnrollen und Brettchen oder Tennisringe und Stäbe.
- Baut aus den vorhandenen Materialien eine Brücke, eine Mauer oder ein Haus. Wer fertig ist, darf sein Bauwerk zeigen. Jeder wird auf seine Weise etwas Einmaliges, eben ganz Individuelles zu bieten haben, das höchste Gebäude, das breiteste, das phantasievollste, das ulkigste oder das modernste.

3.3.11. Bewegungserfahrung im Wasser

Die Zielsetzungen der Wasserbewegungsübungen sind zweigleisig. Einmal kommt es darauf an, daß die Kinder die schon gekonnten Bewegungsmuster der neuen Situation im nassen Element anzupassen lernen. Zum anderen soll gleich von der ersten Stunde an durch entsprechende Vorübungen zum Schwimmen hingeführt werden. Die bei den Bewegungs- und Schwimmübungen im Wasser wirksamen Hautreize, Muskelreize und Organreize üben außerdem eine gesundheitlich vorbeugende Wirkung aus.

Die Untersuchungen MÖLLERS (1966) haben gezeigt, daß das günstigste Schwimmlernalter bei normalen Kindern etwa bei 8 bis 9 Jahren liegt. Das gilt für Jungen und Mädchen gleichermaßen. Im Hinblick auf die Erreichung einer genügenden Ausdauer beim Streckenschwimmen lohnt es sich, von Anfang an das Brustschwimmen zu üben. Bei dem an sich leichter erlernbaren Kraulen ermüden die Kinder nachweislich schneller, als das beim Brustschwimmen der Fall ist.

Zunächst aber geht es darum, den Kindern (ähnlich wie bei den Wahrnehmungsübungen im Wasser) das nasse Element in lustbetonter Weise nahezubringen. Deshalb empfehlen wir gerade das freie Experimentieren mit den verschiedenen Spiel- und Lernmaterialien im Wasser (vgl. 3.2.7. 'Orientierung im Wasser' auf Seite 100).

3.3.11.1. Wassergeschicklichkeit

Rhythmus und Musik sind ausgezeichnete Mittel, um das Wassererlebnis auch für ängstliche Kinder lustvoll zu gestalten.

- Wir singen zu dem gegebenen Rhythmus oder sagen Reime auf und wippen oder hüpfen dabei im Wasser leicht am Ort.
- Wir klatschen alle nach der Musik in die Hände, während wir vorsichtig durch das Wasser gehen.
- Wenn wir das nächstemal mit den Händen auf das Wasser patschen, so achten wir auf den Tempowechsel der Musik. Ob ihr wohl heraushören könnt, wenn die Musik schneller oder langsamer wird?
- Erfindung: Auf welche Weise können wir überhaupt ins Wasser gelangen? Es werden verschiedene Lösungen vorgestellt und besprochen.
- Bewegungsgefühl im Wasser: Wir probieren verschiedene Fortbewegungen aus. Wie schnell kann man vorwärtsgehen? Kann man rückwärts gehen oder sogar seitwärts? Auf welche Weise können die Arme dabei helfen?
- Variation: Wenn kniehohes Wasser vorhanden ist, kann man den Storchengang üben. Wer hebt dabei die Knie am höchsten? Seht zu, daß ihr dabei die Balance nicht verliert.
- Wir gehen in tieferes Wasser und versuchen, ob wir das Knie noch aus hüfthohem Wasser herausheben können.

- Versucht einen Fußballstoß unter Wasser zu machen.
- Probiert es rechts und links. Nun streckt einen Arm aus und legt die Hand auf die Wasseroberfläche. Versucht, ob ihr sie mit dem Fuß berühren könnt.
- Wer sich traut, versucht langsam so weit vorwärtszugehen, bis ihn das Wasser an den Hals reicht. Versucht einmal, in kleinen Hüpfern langsam vorwärtszukommen.
- Jetzt machen wir zum Spaß einmal einen Boxkampf unter Wasser. Merkt ihr, wie schwer es geht, gegen den Wasserwiderstand anzuboxen?
- Wir gehen wieder in hüfthohes Wasser: Wer kann seinen Fuß herausheben und die Zehen eine Weile anfassen? Wer das Gleichgewicht verliert, darf sich mit einer Hand am Beckenrand abstützen.
- Wir wollen alle mit geschlossenen Füßen beidbeinig vorwärtshüpfen. Wer macht die größten Sprünge? Kann man auch rückwärts hüpfen oder seitwärts?
- Kann man im Wasser wohl einen Drehsprung machen? Versucht es alle. Wenn ihr dabei umfallt, so ist das nicht schlimm.
- Wer kann einbeinig vorwärts durchs Wasser hüpfen?
- Lauft so schnell wie ihr könnt durch das Wasser und dreht euch bei dem Pfiff schnell herum, um in die Gegenrichtung zu laufen.
- Was könnt ihr noch für Kunststücke im Wasser ausführen? Wer kann auf einem Bein stehend einen Socken anziehen? Hier habt ihr jeder einen Socken zum Ausprobieren.
- Könnt ihr ein Schwimmtier mit dem Fuß vor euch herstoßen?
- Nun wollen wir unsere Hände benützen, um unser Boot einmal um den schwimmenden Plastikreifen herumzusteuern.
- Nun stellt euch etwas weiter weg von eurem schwimmenden Reifen und versucht Tischtennisbälle, Schwämme, Tennisringe oder Wurfscheiben hineinzuwerfen. Vergrößert den Abstand so weit, daß ihr immer noch treffen könnt. Mit welchen Wurfgegenständen geht das am besten?
- Stellt euch zu Partnern auf und werft euch verschiedene Gegenstände zu. Vergrößert die Abstände so weit, wie das Fangen noch sicher möglich ist.
- Zählt, wie oft ihr die Wurfscheibe (den Ball) hintereinander auffangen könnt, ehe sie ins Wasser fällt.
- Nacheinander darf jeder einmal herauskommen und versuchen, mit dem Wasserschlauch einen mitten auf dem Wasser schwimmenden Wasserball zu treffen.
- Schwierigkeitssteigerung: Es soll ein Gymnastikball oder Tischtennisball vom Strahl des Wasserschlauches getroffen werden. Wer kann den Ball ein Stückchen weiterdirigieren?
- Jeder hat einen Tauchring vor seinen Füßen auf dem Beckenboden liegen. Versucht eine Münze von oben genau hineinfallen zu lassen.

3.3.11.2. Wasservertrautheit

- Hinführung zum Tauchen: Nehmt einen Tauchring (Stein od. ähnl.) und legt ihn vor euch auf die Treppe ins Waser. Nehmt ihn wieder auf und legt ihn eine Treppe tiefer usw.
- Wir sind alle Krokodile und kriechen auf dem Bauch auf einer Treppenstufe vorwärts. Wer schafft es, eine Treppenstufe tiefer zu gehen? Wenn das Wasser zu tief wird, können sich die Krokodile im Liegestütz vorwärtsbewegen. Merkt ihr, wie die Beine hochschweben?
- Welches Krokodil kann sein Gesicht einen Moment ins Wasser legen?
- Wir spielen Perlentaucher und werfen jeweils einen oder mehrere Tauchringe vor uns ins Wasser. Könnt ihr sie wieder herausfischen? (Die ängstlichen Kinder dürfen vorerst mit den Füßen fischen.)
- Wir gehen beim Fischen langsam immer tiefer ins Wasser. Wer aus dem tiefsten Wasser einen Ring herausholt, ist Fischerkönig.

- Zwei Kinder stehen sich gegenüber in Handfassung und spielen 'Wippe', indem sie abwechselnd in die Knie gehen.
- Wer kann seinen Gymnastikball ganz tief unter Wasser drücken? Versucht, daß er unten bleibt.
- Schwierigkeitssteigerung: Wer kann sich im flachen Wasser auf seinen Ball setzen? Probiert das gleiche in etwas tieferem Wasser.
- Versucht das Gesicht aufs Wasser zu legen und dabei die Augen zu öffnen. Ein Partner hält euch einen Gegenstand vor. Könnt ihr unter Wasser erkennen, um welchen Gegenstand es sich handelt?
- Variation: Es soll versucht werden zu zählen, wieviel Finger der Partner unter Wasser hinhält.
- Hinführen zum Springen: Alle Kinder sitzen auf dem Rand und versuchen vorsichtig hineinzugleiten. Die ängstlicheren Kinder gleiten ins flache Wasser, die mutigeren ins tiefe. (Wo eine Wasserrutschbahn vorhanden ist, soll dieselbe selbstverständlich benutzt werden.)
- Die Kinder stehen auf dem Beckenrand und springen nacheinander dem Übungsleiter in die Arme. Wer es sich traut, der darf später allein springen. Wer noch eine Hand anfassen möchte, der soll es sagen.
- Sprünge in den 'Brunnen': Jeder legt sich einen schwimmenden Reifen, einen großen Schwimmring oder ein Schwimmsprossenviereck nicht weit vom Beckenrand ins Wasser. Wer springt genau in seinen Brunnen hinein?
- Wer macht einen Weitsprung (ohne Anlauf!) über seinen Brunnen hinweg? Wem es Spaß macht, darf dabei in der Luft mit den Händen die angezogenen Beine umfassen und als 'Paketchen' klatschend im Wasser landen.
- Hinführung zum Schweben: Geht noch einmal in den Liegestütz, wie ihr das vorher als Krokodile gemacht habt. Geht dabei so tief ins Wasser, daß es euch bis über die Schultern reicht. Streckt den Körper aus, so daß die Beine aufschweben. Drückt euch einen Moment mit den Händen ab und greift dann wieder zu, ehe ihr untergeht.
- Geht jetzt in den Liegestütz rücklings und versucht den Körper wieder gut auszustrekken. Wer schafft es dabei, den Hinterkopf aufs Wasser zu legen?
- Bei wem gucken die Zehen aus dem Wasser heraus? Vielleicht schafft ihr es auch, den Bauch herauszuheben. Merkt ihr, wie ihr schwebt?
- Drückt euch mit den Händen vom Boden ab und nehmt sie einen Moment an den Körper. Stützt euch dann rechtzeitig wieder ab.
- Schwierigkeitssteigerung: Wer schafft es, die Hände einen Moment länger rechts und links neben dem Körper zu lassen und damit kräftig im Wasser zu rühren? Wer das schafft, kann schon den Anfang vom Rückenschwimmen.
- Wer schafft es, seinen Körper einmal um die Längsachse zu drehen und dann im Liegestütz vorlings wieder mit den Händen auf den Boden zu fassen.
- 'Seestern' und 'Hockqualle': Wer legt sich einmal wie ein Seestern ausgestreckt oder wie eine Qualle unter Anhocken der Knie mit dem Gesicht auf das Wasser? Wenn ihr vorher ganz tief Luft holt und sie eine Weile anhaltet, so könnt ihr nicht untergehen.
- Wenn ihr wollt, zählen wir einmal, wie lange die Qualle oder der Seestern auf dem Wasser liegen.
- Für Fortgeschrittene: Wer schafft eine Rolle vorwärts im Wasser (wenn Schwimmsprossen vorhanden sind, so können die Kinder ihren Purzelbaum anfangs auch an der Schwimmsprosse üben.)
- Wir lernen gleiten: Wer will sich einmal abschleppen lassen? Der Partner soll nur seine beiden Zeigefinger von hinten unter die Achseln schieben und ihn in Rückenlage langsam nach hinten durchs Wasser ziehen.
- Wer läßt sich in Bauchlage abschleppen, indem er die Arme nach vorn ausstreckt? Der Partner faßt die Hände und geht dabei rückwärts.

- Wer es wagt, darf sich, unten am Beckenrand stehend, mit einem Fuß abdrücken und sich dabei flach nach vorn ins Wasser legen. Haltet in euren ausgestreckten Armen ein Schwimmbrett vor euch, einen Schwimmgürtel oder auch Schwimmflügel. Bei den Schwimmflügeln greift ihr am besten seitlich in die Öffnungen, so daß beide Daumen obendrauf liegen.
- Wer es wagt, darf nun einmal vom Wasser her zur Treppe gleiten, zum Beckenrand oder sich eine Schwimmsprosse in naher Entfernung hinlegen. Macht euch so lang, daß ihr gut durchs Wasser gleitet und euer Ziel schnell erreicht.
- Wir üben Armzüge: Versucht einmal im brusthohen Wasser vorwärts zu gehen, und dabei mit den Händen weit vorn ins Wasser zu stechen, um das Wasser kräftig hinter euch zu schaufeln.
- Wer es möchte, darf es auch im Hüpfen versuchen. Wenn ihr das mehrmals probiert habt, so wollen wir das Vorwärtsschaufeln alle im gleichen Rhythmus machen.
- Schwierigkeitssteigerung: Legt in Bauchlage eure Füße auf einen Schwimmgürtel und versucht euch mit kräftigen Armzügen vorwärts zu ziehen. Je kräftiger ihr das Wasser hinter euch schöpft, desto schneller kommt ihr vorwärts.
- Wir üben Beinstöße: Die Krokodile stützen sich wieder auf die unterste Treppe, so daß die Schultern im Wasser sind. Versucht dann mit den Beinen eine kräftige Schwunggrätsche zu machen und dabei das Wasser wegzutreten. Stellt die Füße dabei auf, damit sie möglichst viel Wasser zurückdrängen können.
- Versucht es nun, indem ihr euch am Beckenrand anfaßt. Wer will, kann sich einen Schwimmflügel um den Hals legen oder mit gestreckten Armen ein Schwimmbrett von sich wegzuhalten. Wenn eure Schwunggrätsche wie ein Peitschenschlag kommt, so werdet ihr sicher jedesmal ein Stück vorwärtsgleiten.
- Variation: Wir versuchen den gegrätschten Beinstoß auch in der Rückenlage. Ihr könnt dabei das Genick auf eine Schwimmsprosse legen. Man kann aber genausogut den Hinterkopf auf ein Schwimmbrett auflegen und es mit gebeugten Armen von oben her halten.

Den Schluß der Stunde bilden immer soziale Übungen und Spiele. Hierbei ist das Erlebnis der Gemeinsamkeit entscheidend (vgl. 3.4. 'Emotional-soziale Entwicklungsförderung' auf Seite 145).

- Partner- und Dreieraufgaben: Zwei Kinder ziehen ein drittes an einem Stab in Bauch- oder Rückenlage durch das Wasser.
- Drei Kinder versuchen zwei Luftballons möglichst lange durch Hochschlagen in der Luft zu halten.
- Schwierigkeitssteigerung: Ein Wasserball soll fortlaufend zwischen drei Spielpartnern auf dem Wasser geschlagen werden.
- Je eine Dreiergruppe hat eine schwimmende Schüssel zwischen sich. Welche Gruppe schafft es, die Schüssel möglichst schnell mit Wasser zu füllen, ohne sie dabei anzufassen. Es dürfen keine anderen Gefäße, sondern nur die Hände benützt werden.
- Schwimmsprossenkarussell: Vier Kinder greifen an die über Kreuz zusammengesteckten Sprossen und drehen sich durch Gehen und immer schneller werdendes Laufen mit dem Karussell herum.
- Abtreffball: Die Kinder bilden einen großen Kreis. Ein bis drei Kinder gehen in die Mitte und sollen vom Kreis aus mit einem Ball abgetroffen werden. Wegtauchen ist erlaubt. Wer getroffen ist, wechselt mit dem erfolgreichen Werfer.
- Haltet das Feld frei: Eine Partei spielt im Wasser, die andere auf dem Land. So viel wie möglich Wasserbälle und Gymnastikbälle werden an die Kinder verteilt. Die Wasserpartei bemüht sich, das Wasser möglichst von Bällen freizuhalten und dafür alle Bälle auf das Land zu werfen. Umgekehrt die Landpartei. Jeweils auf Pfiff wird festgestellt, in welchem Feld weniger Bälle sind.

- Krebsfußball: Jeder Spieler liegt in einem aufblasbaren Schwimmring. Die Parteien nehmen gegenüber Aufstellung. Dann wird ein Wasserball in die Mitte des Beckens geworfen, der nur mit den Füßen dagegen tretend fortbewegt werden darf. Jeweils die Schmalseite des Beckens ist Tor.
- Ähnlich wie an Land können Spiele wie 'Ball über die Schnur' oder sogar 'Volleyball' im Wasser gespielt werden.

Literatur zur Bewegungsförderung siehe Verzeichnis Seite 188.

Vgl. auch die Kapitel „Die Halliwick-Schwimm-Methode" und „Frühe Wassererfahrung als Entwicklungsanregung" in Band 2 sowie „Wasser- und Schwimmtherapie" in Band 3.

3.4. Emotionale und soziale Entwicklungsförderung

Der folgende Abschnitt umfaßt die motopädagogischen Entwicklungsbereiche der Individuation und Sozialisation. Sie stellen ein ineinander verzahntes Kontinuum dar. Dabei bildet das erste die Voraussetzung für das zweite. Dennoch entwickeln und aktualisieren sich beide Bereiche andererseits auch nebeneinander. Mit anderen Worten: Individualisierungsprozesse bedingen gleichzeitig auch gewisse Sozialerfahrungen, selbst wenn die Betonung mehr auf dem Ich als auf dem Wir liegt.

Auf der Grundlage einer freudvoll und erfolgreich erlebten Individuation wird es dem Kinde leichter fallen, in die Gemeinschaft hineinzuwachsen. Kooperation und Kommunikation mit anderen stehen am Ende eines langwierigen und oft von Enttäuschungen gekennzeichneten Weges. Am Anfang sollten immer positive Sozialkontakte in Form gemeinsamer Bewegungserlebnisse stehen. Nur so wird das vorerst noch ichbetonte Kind mit der Zeit sensibel für die Belange der Gruppe.

Bei sehr jungen Kindern ist es naturgemäß notwendig, sie zuerst einmal mit sich selbst bekannt und gegenüber den eigenen Bedürfnissen sensibel zu machen. Selbstentdekkung, Selbstfindung und Selbstdarstellung stehen hier motopädagogisch im Vordergrund. Deshalb wird als Zielgruppe der beiden ersten Abschnitte (Selbsterfahrung, Gefühlsausdruck) besonders das Kleinkind- und Vorschulalter in Frage kommen. Die sich daran anschließenden Kapitel (Pantomime, Rhythmik und Spiele) sind darüber hinaus auch im Schulalter anwendbar. Die Lehrinhalte der Wettkampf- und Leistungsformen dagegen dienen vor allem der Sozialerziehung vorpubertärer Kinder, wenngleich sie bis ins Erwachsenenalter Begeisterung auszulösen vermögen.

3.4.1. Psychomotorische Selbsterfahrung

Seit FREUD wissen wir, daß das Ich des Kindes vor allem ein körperliches ist. Ich-Entdeckung und Ich-Findung als Individuationsprozeß vollziehen sich primär im leiblichen Bereich. Körperliche Ich-Erfahrungen sind nur über tägliche psychomotorische Lernerfahrungen erreichbar. Dabei rücken zunächst diejenigen Körperteile in das Blickfeld des Interesses, mit denen der Säugling und das Kleinkind am häufigsten motorisch umgehen. Das gilt vor allem für die Hände.

Andere Teile des Körpers wie der Rumpf gewinnen allerdings zunehmend dadurch an Bedeutung, daß sie mit Hilfe des Tastsinnes als gegen die Umwelt abgegrenzt erlebt werden. Hinzu kommt die Vielfalt organischer Empfindungen in der Leibeshöhle selbst (Lunge, Herz, Verdauungstrakt, Blase usw.).

All das vermittelt mit der Zeit ein verfeinertes Körpergefühl und Körpererleben. Neuere amerikanische Untersuchungen zeigen, daß die Intensität positiven Erlebens der körpereigenen Funktionen und Kräfte, mit denen der Mensch auf seine Umwelt einzuwirken imstande ist, von größter Bedeutung zu sein scheint für Selbstbewußtsein, seelische Ausgeglichenheit und soziale Kontaktfähigkeit (DOUBRAWA, 1976).

Dagegen sind einseitig kognitiv ausgerichtete Menschen, die allein 'in ihrem Kopf leben', anfällig für Störungen im emotional-sozialen Bereich. Bei Querschnittsgelähmten, die wichtige Teile ihres Körpers nicht mehr empfinden können, kommt es, wie Brigitte WINTER (1977) zeigen konnte, zu einer regelrechten Depersonalisation. Darunter versteht man eine körperliche Entfremdung mit Enttäuschungs- und Haßgefühlen gegenüber den als ich-fremd angesehenen gelähmten Körperteilen.

Was hier im Zuge gezielter psychosomatischer Rehabilitations- und Repersonalisationsmaßnahmen wieder mühsam erlernt werden muß, nämlich den gelähmten Körperabschnitt bewußt anzusehen, zu betasten und streicheln, um ihn schließlich als körperzugehörig zu akzeptieren, das lernt das Kleinkind im täglichen Umgang mit seinem Körper-Ich spielerisch und lustbetont. Wenn es die Gelegenheit dazu nicht hat, findet es auch nicht zu seiner Identität, d. h. zu seiner als Selbst erlebten inneren Einheit als Eigenperson. Es bleibt demzufolge ich-schwach, ausdrucksverarmt und in seiner Persönlichkeitsstruktur verkümmert.

Das zu verhindern, ist unser motopädagogisches Anliegen. Vorausgehend oder gleichlaufend mit den im folgenden zu schildernden Übungen der psychomotorischen Selbsterfahrung sollten grundlegende taktile und kinästhetische Sinnes-, Körper- und Raumorientierungserfahrungen (vgl. 3.2.3.; 3.2.4.; 3.2.5.) sowie hinreichende Erfahrungen mit den Grundmustern der Fortbewegung, der Körperbalance und des Handgeschicks (vgl. 3.3.1.; 3.3.5.; 3.3.7.) vermittelt werden.

Die Lehrinhalte der psychomotorischen Selbsterfahrung werden vor allem innerhalb der präventiven und kurativen Maßnahmen der Tanztherapie angewandt. So gehen die folgenden Anregungen teilweise auf Trudi SCHOOP zurück.

- Der Lehrer faßt seinen Körper an: Das bin ich. Was seid ihr? Was gehört alles zu euch? Greift und tastet euren Körper ab.
- Probiert aus, welche eurer Körperteile ihr sehen könnt und welche nicht.
- Welche mögt ihr an euch besonders gut leiden? Welche Körperteile sind euch ziemlich gleichgültig, weil ihr wenig Beziehung dazu habt?
- Gibt es Teile eures Körpers, die ihr nicht leiden mögt? Könnt ihr sagen warum?
- Es gibt Tiere, die haben keine Arme und Beine und leben blind in der Erde, im Sumpf oder Morast. Schließt einmal die Augen und legt euch bäuchlings auf den Boden. Wir haben jetzt keine Arme und Beine. Wir können nur unseren Körper und Kopf bewegen und versuchen uns dabei ein bißchen vorwärtszuschlängeln.
- Jetzt wachsen uns ganz kleine Händchen. Nun versucht, euch damit vorwärtszubewegen. Wir können noch immer nichts sehen, nur riechen und tasten.
- Jetzt bekommen wir auch kleine Füßchen, mit denen wir uns ein wenig abstoßen können.
- Stützt euch auf die Ellenbogen und öffnet die Augen.
- Wir sind jetzt Krabbeltiere und dürfen die Knie unter uns ziehen. Es ist schön, Arme und Beine zu haben.
- Richtet euch nun etwas auf und versucht auf den Knien zu gehen. Jetzt sind wir schon halbe Menschen.
- Und nun können wir uns vollständig aufrichten und uns freuen, daß wir auf den Füßen stehen, gehen, hüpfen und springen können.
- Es war für die ersten Menschen sicher schwierig, den Körper im Stehen senkrecht zu halten. Merkt ihr, welche Muskeln angespannt werden müssen, damit man nicht in sich zusammenfällt?
- Wer stellt sich einmal auf eine Matte und macht plötzlich alle Muskeln ganz weich, so daß er aus dem Stand in sich zusammenfällt? Wollt ihr das alle einmal probieren?
- Wir wollen im Stehen diesmal nur den Kopf hängen lassen, dann auch mit den Schultern nachgeben, den Rücken nach vorn beugen, so daß der Kopf ganz tief herunterhängt. Nun richtet euch, vom Rücken her angefangen, langsam wieder auf. Der Kopf kommt als letztes wieder senkrecht nach oben. Genießt die aufrechte Haltung!
- Wer will das einmal seitwärts versuchen?
- Wir nehmen die Arme zur Seithalte und lassen sie plötzlich ganz schlaff hängen.
- Und nun die Arme gestreckt nach oben nehmen und plötzlich fallen lassen.

- Versucht einmal in Rückenlage die Arme senkrecht hochzustrecken und sie dann langsam hinter den Kopf bis auf den Boden zu senken.
- Versucht, ob ihr sie das letzte kleine Stückchen einfach auf den Boden fallenlassen könnt.
- Wir stellen uns breitbeinig hin und versuchen, wie weit wir nach rechts und links schwanken können, ohne die Füße versetzen zu müssen.
- Nun schwanken wir vorsichtig vor und zurück.
- Wollt ihr einmal versuchen, zuviel Schwung nach vorn zu nehmen? Wodurch kann man sich vor dem Umfallen retten? Ja, man muß einen großen Schritt vorwärts tun. Dann holt man seinen Schwerpunkt wieder ein.
- Wer möchte es einmal zur Seite hin versuchen und dann nach rückwärts?
- So, und nun probieren wir wieder die Mittellage der Gleichgewichtserhaltung aus. Wer kann ohne viel Schwankungen stehen, selbst wenn er die Augen dabei schließt?
- Setzt euch einmal hin und probiert aus, wieviel Kraft ihr in den Händen habt.
- Greift ganz kräftig mit beiden Händen in eure Oberschenkel oder Unterschenkel (Waden).
- Faltet die Hände ineinander und drückt ganz fest zu. Laßt vor dem Körper eine Hand die andere fassen und probiert ebenfalls, wieviel Kraft ihr aufwenden könnt.
- Hakt die Finger ineinander und versucht, die Hände auseinanderzuziehen.
- Greift abwechselnd euer eigenes Handgelenk und drückt ganz fest zu.
- Jetzt wollen wir einmal aufstehen. Wir haben viel Kraft in uns. Im ganzen Körper. Könnt ihr beim Umhergehen zeigen, wieviel Kraft in euch ist?
- Federt mit den Füßen kräftig ab, so als ob ihr bei jedem Schritt den Körper nach oben schnellen wollt.
- Spannt auch die Gesäßmuskeln etwas an und richtet euch gerade auf, so als ob euer Kopf im Haarwirbel nach oben an einem Haken aufgehängt wäre. Das ist sehr anstrengend, nicht?
- Nun lassen wir beim Gehen einmal alles labbern, macht die Muskeln so schlapp und wabbelig wie möglich.
- Was habt ihr für ein Gefühl dabei?
- Versucht einen Mittelweg zu finden zwischen der kraftvollen Anspannung und der völligen Schlaffheit. Findet ihr zu einem gelösten, leichten und unbeschwerten Gehen? Fühlt ihr euch jetzt gut dabei?
- Versucht ganz leicht und locker zu laufen. Das Tempo soll etwa mittelschnell sein. Sucht euch selbst einen Weg durch den Raum, ohne andere anzurempeln.
- Wer kann herausfinden, wieviele Schritte er bei der Ausatmung und wieviel bei der Einatmung braucht? Wofür braucht man mehr Schritte? Zum Ausatmen oder zum Einatmen?
- Wir legen uns auf den Boden und spüren, wie nach dem Laufen unser Brustkorb sich hebt und senkt. Die Lunge muß immer noch viel Sauerstoff in den Körper pumpen.
- Könnt ihr auch fühlen, wie schnell euer Herz schlägt? Es wird sich gleich beruhigen, und auch die Atmung wird langsam ruhiger werden.
- Wir entspannen uns, indem wir alle Muskelspannung lösen und gar nichts mehr selbst tun. Wir sind passiv und lassen alles mit uns geschehen.
- Spürt ihr eure Glieder auch noch, wenn ihr sie nicht bewegt?
- Merkt ihr, wo ihr mit dem Körper am Boden aufliegt?
- Schließt einmal in Rückenlage eure Augen und tastet im Geiste die ganze Länge eures Körpers ab, von den Füßen bis zum Kopf. So groß seid ihr.
- Und nun einmal die Breite in Gedanken abtasten, von der linken Seite zur rechten Seite.
- Wer kann an seinen Armen entlangdenken, zuerst im Geiste den rechten Arm entlangtasten, von den Fingerspitzen über den Handrücken, das Handgelenk, den Unterarm, Ellenbogen und Oberarm bis zur Schulter. Und dann das gleiche mit dem anderen Arm?

- Jetzt könnt ihr auch an euren Beinen versuchen entlangzudenken. Dadurch nimmt man die ganze Muskelspannung weg und fühlt sich ganz schlaff und schwer.
- Ohne unseren Atem zu verändern, achten wir darauf, wie sich der Bauch beim Einatmen herauswölbt und beim Ausatmen anschließend wieder flacher wird. Laßt eure Atmung einfach geschehen und versucht in diesen Vorgang nicht einzugreifen. Genießt es, daß ihr einmal nichts tun sollt und alles geschehen lassen könnt.
- Wer kann nach dem Ausatmen eine ganz kleine Pause einlegen und etwas warten, ehe er wieder einatmet? Es darf aber nicht zu lange sein und nicht als unangenehm empfunden werden.
- Das Gegenteil von Entspannung ist Anspannung. Könnt ihr euren ganzen Körper für einen Moment anspannen und dann wieder entspannen?
- Wer kann liegend nur die Füße anspannen, die Waden, die Oberschenkel, das Gesäß, den Bauch, Brust und Schultern?
- Bringt eure Arme in Streckspannung - und nun in Beugespannung.
- Kann man auch die Beine in Beugespannung bringen? Ja, indem man die Knie anhebt, die Füße auf den Boden setzt und kräftig in den Boden hineindrückt.
- Wer kann einmal zeigen, wie man die Schultern anspannt?
- Ja, man zieht sie dabei bis zu den Ohren hoch und läßt sie in der Entspannung wieder fallen.
- Probiert, ob es möglich ist, von den Füßen angefangen, über Oberschenkel, Gesäß, Bauch, Brust, Arme und Schultern nacheinander alles zu spannen, so daß daraus eine langsame Spannungswelle wird.
- Wenn alles angespannt ist, versuchen wir von den Schultern her in Gegenrichtung alles wieder locker zu lassen (für Fortgeschrittene).
- Könnt ihr euer Gesicht ganz fest anspannen?
- Probiert es, die Zähne aufeinander zu pressen, die Zunge gegen den Gaumen zu drükken, die Naselflügel zu blähen und die Augen zusammenzukneifen. Und dann alles wieder plötzlich entspannen.
- Stellt euch mit geschlossenen Augen ein wunderschönes Feuerwerk vor und öffnet den Mund zu einem erstaunten Aaaaaahhh. Könnt ihr euer Gesicht jetzt besser spüren?
- Wir nützen die völlige Entspannung in der Rückenlage mit geschlossenen Augen dazu, uns noch einmal unseres gesamten Körpers bewußt zu werden. Wir wollen uns selbst in unserem Leibe entdecken. Spürt überall hin, und umgreift in Gedanken alle Bereiche eures Körpers. Die Beine, die Arme, der Rumpf und der Kopf, alles gehört euch. Seid dankbar, daß ihr einen solchen schönen Körper und gesunde Gliedmaßen habt.
- Setzt euch auf und bestreicht und massiert eure Füße, eure Beine, euren Leib, eure Arme und euer Gesicht. (Bei entsprechender sozialer Reife können hier auch Partnerübungen des Massierens gemacht werden.)
- Probiert verschiedene Arten aus, wie ihr am Boden sitzen könnt. Probiert einen bequemen Sitz, einen schwierigen, eine lustige Art des Sitzens, ganz wie ihr wollt. Seht euch einmal um und schaut, was die anderen für Sitzarten gefunden haben.
- Und nun legt euch so auf den Boden, wie ihr am bequemsten liegt. Zeigt einmal, wie ihr nachts im Bett einschlaft. Einige bevorzugen die Rückenlage, die anderen liegen auf der Seite oder auf dem Bauch.
- Wir hören uns in Ruhe Musik an (klassische Musik von Mozart, Vivaldi oder Bach).
- Wer kann dazu nur seine Hände und Finger bewegen? Hände und Finger sollen nur tun, was die Musik ihnen sagt. Nehmt eine oder beide Hände, während ihr in Rückenlage die Ellenbogen auf den Boden stützt oder die Arme einfach in die Luft erhebt. Wenn ihr wollt, schließt die Augen, wenn ihr es lieber mögt, so laßt sie offen.

- Wir hören wieder Musik in der Rückenlage und bewegen nun, wenn wir wollen, außer den Fingern und Händen auch unsere Arme im Takt der Musik.
- Nun setzen wir uns einmal auf und behalten die Arm-, Hand- und Fingerbewegungen bei.
- Wer will, kann den Oberkörper dazu wiegend hin- und herbewegen.
- Wer will, darf auch aufstehen und sich stehend nach der Musik bewegen.
- Danach Reflexion: Wie haben wir uns dabei gefühlt, haben wir den Verstand eingesetzt, um Bewegungen nach der Musik zu finden, oder haben sich unsere Glieder von selbst nach der Musik bewegt? (Bei dieser letzten Übung ist fraglos auch die Möglichkeit zum individuellen Gefühlsausdruck gegeben. Die Übung kann bei entsprechendem Interesse auch zum elementaren Tanz ausgebaut werden.)

3.4.2. Gefühlsausdrucksförderung

Das gesamte psychomotorische Ausdrucksverhalten des Menschen dient der Mitteilung von Bedürfnissen und Gefühlsbefindlichkeiten über die Signalsysteme der Mimik, Gestik und Sprache. Insofern sind emotionale Eigenschaften und Verhaltensmuster immer auch zwischenmenschliche Kommunikationsmittel, die innerhalb des großen Sozialzusammenhanges gesehen werden müssen. Dabei handelt es sich keinesfalls um einen Prozeß einseitiger Aktivitäten des sich psychomotorisch Mitteilenden und Ausdrückenden, sondern gleichzeitig um das Wahrnehmen, Deuten und Verstehen der verschiedenen ausdrucksmotorischen Phänomene anderer.

Entwicklungspädagogisch gilt es hier, die Funktionseinheit des Sich-in-der-Bewegung-Ausdrückens mit der Wahrnehmung seitens des Sozialpartners immer wieder in Dekkung zu bringen. Das bedeutet einerseits, die Kinder zu lehren, ihre innere Gefühlsdynamik in adäquate psychomotorische Äußerungsformen zu überführen. Andererseits kommt es immer auch darauf an, sie für Sozialwahrnehmungen sensibel zu machen, d. h. empfindsam für die Gefühle anderer Kinder. Beides zusammen bildet die Voraussetzung für spätere sozial-integrative und kommunikative Interaktionen.

Kinder, die ihre Gefühle unterdrücken müssen, empfinden dies als beengend, ja schmerzlich. Sie müssen oft ungeheure innere Kraftanstrengungen machen, um die aufgestauten Gefühle zu bremsen und nicht spontan zum Ausdruck zu bringen. Es handelt sich hier zumeist um 'negative' Gefühle und Affekte wie Wut, Zorn und Trotz. Vielfach wird aber auch die ausgelassene Fröhlichkeit als schuldhaft empfunden.

Eine ständige Einschränkung und Behinderung von Gefühlsäußerungen kann zu neurotischen Ausdrucksstörungen führen. Wie von BORN (1955) von psychiatrischer Seite eindeutig festgestellt wird, kann eine Ausdruckshemmung, d. h. das Verlernen der Befreiung über psychomotorisches Ausdrucksverhalten echte neurotische Konflikte erzeugen.

Deshalb ist es psychohygienisch so eminent wichtig, die Kinder frühzeitig zu lehren, daß Gefühle keinesfalls etwas Schlechtes sind und daß es ein Recht jedes Menschen ist, Gefühle zu haben und auch zu zeigen. 'Erst durch vielfältige gefühlsmäßige Erfahrungen lernen Kinder, mit ihren Gefühlen umzugehen und sie so auszudrücken, daß sie andere nicht beeinträchtigen' (Anne-Marie TAUSCH u. a., 1975, S. 8).

- Wir beginnen mit der Darstellung von Empfindungen: Wir sind am Nordpol und fangen an, ganz schrecklich zu frieren. Wer kann richtig zittern oder mit den Zähnen klappern?
- Versucht euch irgendwie warm zu machen. Ja, man kann mit den Armen an den Körper schlagen, auf der Stelle hüpfen oder sich in die Hände pusten.

- Unser Flugzeug hat uns nach Afrika gebracht, und wir beginnen, ganz fürchterlich zu schwitzen. Die Sonne brennt uns auf den Nacken, und wir verspüren Durst. Wischt euch den Schweiß von der Stirn, fächelt euch Luft zu, stöhnt und pustet vor Hitze.
- Wir haben irgendwo Schmerzen. Wie kann man sehen, daß man starkes Bauchweh hat? Ja, der Körper ist ganz zusammengekrümmt und das Gesicht schmerzverzerrt.
- Zeigt, wie es ist, wenn der Schmerz langsam nachläßt. Wenn er weg ist, fühlt man sich erleichtert, gelöst und entspannt. Vielleicht ist jetzt auch so etwas wie eine stille Freude in uns, daß es uns wieder gut geht.
- Unserer Mutter geht es nicht gut, sie ist schwerkrank. Wir sind darüber sehr traurig und niedergeschlagen. Wie zeigt sich das an unserem Körper?
- Der Gang ist schleppend, der Kopf hängt nach vorn über, man macht einen Buckel, als ob man eine schwere Last zu tragen hat.
- Wer von euch war in letzter Zeit einmal richtig tieftraurig? Erzählt, wie es euch dabei zumute war. (Bei sozial kommunikationsfähigen Kindern kann hier eine kleine Szene gespielt werden, in welcher ein oder mehrere Kinder ein anderes, trauriges Kind zu trösten versuchen.)
- Wer hat sich einmal ganz richtig erschrocken? Kannst du mal zeigen, wie es war, als dir der Schreck in die Glieder fuhr?
- Wer hat sich noch irgendwann einmal erschrocken? Ja, man erschreckt vor etwas Unerwartetem. Man ist dabei wie gelähmt, die Bewegung erstarrt und man ist ganz steif vor Schreck.
- Meistens haben wir beim Erschrecken vor etwas Angst. Zeigt, wie das ist, wenn man Angst hat. Jeder Mensch hat irgendwann einmal Angst gehabt.
- Wovor habt ihr am meisten Angst? Manchmal hat man auch Angstträume.
- Wer kann sich an solche Alpträume erinnern? Oft möchte man dabei weglaufen und kommt nicht von der Stelle. Das ist schrecklich.
- Jeder denkt sich eine kleine Begebenheit aus, in der er sich erschreckt, Angst bekommt, langsam zurückweicht und dann in panischer Furcht davonrennt.
- Wer will einmal eine giftige Schlange sein oder ein gefährliches Raubtier? Alle anderen Kinder spielen nichtsahnend am Boden. Und plötzlich taucht das bedrohliche Tier auf. Dann fliehen wir alle so schnell wir können und retten uns irgendwo auf einen Kasten oder auf eine Leiter.
- Zum Schluß kann dann noch ein Jäger kommen und dem gefährlichen Tier selbst Angst einjagen, so daß es auch wegrennen muß.
- Wann kommt es denn vor, daß man nicht wegrennt, also keine Angst hat oder nur ein bißchen, und daß man trotzdem nicht von der Stelle weicht, wenn man bedroht wird? Das ist der Fall, wenn der andere ungefähr gleich stark mit dem ist, den er bedroht. Oder wenn man eine Waffe hat, mit der man auch dem angreifenden Tier gefährlich werden kann.
- Zeigt einmal, wie das ist, wenn man keine Angst vor dem Gegner hat und nicht bereit ist, von der Stelle zu weichen.
- Zeigt dem Herausforderer ruhig eure Entschlossenheit und Kampfbereitschaft.
- Tut so, als seid ihr ganz stark und droht dem Gegner mit der Faust, um ihn abzuschrekken. (Hier soll bald dazu übergegangen werden, das Herausfordern und Drohen in Gegenüberstellung zu Partnern auszutauschen.)
- Macht mir einmal Angst durch eure Haltung, euer gefährlich aussehendes Gesicht, eure drohenden Fäuste und stampfenden Schritte. Wenn ihr sehr beängstigend ausseht und langsam auf mich zukommt, so bleibt mir nichts anderes übrig, als vorsichtig zurückzuweichen. Ihr könnt dabei ruhig ein Fabelwesen darstellen, das mit seinen grotesken und bizarren Verrenkungen mir Furcht und Schrecken einflößt.
- Zeigt mir, wie es aussieht, wenn ihr wütend seid. Wenn ihr wollt, so schimpft einmal richtig nach Herzenslust drauflos.

- Und nun soll nur allein der Körper eure ganze Wut ausdrücken. Fangen wir beim Gesicht an: Wie sieht ein wütendes Gesicht aus? Wie ein wütender Mund, eine wütende Nase, ein wütender Blick?
- Zeigt mir, wie eure Hand wütend ist. Ja, sie ballt sich zur Faust.
- Kann auch der Ellbogen wütend sein? Wie ist das mit Schulter, Knie und Fuß, können sie wütende Bewegungen machen?
- Stampft, wenn ihr wollt wütend auf den Boden.
- Macht einen wütenden Sprung.
- Geht wutschnaubend umher. Es ist euer Recht, wütend zu sein!
- Reflexion: wie fühlt ihr euch jetzt, erschöpft oder stark? Erleichtert, befreit?
- Wer war schon einmal richtig trotzig? Erzählt einmal warum. Ja, wenn man seinen Willen nicht durchsetzen kann oder wenn man etwas tun soll, das man nicht möchte, dann ist man trotzig.
- Wie äußert sich dieser innere Widerstand und Trotz? Es ist so etwas wie Abwehr und Gegenwehr dabei. Kopfschütteln und unwilliges Fußstampfen drücken trotziges Verhalten aus.
- Jeder darf ein paarmal ein entschlossenes 'Nein' ganz laut herausschreien. (Bei genügender Kontaktfähigkeit kann hieraus auch eine Partnerübung gemacht werden, wobei ein unwilliger, trotzender Partner vom anderen gegen dessen Willen vorwärtsgestoßen wird).

3.4.3. Pantomime und Urlaute

Tiefe, echte Gefühle sind immer körperlich. Diese 'Verkörperlichung' zeigt sich in Haltung, Bewegung, Atem und Stimme. Die Ausdrucksphänomene der 'Körpersprache' sind stets auf den Sozialpartner bezogen und können deshalb auch nur im Zusammenhang mit gesellschaftlichen Ordnungen und zwischenmenschlichen Prozessen gesehen und verstanden werden. Dabei fungieren vor allem Mimik und Gestik als kinetische Monitoren, welche Gefühlsregungen, Impulse, Wünsche oder Konflikte ganzkörperlich, d. h. pantomimisch zum Ausdruck bringen.

Es handelt sich hier um unbewußt ablaufende subkortikale Bewegungsmuster, die oft mit Urlaut-Äußerungen gekoppelt sind. Handmotorik und Sprachmotorik weisen durch ihren benachbarten Ursprung in den Hirnrindenarealen eine enge funktionelle Beziehung auf. Lautliche und körperliche Vitaläußerungen gehören zusammen, z. B. Schreien und Strampeln, Jauchzen und Körperstreckung, Schmerzensschrei und Körperzusammenziehung.

Die pantomimischen und urlautlichen Ausdrucksübungen zielen auf psychische Befreiung und Entlastung. Sie sollen den in unserer Gesellschaft leider oft schon sehr früh anerzogenen Ausdruckshemmungen, der blockierten und nicht gewagten Ausdrucksfähigkeit unserer Kinder entgegenwirken. Indem wir sie dazu bringen, Inneres zu äußern, verhelfen wir ihnen zu einer kindgemäßen Vitalität und damit zu einem allmählichen Abreagieren von angestauten und verdrängten Affekten.

Tiefes Atmen und ungehemmter Stimmeinsatz unterstützen, im Verein mit unreflektierten und spontanen motorischen Aktionen die notwendige Affektfreisetzung. Die Übungen zeigen fließende Übergänge zu der im vorigen Kapitel geschilderten Gefühlsausdrucksförderung (3.4.2.).

- Wir atmen einmal tief seufzend aus. Laßt dabei ruhig einen lauten, langgezogenen Seufzer hören.

- Ihr wißt ja, wie ansteckend das Gähnen ist. Wer macht den Anfang mit einem herzhaften Gähnen? Es ist gut, wenn wir alle ausprobieren, wie tief wir dabei ausatmen und wie entspannt uns dabei zumute ist.
- Was gibt es noch alles für Töne, die wir normalerweise nicht von uns geben dürfen, weil es sich nicht schickt? Laßt euch ganz gehen und räkelt euch nach Herzenslust auf dem Boden. Wer kann dabei ächzen, stöhnen, keuchen, schnaufen, und meinetwegen auch schnarchen?
- Wir probieren Tierlaute aus: Wie bellt ein wütender Hund, wie laut brüllt ein Löwe?
- Welche Laute gibt ein schmusendes Kätzchen von sich?
- Wie hören sich Schmerzlaute an, Bettellaute, Laute des Ärgers oder der hellen Freude?
- Bei genügender Kontakt- und Kommunikationsfähigkeit können zwei Partner sich eine kleine Szene ausdenken, in der zwei Tiere oder ein Mensch und ein Tier mitspielen. Hinterher dürfen die anderen raten, um welches Tier es sich wohl dabei handelt.
- Welche Töne geben wir von uns, wenn wir uns vor etwas ekeln? Drückt einmal eure Abscheu vor einer Speise aus, die ihr nicht mögt. Macht dabei laut 'Ih', 'Äh', 'Bäh', 'Brrrr'.
- Findet Laute des Erstaunens, Entsetzens, der Angst, der Erleichterung und des Ärgers.
- Wir spielen eine kleine Szene, in der wir mit Wohlbehagen unsere Lieblingsspeise löffeln und dabei genüßlich Urlaute von uns geben.
- Legt euch auf den Rücken und schließt die Augen. Es ist jetzt morgens und ihr schlaft noch fest. Wenn ihr gleich den Wecker klingeln hört, so fahrt erschreckt hoch, stellt den Wecker ab und spielt dann weiter, so ähnlich wie ihr das in Wirklichkeit macht.
- Der eine dreht sich um und schläft weiter; dann kommt die Mutter und ruft :'Los, schnell aufstehen!' Dann müssen wir wirklich raus aus dem Bett.
- Jeder darf einmal zeigen, was alles geschieht und was er alles tun muß, ehe er sich auf den Schulweg macht (Schlafanzug ausziehen, sich waschen, Zähne putzen usw.).
- Wir machen ein Ratespiel mit Musikinstrumenten. Wer möchte, darf ein gedachtes Instrument vorspielen (Flöte, Geige, Klavier, Schlagzeug usw.). Wer zuerst den richtigen Namen ruft, darf als Nächster etwas vormachen.
- Was gibt es alles für Sportarten, die man pantomimisch darstellen kann? Wer macht einen Vorschlag, welche Sportart wir als erste darstellen können? Was treibt ihr gern für einen Sport? Zeigt es vor, so daß wir sehen, ob ihr Federball meint, Tischtennis, Fußball, Fechten, Hockey, Schwimmen oder Boxen usw.
- Welche Tätigkeiten macht die Mutter im Haushalt? Was tut sie alles in der Küche, welche Tätigkeiten gehören zum Saubermachen und Putzen? Wie ist das mit Bügeln, Wäscheaufhängen usw.? Wem etwas einfällt, der darf es schnell vorzeigen.
- Immer zwei Kinder dürfen sich etwas gemeinsam ausdenken, was mit einem Beruf zusammenhängt: Schuhe zum Schuster bringen, Eis beim Eisverkäufer kaufen, einen Verkehrsschutzmann nach dem Weg fragen usw.
- Kann man am Gang sehen, ob jemand fröhlich oder traurig ist? Stellt euch vor, ihr habt eine schlechte Note in der Schule bekommen. Schleicht euch mit schlechtem Gewissen oder traurig nach Hause. Das ist so ähnlich, wie wenn ein schuldbewußter Hund seinen Schwanz einklemmt. Versucht es mal.
- Und wie geht man nach Hause, wenn man eine gute Zensur bekommen hat? Oder wenn man Geburtstag hat?
- Wer kann zeigen, wie ein ganz alter Mensch über die Straße geht? Ja, er ist unsicher und macht kleine Schritte. Vielleicht benützt er auch einen Stock, um sich abzustützen. Spielt alle mal einen alten Mann oder eine alte Frau.
- Wie geht dagegen ein Baby, das gerade laufen lernt?
- Spielt einen Cowboy, der ein wenig krumme Beine vom vielen Reiten bekommen hat.
- Wie geht ein Clown oder ein Möbelpacker, der vor Kraft kaum laufen kann?

- Wie geht ein Mannequin, wie ein Betrunkener?
- Laßt uns einmal ausprobieren, welche Arten des Gehens es überhaupt gibt: man kann ganz hölzern gehen und staksen oder elastisch abfedern.
- Man kann tänzeln oder schweben, schlendern oder stolzieren, schreiten, marschieren, huschen, hasten und eilen, stolpern, hinken und lahmen oder auch tippeln, stöckeln und schleichen.
- Wir denken uns zu zweit eine kleine Begegnung auf der Straße aus, die wir anschließend spielen. Zwei gute Bekannte können sich treffen, zwei Schwerhörige, zwei tratschende Hausfrauen, zwei Liebende, zwei, die sich nicht mögen, Lehrer und Schüler usw.
- Jeder geht mit einem Hund spazieren. Der Hund ist nicht wirklich da; man tut nur so, als ob man ihn streichelt, mit ihm spricht usw. Ihr könnt euch aussuchen, ob es ein kleiner oder ein großer Hund sein soll.
- Wie könnte man wohl darstellen, daß man ein Fahrrad besteigt und damit auf der Straße fährt. Wir probieren einmal mehrere Möglichkeiten aus. Bei wem sieht es wohl am echtesten aus?
- Bei wem am komischsten?
- Fahrt alle mit euren Fahrrädern los (natürlich auf der Stelle) und spielt, daß ihr einen Fahrradunfall, vielleicht einen Zusammenstoß, habt.
- Wir wollen eine Szene aus dem Familienleben spielen. Wer hat da einen Vorschlag? Es geht ja da nicht immer gemütlich und harmonisch zu. Wer möchte da mal Regie führen und sich seine Schauspieler, die er dazu braucht, heraussuchen? Er muß ihnen sagen, was für eine Situation gespielt werden soll und wie sie reagieren sollen. (Der Lehrer gibt nur dort Hilfestellung, wo es unbedingt notwendig ist.)
- Es sollen aufregende und abenteuerliche Situationen mit pantomimischen Mitteln inszeniert werden. Wir denken uns eine Wildwestszene aus, einen Überfall auf die Postkutsche, ein Tarzan-Abenteuer im Urwald, den Ausbruch wilder Tiere aus einem Zoo, einen Bankraub mit Geiselnahme oder ähnliches.

Noch viel wichtiger als gestellte, selbst erdachte Szenen sind spontan entstehende Spielsituationen. In ihnen kommen innerseelische Bedürfnisse nach Gefühlsäußerung unreflektiert zur Darstellung. Derartige spielerisch freie Bewegungsentladungen haben besonders bei verhaltensgestörten Kindern therapeutische Wirkungen (vgl. unter 'Emotional-soziale Behinderungen' im Band 2 dieser Schriftenreihe).

Gut gelungene 'Inszenierungen' können auch hin und wieder einmal im größeren Rahmen aufgeführt werden. Hierbei können Kostümierungen und als Ausnahme auch einzelne Requisiten verwendet werden. In Einzelfällen können Verkleidungen und vor allem auch Masken Hemmungen überwinden helfen.

Es ist zu überlegen, ob bei solchen pantomimischen Aufführungen von Spielszenen oder auch Märchen kleine Tanzszenen oder rhythmisch-musikalische Darbietungen mit integriert werden können. Die gespielte Geschichte kann auch während der Darbietung vorgelesen werden, wobei geschickt eingesetzte Orff-Instrumente mit typischen szenischen Instrumentationen einen geeigneten musikalischen Hintergrund geben können.

3.4.4. Rhythmisch-musikalische Kreativität

Übungen des rhythmisch-musikalischen Gestaltens sind eine kindgemäße Form der kreativen Spielerziehung. Man 'spielt' mit den verschiedenen Instrumenten und dennoch liegen auch hier, wie bei jedem Spiel, Regeln und Ordnungsprinzipien zugrunde, an die der Spieler gebunden ist. Sie betreffen einmal die rein motorische Seite der Handlung: die Schlaginstrumente oder Stabspiele (Xylophone) müssen gezielt getroffen werden. Andererseits muß das Kind sich bei jedem Schlag, jeder Tonerzeugung entscheiden. D. h. es wählt spontan improvisierend aus mehreren Handlungsmöglichkeiten eine aus.

In dieser Entscheidungsfreiheit liegt das Wesen der Kreativität. Das Kind kann im originellen, selbstbestimmenden, intuitiv-einfallsreichen und phantasievollen musischen Tun jedesmal neu schöpferisch werden. Und es hat wiederum die Möglichkeit, Inneres dynamisch zum Ausdruck zu bringen. Das beginnt beim rhythmischen Stampfen, Klatschen und Patschen und setzt sich fort über Rufen, Singen bis zum Trommeln und Instrumentalgebrauch (Orffsches Schulwerk).
Methodisch wichtig ist das sparsam strukturierte Angebot rhythmischen und musikalischen Übungsmaterials. Je begrenzter die Wahlmöglichkeiten für die Kinder sind, desto leichter fällt ihnen die Entscheidung beim phantasievollen Improvisieren.
Im Gegensatz zum wilden, ungeordneten und destruktiven Hin und Her, wie es bei einer Überfülle des Materialangebotes besteht, ermöglicht erst die Beschränkung der Mittel ein konzentratives Tun und stimuliert die Phantasie und Kreativität der Kinder. Die Funktion des Lehrers erschöpft sich hier weitgehend in der gezielten Anregung und Aufgabenstellung. Er wird aber, soweit das irgend möglich ist, versuchen, sich allmählich überflüssig zu machen. Immer wieder sollen einzelne Kinder selbst die Initiative der Spielführung übernehmen.

- Der Lehrer schaut die Kinder nacheinander an und ruft ihnen im Zweitonruf zu: 'Haaallo, wie heißt du?' Die einzelnen Kinder rufen ihren Namen in der gleichen Art (Terz) zurück.
- Habt ihr einmal auf dem Markt gehört, wie die einzelnen Stände ihre Waren durch Rufen anpreisen? Jeder darf sich etwas ausdenken, das er verkaufen möchte: z. B. 'Radieschen, frische Bündel Radieschen!' Desgleichen Kartoffeln, Pflaumen, Eier oder was den Kindern noch einfällt.
- Nachdem wir einzeln die Rufe geübt haben, probieren wir zum Schluß einmal alle Marktrufe durcheinander. (Wichtig ist dabei nur, daß jeder seine Stimme, so laut er kann, ohne Hemmung gebrauchen lernt)
- Jedes Kind darf sich eine Blume wünschen, die es gleich laut rufen darf, z. B. Schneeglöckchen, Anemone oder Kletterröschen. Wenn alle Kinder Blumennamen haben, so kann der Lehrer oder ein anderes Kind als 'Dirigent' fungieren und jeweils einem Kind den Einsatz zum Rufen geben.
- In der Variation dieser Übung werden die Blumennamen dreimal hintereinander gerufen. Die Kinder können dabei rhythmisch in die Hände klatschen.
- Wir sortieren die Blumennamen danach, ob sie zwei Silben, drei Silben, vier oder mehr Silben haben. Der 'Dirigent' gibt dann wieder den Einsatz zum Sprechen und Klatschen.
- Wir suchen zweisilbige Vornamen, desgleichen drei- und viersilbige, z. B. Peter, Waldemar, Bernadette.
- Sie werden ebenso durch Klatschen rhythmisiert und können gemeinsam oder in kleinen Gruppen (jeweils eine Gruppe für zweisilbige Vornamen, eine für dreisilbige usw.) gesprochen werden.
- Wer kennt einen Reim oder ein Sprichwort, das wir alle gemeinsam sprechen können? Wenn nichts gefunden wird, so beginnt der Lehrer mit 'hei, hei' und die Kinder ergänzen weiter, z. B. mit 'wir sind der Kinder drei' oder 'jetzt kommt die Polizei'.
- Zu dem Spruch wird gemeinsam geklatscht, auf die Oberschenkel gepatscht oder auf den Boden gestampft.
- Wir können auch zum gesprochenen Text herumgehen.
- In der Variation wird der gleiche Spruch einmal leise, das nächstemal laut im Wechsel gesprochen.

- Er kann auch einmal langsam und das nächstemal schnell gesprochen werden.
- Oder einmal hoch mit Fistelstimme und das nächstemal so tief wie möglich im Baß.
- Wir versuchen gemeinsam in die Hände zu klatschen, zu Anfang ganz langsam, dann immer schneller, bis es nicht schneller mehr geht, um dann wieder langsamer zu werden.
- Wenn diese Übung einigermaßen klappt, so probieren wir das gleiche im Gehen ohne Klatschen. Wir beginnen im 'Trauermarsch' und steigern erst ganz allmählich das Tempo bis zum ganz schnellen Gehen, um dann allmählich wieder langsamer zu werden.
- Wir gehen alle ganz leise im Raum herum und werden allmählich lauter im Gehen, bis wir alle ganz laut stampfen. Dann werden wir allmählich mit unseren Schritten wieder leiser. Das gleiche wird mit dem Klatschen geübt.
- Eventuell können auch Gehen und Klatschen miteinander verbunden werden.
- Irgendein Kind beginnt in einem ganz bestimmten Tempo zu klatschen und versucht dieses Tempo die ganze Zeit über beizubehalten. Alle anderen versuchen sofort das Tempo aufzunehmen und dabei ohne Klatschen herumzugehen. Hört das klatschende Kind auf, so bleiben alle stehen.
- Umgekehrt kann ein Kind mit dem Gehen in einem bestimmten Tempo beginnen, worauf alle im gleichen Tempo zu klatschen beginnen. Bleibt das gehende Kind stehen, so hört auch das Klatschen auf.
- Ein Kind beginnt zu klatschen, ein zweites macht mit, ein drittes, ein viertes usw., bis alle Kinder gemeinsam klatschen. Dann soll wieder einer nach dem anderen aufhören, so daß immer weniger Kinder klatschen und zuletzt nur noch eines übrig bleibt. Dieses Anschwellen und Abschwellen des Händeklatschens muß schon ein paarmal geübt werden, ehe es einigermaßen klappt.
- Dann kann das gleiche im Gehen versucht werden: einer fängt an, ein zweiter gesellt sich hinzu, ein dritter usw., bis alle gehen. Dann bleibt wieder einer nach dem anderen stehen, bis am Ende nur noch ein Kind herumläuft.
- Der Lehrer singt oder spielt ein kleines Marsch- oder Tanzlied. Die Kinder können dazu in die Hände klatschen oder im Sitzen auf den Boden patschen. Sie können auch in Bauchlage gehen und die Zehen leicht auftippen, während sie mit den Händen ebenfalls auf den Boden patschen.
- Wir üben das Vorklatschen und Nachklatschen in Art eines Echospiels. Dabei stehen dem Vorklatschenden (es darf auch ein Kind sein) jeweils 4 Takte zur Verfügung. Sie können entsprechend rhythmisiert werden, z. B. klatsch, klatsch - klatsch, klatsch, klatsch. Dazu können auch Worte erfunden werden, z. B. Pferd-chen - lauf Galopp.
- Wenn das Echoklatschen mit vier Takten gut klappt, so kann es auch mit 8 Takten versucht werden. Dabei ergeben sich mehr Möglichkeiten des freien Improvisierens.
- Als Variation kann das gleiche Nachklatschen im Dreiertakt probiert werden, wobei sowohl dem Vorklatscher als auch den Nachklatschenden jeweils 2 Dreiertakte zur Verfügung stehen, deren erster Takt jeweils betont werden muß, z. B. '**ich** bin froh, **du** bist froh'. Auch hier lassen sich viele rhythmische Variationen finden.
- Wir übertragen die gleichen Klatschrhythmen auf die verschiedenen Rhythmusinstrumente, Klangstäbe, Holzblöcke, Rasseln, Trommeln oder Pauken. Mit diesem Rhythmusorchester wird das Vorschlagen und Echoschlagen in vielen Variationen geübt.
- Die gleiche Echoübung wird mit Stabspielen (Xylophonen und Glockenpielen) geübt. Dabei sollte nur im Fünftonraum gespielt werden. In der F-Pentatonik müssen dabei die E- und H-Stäbe vorher herausgenommen worden sein. Die Kinder können mit einem oder gleich mit zwei Klöppeln spielen. Dabei ist es im Fünftonraum gleich, welche Töne sie treffen. Die Hauptsache ist, sie bleiben im Rhythmus und antworten innerhalb der vorgegebenen vier oder acht Takte.

- Wenn Schlagwerk und Stabspiele zusammen sind, so kann immer ein Vorspieler mit dem Echo des Schlagwerkes bzw. mit dem der Stabspiele abwechseln.
- Später kann man einen sogen. Bordun (Bordunquint) als immer gleichbleibendes rhythmisches Gerüst und musikalisches Grundmotiv auf einem Baß- oder Alt-Xylophon dazunehmen.
- Statt des Echospiels kann auch gemeinsam in Form eines Rondos gespielt werden. Dabei haben abwechselnd einzelne Spieler oder Spielergruppen sowie auch alle zusammen die Möglichkeit, während acht Takten frei zu improvisieren.

Weitere Anregungen können dem Orff-Schulwerk, Musik für Kinder, Band 1 mit der sehr instruktiven Langspielplatte entnommen werden. Bewegung, Rhythmik, Musik, Sprache und Tanz sind musische Ausdrucksmittel, die, wie aus den vorgenannten Übungen deutlich hervorgeht, ausgezeichnet geeignet sind, das soziale Miteinander, das Interagieren und Kooperieren zu fördern. Das gemeinsame rhythmische und musikalische Tun und die selbstverständliche Unterordnung unter diese Gesetzlichkeiten schafft eine Atmosphäre, in der soziale Bezüge und Kontakte im allgemeinen problemlos angebahnt werden können.

3.4.5. Kooperationsförderung

Gemeinsame Gefühlserlebnisse tragen dazu bei, daß der einzelne sich in der Gemeinschaft wohlfühlt und sich zu anderen hingezogen fühlt. Daraus erwächst ein Gefühl der Zusammengehörigkeit und des Miteinanderverbunden-Seins. Man sollte jüngeren Kindern anfangs immer gestatten, ihre Teilnahme noch weitgehend auf passives Beobachten und Registrieren von Fremdhandlungen zu beschränken. Sie schulen damit ihre soziale Wahrnehmung und lernen auf diese Weise nach und nach das So-Sein und die Eigenheit anderer kennen und zu respektieren.

Es dauert eine gewisse Weile, bis jüngere Kinder selbst aktiv eine soziale Rolle im Spiel übernehmen wollen. Körperliche und bewegungsmäßige Du-Begegnungen sind wichtige Voraussetzungen für eine spätere partnerschaftliche Kommunikation bei gemeinsamer Aufgabenbewältigung. Im Partner- und Gruppenspiel lernt das Kind, Rücksicht auf andere zu nehmen, warten zu können und sich einer Regel unterzuordnen.

Dennoch sollte man den einzelnen ermutigen, seine Wünsche, Bedürfnisse und Spielvorstellungen auch gegenüber den anderen zu vertreten. Entweder die anderen schließen sich seiner Meinung und seinen Vorschlägen an, oder aber es kommt zu einer anderen gemeinsamen Abstimmung, die den einzelnen zwingt, seine Ideen, Wünsche und Vorteile zugunsten der Gemeinschaft zurückzustellen.

Jede sich anbahnende Unstimmigkeit und jeder aufkeimende Konflikt birgt die große Chance für den Pädagogen, den Kindern zu zeigen, wie man Meinungsverschiedenheiten demokratisch und gewaltlos lösen kann.

- Ein Kind darf irgend etwas vormachen, eine Bewegungsfolge, ein paar improvisierte Tanzschritte oder etwas Pantomimisches. Die anderen beobachten genau diesen Vorgang und sollen danach erläutern, was sie gesehen haben, welche Haltungs- und Bewegungseigenheiten sie bemerkt haben und was das Ganze wohl bedeuten sollte.
- Der Lehrer oder ein Kind machen wieder etwas vor: eine bestimmte Art zu gehen oder irgendwelche Bewegungsfolgen wie in der vorgenannten Aufgabe. Versucht alle, das was ihr seht, sofort mitzumachen.
- Diese Art von 'Bewegungsübernahme' durch sofortiges Mitmachen einer vorgezeigten Bewegungsform wird jetzt mit Musik geübt. Es kann mehrmals mit den verschie-

densten musikalischen Rhythmen geübt werden, mit Rock, Pop oder Jazz.

- Wir versuchen ein 'Spiegelspiel' wobei ein Kind oder der Erwachsene selbst vor der Gruppe steht und betont langsame Arm-, Kopf- und Körperbewegungen ausführt, die von der Gruppe spiegelbildlich mitvollzogen werden.
- Wir probieren das 'Spiegelspiel' als Partnerübung. Achtet darauf, daß ihr die Bewegungen langsam genug vormacht, so daß euer Partner wirklich wie im Spiegel alles mitmachen kann.
- Ein Partner folgt dem anderen wie ein Schatten, während dieser in vielen Kurven und Richtungen durch den Raum geht. Bleibt der Führende stehen, so hält auch der Schatten inne; setzt er sich hin, so tut das der Schatten auch.
- Kontaktübung: Während ihr beliebig im Raum durcheinander geht oder lauft, versucht einmal, in einer halben Minute so viele Hände wie möglich zu schütteln. Der Gong gibt den Beginn und das Ende der Übung bekannt. Achtung, fertig, 'Gong'.
- Zahlen-Reaktionsspiel: Lauft alle nach Musik beliebig durch den Raum. Bei Abbrechen der Musik wird eine Zahl gerufen, z. B. 4. Dann müssen sich jeweils 4 Kinder anfassen und zusammenstehen. Seht zu, daß ihr alle bei der entsprechenden Zahl eine Gruppe findet, bei der ihr der Vierte (oder bei der Zahl drei der Dritte) seid.
- Als Variation kann die Zahl auch vom Lehrer mit den Fingern gezeigt werden. Es ist auch möglich, eine auf eine Karte geschriebene Zahl hochzuzeigen oder einen großen Würfel zu würfeln. Wenn Kinder nicht zu einer Gruppe finden, so brauchen sie nicht auszuscheiden, sondern können gleich wieder weiter mitspielen.
- Jeder darf sich beim freien Herumgehen im Raum einen Partner suchen. Wenn er dem gewünschten Partner begegnet, so soll er ihn ansehen. Ist der Partner einverstanden, so blickt er den Suchenden gleichfalls an. Wenn er nicht einverstanden ist, so geht er einfach weiter. Wenn zwei Partner sich gefunden haben, so bleiben sie voreinander stehen und setzen sich im Schneidersitz einander gegenüber.
- Die Hälfte der Kinder steht in etwa gleichmäßig verteilt im Raum, während die andere Hälfte nun auf Partnersuche geht. Sie dürfen ihren Partner durch einen selbsterfundenen Ton anzulocken versuchen (Summton, Piepsen, Pfeifen, Schnalzen usw.). Sie gehen so lange von Partner zu Partner, bis ein Partner ihren Ton als Zeichen des Einverständnisses übernimmt und in gleicher Weise pfeift, piepst oder schnalzt. Wenn sich zwei Partner gefunden haben, so setzen sie sich nebeneinander hin.
- Ein Partner sitzt am Boden und sendet den Erkennungston aus. Der andere krabbelt mit geschlossenen Augen ein wenig von ihm weg, aber nur so weit, daß er den Summ- oder Piepston des Partners noch hört und zu ihm zurückfinden kann.
- Beide Partner gehen gemeinsam, aber ohne sich anzufassen, durch den Raum. Es wird nicht ausgemacht, wer der Führende ist. Beide nehmen Blickkontakt miteinander auf und versuchen ihr Tempo und die Raumrichtung, in der sie gehen, aufeinander abzustimmen.
- Nun können sich beide Partner anfassen oder einhaken und so tun, als ob sie miteinander unter einem Regenschirm gingen. Daran können sich weitere Partner-Pantomimen anschließen, z. B. eine gedachte Leiter, einen Stuhl oder eine Glasscheibe tragen, einen Wagen ziehen und schieben usw.
- Lauft alle in Handfassung zu Paaren durch den Raum. Ein Paar ist der Fänger. Sie dürfen sich aber auch nicht gegenseitig loslassen. Die Fänger versuchen, ein anderes Paar abzuschlagen. Wenn es gelingt, so ist das abgeschlagene Paar Fänger. (Hier kommt es weitgehend auf eine gemeinsame Abstimmung, z. B. über den Fluchtweg oder über die Fangrichtung, an.)
- Jeweils zwei Partner haben einen Ball und werfen ihn sich beim Umhergehen fortlaufend zu. Welches Paar bringt es fertig, daß der Ball während einer Minute nicht zu Boden fällt?
- Schwierigkeitssteigerung: Den Ball während des Laufens sich gegenseitig zuwerfen. Oder: Den Ball einander zuprellen. Welches Paar verliert den Ball trotzdem nicht?

- Einer der Partner soll seine Augen freiwillig schließen und sich vom anderen sicher durch den Raum führen lassen. Faßt euren Partner dabei nur leicht an den Fingerspitzen an.
- Versucht mit ihm Kurven zu gehen, ihn um sich selbst zu drehen, zum Sitzen oder zum Liegen zu bekommen. Es soll dabei aber nicht gesprochen werden.
- Übungsvariation: Wir fassen nicht die Hand des Partners, sondern schalten ein Verbindungsstück dazwischen, z. B. einen Ball, einen kleinen Holzstab oder einen Reifen. Anschließend sollen die Partner wechseln.
- Einer der Partner hält einen Reifen waagerecht, während der andere in diesem Reifen steht. Der Innenstehende soll den Reifen nicht berühren, auch nicht, wenn sein Partner langsam mit dem Reifen vorwärts, seitwärts oder rückwärts geht. Dazu müssen die Augen selbstverständlich offengehalten werden.
- Zwei Partner tragen einen Reifen, ohne ihn anzufassen. Probiert, wie ihr mit Gegendruck gehen könnt, ohne daß der Reifen herunterfällt.
- Denkt euch zwei oder drei Möglichkeiten aus, den Reifen ohne Handbenutzung zwischen euch zu tragen (z. B. zwischen Bauch und Rücken, Bauch und Bauch, Stirn gegen Stirn usw.).
- Versucht, ob ihr euren Reifen durch Gegendruck zwischen euch hochhalten könnt, indem ihr nur die Handflächen benutzt. Wenn ihr das geschafft habt, so dürft ihr es nur mit den Fingerspitzen probieren.
- Welches Paar schafft es, ein Sprungseilchen mit den Händen zwischen sich immer gespannt zu halten, auch wenn man damit durch den Raum geht? Versucht, das Seil immer in Spannung zu halten.
- Variation: Ob es euch gelingt, während des Umhergehens das Seil zwischen euch fortlaufend zu schwingen? Ihr kennt ja alle das Spiel mit dem Seilschlagen. Diesmal soll aber keiner hineinspringen. Versucht es zuerst auf der Stelle und bewegt euch erst später vorsichtig vom Ort, ohne mit dem Schlagen des Seiles aufzuhören.
- Tragt in Gegenüberstellung zwei Gymnastikstäbe so zwischen euch, daß ihr noch etwas darauflegen könnt. Versucht, was man alles auf die beiden Stäbe packen kann, ohne daß es herunterfällt (Reifen, andere Stäbe, Schaumstoffteile, Säckchen, Tennisringe usw.).
- Welches Paar schafft es, seine beiden Stäbe wie Schienen so eng zu halten, daß ein Ball darauf von der einen Seite zur anderen rollen kann? Dazu hebt zuerst der eine Partner und dann der andere die Stäbe an seiner Seite etwas hoch. Versucht es zuerst mit einem Wasserball und später erst mit einem Fußball oder Gymnastikball.
- Beide Partner tragen einen Stuhl, auf dessen Sitzfläche ein Ball liegt. Welches Paar kann den Stuhl am höchsten heben, ohne daß der Ball herunterfällt? Könnt ihr damit vorsichtig über kleine Hindernisse (Kastendeckel, Leiter usw.) steigen?
- Jedes Paar hat eine Decke, auf die sich einer der beiden Partner stellt. Der andere hat die Aufgabe, die Decke so langsam auf dem glatten Boden vorwärtszuziehen, daß sein Partner stehend das Gleichgewicht halten kann.
- Wenn ihr euch das noch nicht zutraut, so stellt einen Stuhl auf die Decke, und der Partner setzt sich erst einmal auf diesen Stuhl. Wenn das geschafft ist, so kann sich der zu Ziehende stehend an der Lehne des Stuhles festhalten.
- Baut aus Schaumstoffbacksteinen ein Haus auf die Decke oder ein am Boden liegendes Tuch und zieht es gemeinsam vorsichtig ein paar Meter weiter.
- Variation: Errichtet ein anderes Bauwerk aus Garnrollen, Brettchen, Tennisringen usw. auf der Decke und versucht es ebenfalls vom Fleck zu ziehen.
- Versucht mit Hilfe von drei Teppichfliesen von einer Matte zur anderen gemeinsam einen 'Bach' zu überqueren, ohne daß einer von euch danebentritt und nasse Füße bekommt.
- Versucht, in Gegenüberstellung auf einer Turnbank vorsichtig aneinander vorbeizukommen. Wie werdet ihr das anstellen? Gibt es verschiedene Lösungsmöglichkeiten?

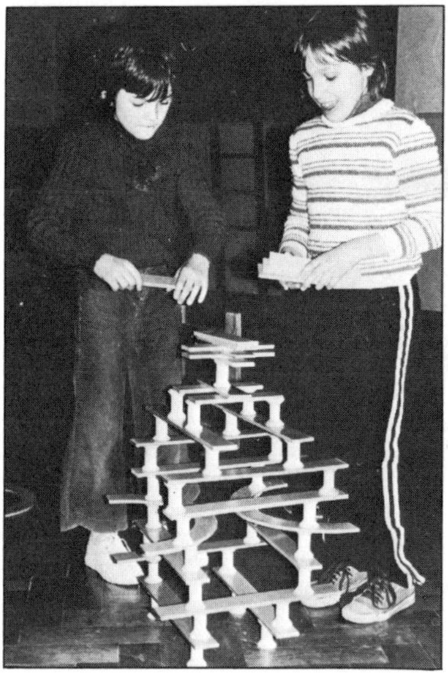

Abb. 81

Abb. 82

- Baut gemeinsam aus Garnrollen und Brettchen einen ganz hohen Turm. (Abb. 81)
- Ob ihr es wohl fertig bringt, mit Hilfe von Rollbrettern und Kastenteilen ein 'Boot' zu bauen, mit dem ihr richtig fahren könnt? (Abb. 82)
- Setzt euch Rücken an Rücken auf den Boden, hakt die Arme ineinander und versucht, gemeinsam aufzustehen, ohne die eingehakten Arme loszulassen.
- Versucht ein Karussellspiel, indem der eine Partner den anderen über Kreuz an den Händen oder Handgelenken faßt. Lehnt euch dabei beide nach außen und dreht euch so schnell das Karussell fahren kann.
- Wir tun uns zu dritt zusammen. Zwei von euch sollen den Kleinsten tragen. Probiert aus, wie es am leichtesten geht. Zeigt eure Lösungen vor.
- Variation: Der Mittlere läßt sich von den beiden Äußeren ziehen. Was gibt es da für Möglichkeiten?
- Der Mittlere führt, diesmal ohne Handfassung. Die beiden Äußeren sollen versuchen, sich ihm in Tempo- und Richtungswahl anzupassen.
- Variation: Ein 'Doppelschatten' läuft hinter dem Führenden her. Die Schattenläufer machen alle Gangarten und Bewegungen des Führenden mit.
- Die Dreiergruppe versucht, im Dreieck sich einen Reifen im Uhrzeigersinn zuzurollen. Was können wir uns noch im Dreieck zuspielen? Die Kinder finden selbst Möglichkeiten: z. B. Ballprellen, Fußballzuspiel, Indiaca oder einfach ein Luftballon, der in der Luft geschlagen wird.
- Die Dreiergruppe versucht, drei (später vier) Luftballons fortlaufend in der Luft zu halten. Sie sollen dabei ziemlich eng beieinander stehen. Welcher Gruppe gelingt das am längsten?
- Zwei von euch schlagen ein Seil wie vorhin, der dritte versucht durchzulaufen oder hineinzuspringen.
- Variation: Zwei Partner laufen mit dem dicht über den Boden gehaltenen Seil dem Dritten entgegen, der seinerseits über das Seil springt.
- Variation: Es werden zwei Seilchen parallel gehalten. Der Dritte springt über den Graben oder auch nur über ein Seilchen, um unter dem anderen durchzukriechen.
- Jeweils eine Dreiergruppe hat die Aufgabe, aus gleich vielen Einzelteilen (Kästen, Leitern, Matten, Brettern, Schaumstoffteilen) ein Haus zu bauen. Vor Baubeginn hat jede

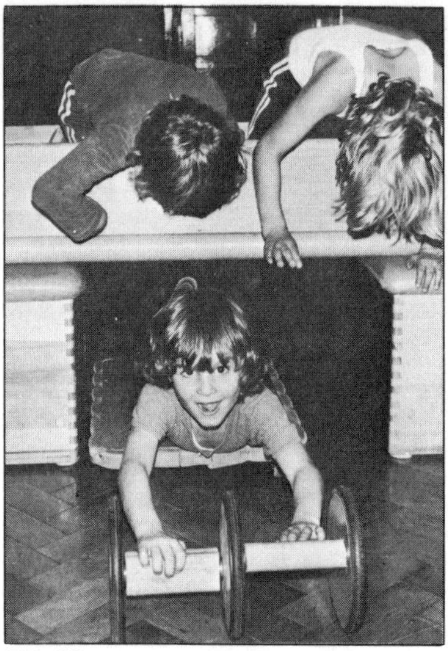

Abb. 83

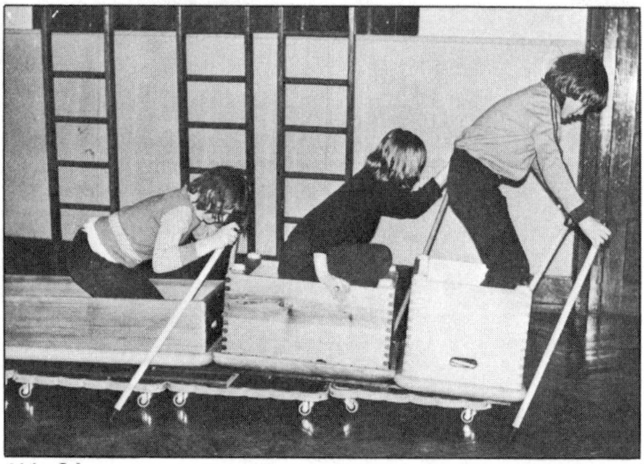

Abb. 84

Dreiergruppe eine Minute Zeit, um sich zu überlegen, wie das Haus gebaut werden soll.
- Hinterher wird beraten, welche Gruppe das höchste, das größte, das originellste, das wohnlichste oder das ulkigste Haus gebaut hat.
- Baut zu dritt eine Brücke, unter der ihr durchfahren könnt. (Abb. 83)
- Ob ihr zu dritt wohl eine Eisenbahn aus Rollwagen und Kastenteilen zusammenbasteln und richtig damit fahren könnt? (Abb. 84)
- Die Gruppen werden auf vier oder fünf Kinder erweitert, unter immer neuer Aufgabenstellung: Legt euch in Kreisform so auf den Boden, daß jeder die Fußgelenke seines Nebenmannes fassen kann. Ist der Kreis auch wirklich rund?
- Variation: Bildet durch Handfassung einen Kreis, bei dem ihr nicht nach innen, sondern nach außen schaut. Oder: Stellt euch, ohne euch anzufassen, in einem Viereck auf.
- Versucht, in der Gruppe möglichst gemeinsam lange auf dem Rundbalken eines Stegels oder auf einem Balancierbrett zu stehen. Probiert aus, wie es besser geht, angefaßt oder einzeln stehend. Bei welcher Gruppe gelingt es, daß alle gleichzeitig eine längere Zeit auf dem Balken stehenbleiben können?
- Bildet eine 'lebende Straße' indem ihr euch nebeneinander auf dem Boden zusammenkauert.Einer von euch soll dann versuchen, über die Rücken der anderen zu krabbeln oder zu gehen. Jemand geht vorsichtshalber als Hilfestellung mit.
- Versucht, ob ihr nebeneinander auf Pedalos stehend vorwärtsfahren könnt. Wie wird das wohl am besten gehen: In Handanfassung, die Arme ineinandergehakt oder gegenseitig auf die Schultern gelegt?
- Wir legen ein Brett (eine Bohle) über zwei hintereinander stehende Pedalos. Könnt ihr zu dritt auf diesem 'Tandem-Pedalo' (LEGER) fahren?
- Hebt gemeinsam eine Leiter an, auf deren Holmen sich ein Kind im Vierfüßlerstand befindet. Ihr müßt es so vorsichtig tun, daß eurem Gruppenmitglied dabei nichts passiert.
- Variation: Anheben eines leichten Brettes, auf dem ein Kind frei steht. Hier soll wieder ein Kind Hilfestellung geben.
- Tragt gemeinsam eine Leiter über ein Feld von Hindernissen und versucht, die Leiter an die gegenüberliegende Wand anzustellen.
- Zwei große Turnkästen stehen 3 m auseinander. Überlegt, wie ihr mit Hilfe von Brettern, Böcken usw. eine sichere Brücke von Kasten zu Kasten bauen könnt. Anschließend vergleichen wir, welche Wege zur Lösung dieses Problems von den einzelnen Gruppen gefunden worden sind.

3.4.6. Gemeinschaftsspiele

Spielen ist an sich zweckfrei und öffnet sich jedem spontanen Einfall und jeder schöpferischen Handlungsinitiative. Dennoch ist es geradezu bezeichnend für ein Gemeinschaftsspiel, daß die Beteiligten nicht ziellos und planlos mit den Spielmöglichkeiten wechseln, sondern sich bestimmte Regeln schaffen, nach denen das Spielgeschehen eine Begrenzung und eine Abgeschlossenheit erfährt. Die dem Spiel innewohnenden Ordnungsprinzipien erlegen dem Spieler bestimmte Richtlinien und Reglements auf. Sie lassen ihm aber andererseits genügend Freiraum zur Entwicklung eigener Kombinationen und auch Improvisationen.

Gemeinschaftlich bewältigte Spielsituationen dürfen als soziales Lernfeld par excellence angesehen werden. Die dabei notwendigerweise immer wieder sich bildenden persönlichen Kontakte und sozialen Interaktionen, bis hin zur Kooperation in Gruppe und Mannschaft, setzen beim Kind eine gewisse Reife, d. h. die Fähigkeit, mit anderen zu kommunizieren, voraus. Zum anderen sind auch im Motorischen gewisse Fähigkeiten und auch technische Fertigkeiten (z. B. beim Ballspielen) vorauszusetzen. Solange es den Kindern einfach Spaß macht, dem weggeworfenen Ball nachzusehen, hat es wenig Sinn, diesem Kind eines der im folgenden erwähnten Gemeinschaftsspiele anzubieten.

- Haltet den Kasten voll: Hier spielen die Kinder gegen den Lehrer, der einen mit Bällen gefüllten, umgedrehten kleinen Turnkasten zu leeren versucht. Die um den Kasten herumstehenden Kinder versuchen ihrerseits, die herumfliegenden Bälle möglichst schnell wieder in den Kasten zu tun. Gelingt es dem Lehrer nicht, innerhalb einer festgelegten Zeit den Kasten ganz zu leeren, so haben die Kinder gewonnen.
- Variation: Statt des Lehrers versuchen zwei Kinder die Bälle aus dem Kasten zu werfen.
- Haltet das Feld frei: Zwei Spielfeldhälften werden mit Hilfe von Langbänken abgetrennt. In jeder Spielhälfte liegen gleichviele Bälle. Zwei gleich starke Kindergruppen besetzen die Spielfelder und versuchen auf ein Zeichen hin, möglichst viele Bälle aus dem eigenen in das andere Spielfeld zu befördern. Gelingt es einer Gruppe, das eigene Feld auch nur für eine Sekunde leerzuhalten, so hat diese Gruppe gewonnen. Ist nach einer Minute immer noch nicht die Entscheidung gefallen, so wird abgepfiffen und danach gezählt, in welcher Spielfeldhälfte die wenigsten Bälle liegen.
- Vieleck-Fußball: So viele große Turnkästen wie möglich werden in Kreisform um die Innenfläche der Hallenmitte aufgebaut. Jeder Spieler steht mit dem Blick nach innen vor einem Kasten, der gleichzeitig sein Tor darstellt. (Bei sehr vielen Teilnehmern müssen auf die gleiche Weise zwei Spielfelder erstellt werden,wobei möglicherweise die hohen Turnkästen geteilt und den Spielern jeweils halbhohe Kästen als Tor zur Verfügung gestellt werden.) Nachdem ein Ball hineingegeben worden ist, kann jeder Spieler den Ball gegen eins der Tore kicken. Verläßt er dabei sein eigenes Tor, so riskiert er dabei immer, daß ein anderer Spieler in der Zwischenzeit auf sein nun unbesetztes Tor spielt.
  Bei diesem Alle-gegen-Alle-Spiel kann jedes Kind Pluspunkte durch Torschuß erzielen, aber auch Minuspunkte dadurch einhandeln, daß es selbst ein Tor durchläßt.
- Variation: Statt mit Turnkästen kann das Fußball-Vieleck auch durch umgekippte Langbänke gebildet werden, deren Sitzflächen nach innen zeigen. Bei dieser Version können nun auch schon jeweils zwei oder drei Kinder zusammenspielen, indem sie beide ihr Langbank-Tor bewachen bzw. auch ein Angriffspiel starten können.
- Treffball-Spiel: Gespielt wird am besten in einer kleinen Gymnastikhalle, deren gesamter Raum zum Spielfeld wird. Nachdem der Schiedsrichter den Ball durch Hochwurf in

der Mitte freigegeben hat, kann jeder versuchen, sich in Besitz des Balles zu bringen, wodurch ihm das Wurfrecht zusteht. Die anderen in der Nähe stehenden Spieler werden versuchen, sich schnellstens zu entfernen. Der im Ballbesitz befindliche Spieler darf nämlich jeden Mitspieler abwerfen, allerdings nur von dem Fleck aus, wo er den Ball gefangen hat. Er darf mit dem Ball keinesfalls laufen. Gelingt es ihm, einen Spieler im Direktwurf abzutreffen, so muß dieser sich an der gleichen Stelle sofort hinsetzen und scheidet solange aus dem Spiel aus, bis es ihm gelingt, im Sitzen den vorbeirollenden oder vorbeihüpfenden Ball zu greifen. Er darf dann sofort aufstehen und besitzt das Wurfrecht. Wer geschickterweise den auf ihn gezielten Ball fängt, gilt als nicht getroffen und darf nun seinerseits wieder jemanden abwerfen. Schafft es ein Spieler, alle anderen Mitspieler abzuwerfen, ohne daß es einem von ihnen gelingt, sich sitzend wieder in den Besitz des Balles zu bringen, so hat er das Spiel, in dem wieder alle gegen alle antreten, gewonnen.

Die beiden letztgenannten Spielformen sind eine gute Vorbereitung für spätere Gruppen- bzw. Mannschaftsspiele. Obwohl sich im Alle-gegen-alle-Spiel jeder der Spielgemeinschaft zugehörig fühlt, spielt doch jeder für sich selbst und nimmt seine eigenen Vorteile wahr. Es gibt hier wohl ein Miteinander, aber noch kein 'Füreinander' (MOOR, 1971).

Das vorgenannte Treffball-Spiel vermittelt wie kein anderes die Fähigkeit zur schnellen Wahrnehmung, zur Reaktion und zu schnell entschlossenem Handeln. Zwar kommt es anfangs immer wieder zu Spielverzögerungen, weil der Wurfberechtigte sichtlich seine Macht und Überlegenheit den anderen gegenüber auskostet. Er merkt aber sehr bald, daß ihm dadurch die besten Wurfchancen entgehen, weil er den anderen dadurch Zeit läßt, sich in sicheren Abstand von ihm zu begeben.

Mit der Zeit entwickeln die Kinder regelrechte Angriffs- und Verteidigungsstrategien. Und letztlich werden automatisch die Balltechniken des Fangens und Werfens spielerisch in immer wieder neuen Situationen geübt.

- Vereinfachte Mannschaftsspiele: Die Kinder teilen gemeinsam die Halle in zwei Spielfelder auf. Dabei wird beispielsweise eine Schnur in bestimmter Höhe gespannt, es wird eine Barriere zwischen den Spielfeldern aus Langbänken oder Turnkästen errichtet oder nur ein Klettertau als Abgrenzung auf den Boden gelegt.
- Nachdem zwei Mannschaften gebildet worden sind, wird mit den Kindern besprochen, welche Art von Ballspiel man spielen will, z. B. den Ball über die hohe Schnur werfend in das andere Feld bringen, ihn über die bauchhohe Schnur ins andere Feld prellen oder ihn unter den Langbänken hindurchrollen.
- Nachdem mehrere Möglichkeiten erprobt worden sind, machen die Kinder Vorschläge zu einfachen Spielregeln. Z. B. der über die Schnur fliegende Ball darf auf der anderen Seite den Boden nicht berühren. Oder: der unter der Bank hergerollte Ball darf die hintere Hallenseite, die als Tor gilt, nicht berühren.
- Solchen einfachen und selbsterdachten Spielregeln ordnen sich die Kinder erfahrungsgemäß wie selbstverständlich unter. Entstehen dennoch fragliche Spielsituationen, so wird es unter Umständen notwendig sein, eine erweiterte Spielregel zur Klärung einer solchen Situation hinzuzunehmen. Spielregeln haben eine große pädagogische Bedeutung, weil sie auch dann akzeptiert werden müssen, wenn der eigenen Mannschaft dadurch ein Nachteil entsteht. Hier beginnt die Erziehung zur Fairness und Toleranz.

- Große Mannschaftsspiele: Ob es sich um Hallenhockey, Volleyball oder Basketball handelt, immer sollte mit vereinfachten Regeln begonnen werden und erst allmählich eine Erweiterung vorgenommen werden, dann nämlich, wenn eine bestimmte Situation ein neues Reglement notwendig macht. So kann z. B. beim Hallenhockey die gesamte hintere Schmalseite der Halle als Tor gelten. Der Mannschaft bleibt es dabei überlassen, wieviel Verteidigungsspieler sie zur Sicherung dieses großen Torraumes einsetzt und wieviel als Angriffsspieler fungieren.

- Variation: Sind keine Hockeyschläger vorhanden, so können auch Turnstäbe genommen werden, mit denen ein flach auf dem Boden liegender Tennisring vorwärtsbefördert wird. Das geht, indem man den Stab innen hineinbringt und dann wegschnellen läßt.
  Eine andere lustige Variation ist das 'Scheuerlappenspiel', wobei ein trockener Scheuerlappen mit Hilfe von Schrubbern in das Tor der anderen Mannschaft befördert werden soll.

3.4.7. Wettkampf- und Leistungsformen

Bei Wettspielen, Staffeln und sportlichen Wettkämpfen geht es immer um Leistungsvergleiche. Wenn die Kinder über genügend Selbstvertrauen und über die entsprechenden technisch-sportlichen Fähigkeiten verfügen, so sind auch diese Leistungsformen fraglos ein pädgogisch höchst wichtiges soziales Lernangebot. Wir denken hier vor allem an Gruppenwettbewerbe. Einzelleistungsvergleiche, z. B. in Form von Staffeln, fördern dabei nur den Konkurrenzgedanken.

In den sozialpädagogisch wesentlich effektvolleren Formen der Gruppenwettkämpfe und Gruppenstaffeln wird dagegen vielmehr die Kooperation, das Eintreten füreinander, das gegenseitige Helfen geübt und gefördert. Bei der Wertung zählt nicht der einzelne als Gruppenbester, sondern die Gruppenleistung, die eben auch den Gruppenletzten mit einbezieht.

Echter Gruppengeist beweist sich erst dadurch, daß die Leistungsbehinderten und Schwachen beschützt und mitgetragen werden. Gemeinsam errungene Siege stärken den Gruppenzusammenhalt. Gemeinsam müssen aber auch Niederlagen ohne Vorwürfe an die Leistungsschwächeren getragen und durchgestanden werden. Durch die Fähigkeit zum Verlierenkönnen erhöht sich mit der Zeit die Frustrationstoleranz der einzelnen Gruppenmitglieder.

Im folgenden sollen einige Anregungen gegeben werden, die über die üblichen Gruppenwettkämpfe in Form von Ballstaffeln und Laufstaffeln hinausgehen. Erfahrungsgemäß sind die Kinder am besten durch konstruktiv-motorische Aufgaben zu motivieren, bei denen es gilt, eine bestimmte Aufgabe gemeinsam zu lösen. Dabei sollte nach Bekanntgabe des zu lösenden Problems den Gruppen mindestens eine Minute 'Bedenkzeit' gegeben werden, während welcher sie gemeinsam einen Plan zur Problemlösung aufstellen können. Ist eine Gruppe nach dieser Zeit noch nicht zu einer allgemein akzeptierten Entscheidung gekommen, so soll die Zeit zum Entwerfen einer gemeinsamen Handlungsstrategie bedenkenlos erhöht werden.

- Vor jedem großen Turnkasten steht eine Gruppe von vier bis sechs Kindern. Der Turnkasten ist durch Entfernen des Kastendeckels geöffnet; die Kastenhöhe richtet sich nach dem Leistungsvermögen der Kinder. Wenn das Startzeichen ertönt, sollen alle in den offenen hohen Turnkasten klettern. Wie kann man sich gegenseitig dabei helfen, daß alle möglichst schnell in das Innere des Kastens gelangen?
- Als eine Art von Rückspiel besteht das nächste Problem darin, möglichst schnell gemeinsam wieder aus dem Kasten herauszuklettern und daneben Aufstellung zu nehmen.

- Jede Gruppe füllt ihren Kasten mit einer gleichen Anzahl von Medizinbällen, Gymnastikbällen oder anderem Material. In der folgenden Aufgabe soll der gesamte Inhalt zur gegenüberliegenden Hallenwand befördert werden. Die Gruppen haben wiederum Zeit, gemeinsam zu überlegen, auf welche Weise diese Aufgabe unter möglichst geringem Zeitaufwand zu bewältigen ist. Hinterher werden die Lösungen besprochen und miteinander verglichen.
- Variation: Zehn vor dem Kasten liegende Medizinbälle sollen ohne Benutzung der Hände zur gegenüberliegenden Hallenwand befördert werden.
- Jede Gruppe sitzt rittlings auf ihrem Turnkasten, und auf ein Zeichen hin soll abgestiegen werden. Dann den gesamten Kasten auseinandernehmen, um die Einzelteile an einen vorgegebenen Ort zu befördern und den Kasten dort wieder zusammenzubauen. Welche Gruppe sitzt zuerst wieder im Reitsitz auf dem Kasten?
- Variation: Am Ende sollen alle hintereinander auf dem Kasten stehen oder in den geöffneten Kasten steigen.
- Die Gruppen (jeweils 4 - 6 Kinder) sollen Wege finden, einen Ball von Kind zu Kind weiterzugeben, ohne dabei die Hände zu benützen. Die Zeit zur Ausführung spielt zunächst noch keine Rolle. Später - nach Erreichen einer gewissen Routine - kann die schnellste Gruppe ermittelt werden.
- Jede Gruppe soll Möglichkeiten miteinander besprechen, wie sich alle Kinder der Gruppe am schnellsten der Sicht des Lehrers entziehen. Alle Geräte und Matten dürfen zum Verstecken benutzt werden. Welche Gruppe schafft es am schnellsten?
- Die Gruppen versuchen unter Aufrechterhalten steter Körperberührung über einen Balancierbalken zu gehen. Es sollen 3 verschiedene Möglichkeiten, diese Aufgabe zu bewältigen, geplant und nacheinander ausgeführt werden.
- Ein 'verletztes' Kind soll gemeinsam über ein Feld von Hindernissen geschafft werden. Versucht, ob ihr eine Lösung findet, bei der das Kind möglichst sanft transportiert werden kann.
- Transportiert gemeinsam einen mit Medizinbällen gefüllten, gepolsterten Kastendekkel über eine Hindernisbahn, an deren Ende ein Kletterturm mit Rutsche steht. Versucht, wie ihr die Medizinbälle auf den Kletterturm befördert, so daß sie über die Rutsche wieder in den bereitgestellten Kastendeckel rollen.
- Baut euch aus einem Kastenoberteil (gepolsterten Kastendeckel) und zwei flachen Rollwagen ein Boot, in das ihr euch an der Startlinie hineinsetzt. (Diese Übung ist für eine Kleingruppe von drei bis vier Kindern geeignet.) Auf ein Startzeichen dürft ihr versuchen, euch mit Händen und Füßen vom Boden abzustoßen, um zur gegenüberliegenden Langmatte zu gelangen. Alle 'Boote' dürfen während zwei Minuten die beste Art vorwärtszukommen ausprobieren. Dann geht es gemeinsam an den Start.
- Variation: Es muß am gegenüberliegenden Hallenende um eine Wendemarke herumgefahren und wieder zurück zum Ausgangspunkt gelangt werden.
- Versucht, zehn Holzreifen (Plastikreifen) über den Basketballkorb zu hängen. Überlegt euch die beste Lösungsmöglichkeit. (Bei Vorhandensein nur zweier Körbe üben zuerst zwei Gruppen gleichzeitig und dann die nächsten beiden.) Hinterher werden die gefundenen Lösungen miteinander verglichen. Welche Gruppe hat es am schlauesten angestellt (eine Leiter benutzt, einen hohen Kasten oder einen Mattenwagen daruntergefahren)?
- Jede Gruppe ist im Besitz von zehn großen bunten Tüchern, Aufgabe ist es, dieselben so schnell wie möglich fein säuberlich auf die obersten und drittobersten Sprossen der Sprossenwand zu hängen.
- Variation: Die Gruppe besitzt außerdem zwanzig Wäscheklammern zum Aufhängen der Tücher auf einer der straff gespannten Leinen (Zauberschnur). Überlegt wieder, wie ihr die Arbeit am besten unter euch aufteilen wollt, damit das Aufhängen schnell und sicher von der Hand geht.

- Jede Gruppe hat ein großes Leinentuch (5 x 5 m). Versucht gemeinsam einen Weg zu finden, das Tuch als fest verankerte Überdachung zu verwenden. Es dürfen dazu alle Geräte benutzt werden. Überlegt, wie ihr es machen wollt (2 min Beratungszeit). Welche Gruppe sitzt zuerst unter dem Zeltdach?
- Alle Kinder jeder Gruppe fassen das große Tuch an der Peripherie an. Versucht herauszufinden, wie man das Tuch durch schnelles Laufen so wie ein Segel durch den 'Fahrtwind' zum Aufblähen bekommt. Welche Wege, denkt ihr, sind möglich? Nach 2 min gemeinsamer Beratung darf die Lösung praktisch ausprobiert werden. (Die Übung ist für Fortgeschrittene. Das Tuch wird dabei am besten zum Dreieck gefaltet und mit der Spitze nach vorn im Laufschritt in Bewegung gesetzt, wobei die Luft in das etwas geöffnete Dreieck einfließen und das Tuch aufblähen kann. Für diese Übung braucht man eine große Turnhalle).
- Die Gruppen dürfen ihre Anziehsachen aus dem Umkleideraum holen und sie vor sich auf den Boden legen. Auf das Startzeichen läuft die gesamte Gruppe in Längsrichtung durch die Halle, von einer Hallenquerwand zur anderen. Sieger ist die Gruppe, welcher es gelingt, als erste mit Hose, Hemd, Strümpfen und Schuhen bekleidet an der gegenüberliegenden Wand zu stehen. Überlegt, ob ihr euch lieber vor dem Lauf, unterwegs, oder hinterher anziehen wollt und ob vielleicht einer dem anderen irgendwie helfen kann.
- Variation: Ein Paar Socken, Schuhe, eine Turn- oder Trainingshose soll nacheinander von allen Gruppenmitgliedern, vom ersten bis zum letzten, angezogen werden. Die Kleidungsstücke wandern also durch die Reihe, wobei Wege gefunden werden müssen, wie man anderen Gruppenmitgliedern jeweils beim Anziehen und Ausziehen behilflich sein kann.
- Weitere Gruppenstaffelideen können auch von den Kindern selbst ausgehen: z. B. Errichten eines bestimmten Bauwerks aus Schaumstoffbacksteinen am anderen Ende der Halle, gemeinsames Zusammenfügen eines Mosaiks, Zusammensetzung eines bestimmten Satzes aus durcheinanderliegenden Worten oder Silben, mit Tusche auf Pappe geschrieben.
- Jede Gruppe hat die Aufgabe, mit ihrem großen, mehrteiligen Turnkasten ein möglichst hohes Gebäude zu errichten, an dessen oberem Ende ein aufgeblasener Luftballon mit Klebestreifen anzubringen ist. Gewonnen hat die Gruppe, der es gelingt, aus den zur Verfügung stehenden Kastenteilen das höchste Gebäude zu bauen, bzw. auch den größten Luftballon aufzublasen (mehrere Luftballons und Klebestreifen stehen zur Verfügung). Die Gruppen haben einige Minuten Zeit, um ihren Handlungsplan miteinander zu besprechen.
- Ein Luftballon soll mit Hilfe des Klebestreifens so hoch wie möglich im Raum angebracht werden. Alle Hilfsmittel und Geräte sind erlaubt. Der Lehrer muß nur genauestens darauf achten, daß die Kinder keine zu gewagten Experimente mit wackeligen und unsicheren Aufbauten wagen. In diesem Falle muß im Hinblick auf die Gefährlichkeit sofort eingegriffen werden.
- Gleiche Aufgabe, diesmal allerdings ohne jegliche Hilfsmittel. Die Kinder werden wahrscheinlich versuchen, durch Aufeinandersteigen oder Pyramidenbau ihren Luftballon möglichst hoch an der Wand anzubringen. Auch hier müssen vom Lehrer Gefahren rechtzeitig erkannt werden.

Literatur zur emotionalen und sozialen Entwicklungsförderung siehe Seite 189.

3.5. Lehrweise und Lehrmittel

Es geht in diesem Kapitel um die didaktisch-methodischen Prinzipien einer psychomotorischen Unterrichtsweise. Sie umfassen sowohl das Was der Lehrinhalte als auch das Wie, d. h. die Unterrichtsform, den methodischen Weg, mit dem es am besten gelingt, bei den Kindern eine ganzheitliche Entwicklungsförderung und Persönlichkeitsstabilisierung zu erreichen. Methodik kann hier nicht heißen: genaueste Anweisungen für den Einzelfall geben, die der Lehrer bloß anzuwenden braucht. Der Lehrer soll vielmehr in die Lage versetzt werden, motopädagogisch überlegt und gezielt zu handeln. Dazu muß er wissen, welchen Entwicklungszielen die einzelnen Übungssequenzen dienen und wie er sie am erlebnisreichsten an die einzelnen Kinder heranbringen kann, indem er sowohl dem Leistungsschwachen als auch dem Leistungsstarken gerecht wird. Und der Lehrer muß in der Lage sein, souverän mit den Unterrichtsmitteln umzugehen, die ihm als Übungsraum und Übungsgeräte zur Verfügung stehen.

Übungsraum: die anfängliche Angst vor der Weite des Raumes, die man vor allem bei jüngeren und gehemmten Kindern immer wieder sieht, weicht meist sehr bald einer Vertrautheit. Ein weiter, heller Raum läßt sehr bald bei den Kindern ein Gefühl der Freiheit aufkommen. Es sollte darauf geachtet werden, daß der Hallenboden zum Barfußüben warm genug ist. Notfalls sollte er mit Teppichen oder Matten rutschfest ausgelegt werden. Gerade bei konzentrationsschwachen Kindern sind optische und akustische Ablenkungen innerhalb des Übungsraumes nach Möglichkeit zu vermeiden (Fenster mit Blick nach draußen, von außen hereindringende Geräusche, Zuschauer oder Geräte, die in der Übungsstunde nicht gebraucht werden).

Übungsgeräte: Es sollen immer nur diejenigen Geräte aufgebaut werden, die für den Stundenverlauf notwendig sind. Alle übrigen Geräte werden besser für die Kinder unsichtbar in einem Nebenraum oder in verschließbaren Schränken aufbewahrt. Ein Riesenangebot an Geräten und Übungen verwirrt. Dabei sollten die Grobmotorik anregende Großgeräte und die Feinmotorik anregende Materialien und Handgeräte zunächst immer getrennt voneinander angeboten werden.

Übungsplanung: Jeder Stundenverlauf soll immer im vorhinein bis ins einzelne ausgearbeitet werden. Die Übungsplanung sollte eine möglichst optimale Übungshäufigkeit für das einzelne Kind ermöglichen. Denn der Lernerfolg hängt nicht zuletzt weitgehend davon ab, wie oft die Kinder innerhalb einer Stunde effektiv Gelegenheit haben, bewegungsmäßig zu handeln. Lange Wartezeiten sollten vermieden werden. Statt dessen sind solche Übungsformen zu planen, in denen alle Kinder ohne große Erklärung gleichzeitig mit der Lösung einer motopädagogischen Aufgabenstellung beginnen können.

Die Forderung nach einer weitgehenden Individualisierung und die Differenzierung im Bewegungsunterricht läßt sich bei großen Schulklassen leider nur in geringem Maße realisieren. Trotz der organisatorischen Schwierigkeiten sollte aber versucht werden, einerseits den Gehemmten Mut zu machen und sie aus der Reserve zu locken, andererseits aber auch enthemmten Kindern Gelegenheit zum freiwilligen Üben ihrer inneren Bremskraft und Selbstbeherrschung zu geben. In den nachstehenden Kapiteln sollen spezielle didaktisch-methodische Unterrichtshilfen und Prinzipien aufgezeigt werden, die selbst bei großer Klassenstärke motopädagogische Differenzierungsmöglichkeiten eröffnen.

3.5.1. Selbsttätigkeit und Kreativität

Statt eines bloßen Vormachens und Nachmachens sollte die Stundengestaltung immer wieder spontane Handlungen aus den Kindern herauslocken. Es gibt keinen vorgeschriebenen Weg des motorischen Lernens innerhalb einer Bewegungsaufgabe. Jedes Kind findet seine eigene Methode, seinen eigenen Weg, um zum Ziel zu gelangen.

Auf jede 'Bewegungsfrage' lassen sich vielfältige 'Bewegungsantworten' finden. Die Kinder dürfen ausprobieren. Kein Weg ist falsch. 'Probiert einmal, irgendwie hinüberzukommen!' Welche Wege wurden gefunden? Welche Muskeln beansprucht diese Übung? Hat sie Spaß gemacht oder war sie sehr anstrengend? Wo können wir so etwas einmal im Leben gebrauchen?

Dieses Prinzip der Selbsttätigkeit und Spontaneität läßt sich in 'Erfindungsübungen' in schier unbegrenzter Vielfalt anwenden. Zu einem echten Erfahrungsbesitz wird einem Kind nur das, was es selbst reflektierend, vorausplanend und praktizierend hervorgebracht hat. Je phantasievoller, einfallsreicher, origineller und schöpferischer die Lösung einer Bewegungsaufgabe gestaltet wurde, desto mehr trägt sie den Stempel des Individuellen.

Jede Unterrichtsstunde sollte immer wieder kreative Verwirklichungsmöglichkeiten, die immer auch eine Art von Selbstverwirklichung und Ich-Erfahrung darstellen, einplanen und konkrete Gelegenheiten dazu anbieten. Da es bei diesem methodischen (induktiven) Vorgehen keine Mißerfolge, sondern nur ein individuelles Erfolgreichsein gibt, gewinnen die Kinder an Selbstvertrauen und werden zu weiteren Bewegungsunternehmungen ermutigt. Ein flexibles Lehrerverhalten im Sinne einer situativen Offenheit gegenüber Anregungen seitens der Kinder unterstützt den Prozeß der Selbstfindung und des schöpferischen Ausprobierens eigener Möglichkeiten und Grenzen.

3.5.2. Kindgemäßheit

Ein kindgemäßes psychomotorisches Übungsangebot löst spontane Freude aus. Motivation ist hier kein Problem. Sowohl die bloße Funktionslust beim fröhlichen Sich-Bewegen als auch die Attraktion, die von den verschiedenen Übungsgeräten ausgeht und die verlockende Aufgabenstellung schließlich wirken im Sinne einer Primär-Motivation. Das bedeutet, daß die Kinder schon von der Übungssituation her so motiviert sind, daß es keiner weiterer pädagogischer Mittel bedarf, um sie zur konstruktiven Aktivität zu ermuntern.

Dennoch ist es immer wieder notwendig, eine kindgemäße Form der Ansprache zu finden, durch welche die entsprechende motorische Problemlösung noch zusätzlich 'spannend' gemacht wird. Und da die verschiedenen Lösungsversuche vom Lehrer mit sympathisierender Anteilnahme verfolgt werden, keine Gefahr der Kritik oder der negativen Beurteilung besteht, können die Kinder dem Lehrer alles an Einfällen und Lösungsversuchen unreflektiert entgegenbringen. Da gerade im Anfang, und besonders bei entmutigten Kindern, ein starkes Bedürfnis beachtet zu werden und etwas vorzeigen zu dürfen besteht, sollte der Lehrer versuchen, sich während einer Übungsstunde möglichst jedem Kind einmal kurzzeitig persönlich zuzuwenden. Es ist dies die sehr schwierige Kunst, 'alle gleichmäßig zu bevorzugen'.

3.5.3. Entwicklungsgemäßheit

Sowohl die Ansprache als auch das Übungsangebot selbst hat sich nach den jeweiligen Entwicklungsgegebenheiten der Kinder zu richten. Das Aufgabenverständnis von Kleinkindern ist begrenzter als das von Pubertierenden. Je jünger die Kinder sind, desto knapper und anschaulicher muß die jeweilige 'Bewegungsfrage' gestellt werden. In diesem Alter ist das optische Aufgabenverständnis oft besser als das akustisch-verbale. Auch die Aufgaben selbst müssen hier einfacher, d. h. überschaubarer strukturiert sein.

Die Möglichkeit zum Ausprobieren und Experimentieren von jeweils nur wenig variierten Übungen führt allmählich zur Generalisierbarkeit von Bewegungs- und Wahrnehmungsmustern und damit zur Ausbildung von Bewegungsgrundfähigkeiten. Sie wiederum sind die Voraussetzung für komplexere und abstraktere Bewegungsaufgaben.

Die Übungen müssen außerdem der Phantasiefähigkeit und Vorstellungswelt der Kinder den einzelnen Entwicklungsphasen angepaßt sein. Im Kleinkindalter und möglicherweise auch im Vorschulalter herrschen noch fast magische Einstellungen vor, welche dann im Laufe des Grundschulalters immer konkreter und realitätsbezogener werden.

Dennoch ist es auch noch im Primarbereich wichtig, weniger an den Verstand, sondern vielmehr an das Gefühl zu appellieren. Ja selbst in der vorpuberalen Phase herrscht eine hohe Gefühlserregbarkeit, bei starker Vitalität und allgemein gesteigertem Bewegungsdrang vor, wobei sich zumeist ein starkes Wettspielbedürfnis entwickelt. Da hier aber der Verstand eine wesentlich führendere Rolle als in den vorangegangenen Phasen spielt, sind bei älteren Kindern Übungsreflektionen, aber auch eine Beteiligung an der Übungsplanung erfahrungsgemäß pädagogisch besonders fruchtbar.

Auf dem Boden möglichst komplexer Bewegungserfahrungen wird zu Beginn des Hauptschulalters auch ein Hinführen zu sportspezifischen Fertigkeiten angebracht sein. Hier spielen Neigungen, Interessen und Begabungen selbstverständlich eine Rolle.

3.5.4. Selbststeuerung und Selbstbeherrschung

Es gibt wohl kein geeigneteres Medium zur kindgemäß-spielerischen Übung der Selbstbeherrschung als das der Bewegung und vor allem der großräumigen Bewegungsbremsung und Bewegungssteuerung (Gesamtkörper-Koordination). Je jünger die Kinder sind, desto großräumiger, grobmotorischer, raumgreifender und bewegungsgeladener sollen die Übungen sein. Es ist dies ein Gegengewicht gegen den unkindgemäßen und unphysiologischen Sitzzwang des Kindergartens und der Schule. Bewegung bedeutet hier Expansion, Sich-Abreagieren und -Austoben in elementarer Funktionslust, als deren Extrem der 'Bewegungsrausch' angesehen werden kann. Demgegenüber steht auf der anderen Seite die völlige Bewegungsruhe, welche in der energetischen Kurve des Unterrichtsverlaufs immer wieder den Nullpunkt bildet, an dem das Kind zu sich selbst kommt. Im Gegensatz dazu ist es ja während des Verlaufs eines wilden Bewegungsspieles zumeist völlig 'außer sich'. Es reagiert mehr reflexhaft auf die Spielsituation, ohne sein Verhalten bewußt zu kontrollieren.

Freiwillige Abbremsübungen grobmotorischer Aktionen fördern die bewußte Bewegungskontrolle im Sinne des inneren Haltsagenkönnens. Dadurch wandelt sich die Freiheit in Bindung, die ungezügelte Aktivität in willensmäßige Bremsung und Hemmung.

Es ist immer wieder faszinierend zu erleben, wie sehr die Kinder im Elementar- und Primarbereich Spaß daran haben, sich selber unter Kontrolle zu halten, z. B. indem sie sich aus dem schnellsten Lauf auf ein optisches oder ein akustisches Zeichen hin blitzschnell auf den Rücken legen. Es macht ihnen sichtlich Spaß, 'Kutscher auf dem eigenen Bock' zu sein, d. h. sich ihrem Eigenwillen unterzuordnen. Damit ist wohl eine der höchsten pädagogischen Zielsetzungen wenigstens im Spiel erreicht: sich in die Hand zu bekommen, sich bewußt bremsen und steuern können und 'Meister der Selbstbeherrschung' zu sein, wie das die Kinder dieses Alters mit Eifer und Ausdauer in der Turnhallensituation zu erreichen versuchen.

3.5.5. Kognitive und affektive Reflektionen

Kinder im Elementarbereich erleben und empfinden alles ganzheitlich, psycho-motorisch. Verstandesmäßige Einsicht und abstraktes Denken stehen ihnen noch nicht zu Verfügung. Rationale Reflexionen zum Bewußtmachen von Wahrnehmungs- und Bewegungserlebnissen können leicht die natürliche Erlebnis- und Handlungseinheit des Kleinkindes zerstören. Was es an Sinneswahrnehmung und unreflektierten motorischem Reagieren erlebt und erfährt, ist zunächst rein gefühlsmäßig.

Ein pädagogischer Druck oder Zwang zur Selbstbeobachtung und zur dauernden verstandesmäßigen Reflexion über das spielerische Tun ist in diesem Alter entwicklungspsychologisch falsch und kann nur Schaden anrichten. Ungeduldige Reflexionsfragen reißen das Kind aus dem magischen Einssein mit der Spielsituation brutal heraus und zwingen es unter viel zu frühe Abstraktionstendenzen wenig einfühlsamer Erwachsener.

Erst später, meist im Verlauf der Primarstufe (Grundschulalter) wird das Kind entwicklungsgemäß bereit und in der Lage sein, seine Handlungen nachträglich zu reflektieren und aufgrund dieser bewußtgemachten Erfahrungen neue Bewegungsaktionen und Zielhandlungen vorausschauend zu planen. Erst hier kann es sinnvoll sein, die eigenen Wahrnehmungen verbal zu reflektieren und eine eigene Handlungsstrategie für bestimmte Bewegungsaufgaben zu formulieren. Hier ist auch eine vergleichende Beurteilung mehrerer Problemlösungsversuche einschließlich der Kritik am eigenen Handeln angebracht.

Es bedarf aber weiterer Entwicklungsschritte, bis das Kind in der Lage ist, sein eigenes Leistungsvermögen im Vergleich zu anderen real einzuschätzen, seine eigenen Bedürfnisse, Schwierigkeiten und Konflikte im sozialen Bereich zu erkennen und zu artikulieren. Dann wird es aufgrund seiner geschärften sozialen Wahrnehmung auch bei anderen Stimmungen und Gefühle der Ablehnung oder Zuneigung sich bewußt machen können. Derartige soziale Lernprozesse zu ermöglichen, ist eine der wichtigsten motopädagogischen Zielsetzungen gegen Ende des Primarbereiches und dem Anfang des Sekundarbereiches.

3.5.6. Leistungsmotivierung

Unter Leistungsmotivierung soll hier der sekundär d. h. von außen her initiierte Motivationsprozeß im Sinne einer zielgerichteten inneren Antriebsmobilisierung verstanden werden. Sie dient der Befriedigung motorisch-funktioneller, kognitiver oder affektiv-kreativer und sozialer Bedürfnisse. Jedes kindliche Streben nach Leistung zielt auf Erhöhung des Selbstwertgefühls und Sozialprestiges.

Ältere Kinder, denen der ersehnte Erfolg, die Bewährung im Bewegungsbereich versagt geblieben ist, weil sie im sportlichen Leistungsvergleich den kürzeren zu ziehen gewohnt sind, erleben dadurch selbstwertmindernde Frustrierungen. Das gilt insbesondere für das motorisch lernunreife, bewegungsunerfahrene Kind, dem die neuromuskulären Voraussetzungen zur Bewältigung der von ihm geforderten Bewegungsaufgaben fehlen. In dieser ständigen Überforderungssituation kommt es erfahrungsgemäß zu Abwehrmechanismen, Ausweichtendenzen und Abwendungsmotivationen.

Bei solchen Kindern ist es ganz sicher nicht nur unpädagogisch, sondern sogar sträflich leichtfertig, sie unvorbereitet dem Streß des Sich-Bewähren-Müssens auszusetzen. Viele unter ihnen befinden sich in der gleichen ständigen Mißerfolgssituation wie ein Beinamputierter, der täglich zum 100 m-Lauf mit Profisprintern antreten muß, obwohl er von vornherein weiß, daß er niemals die geringste Chance dabei hat (HÜNNEKENS).

Den motorisch frustrierten Schülern sollte zunächst ein leistungsfreier, ganz und gar lustbetonter, erlebnisreicher und vor allem erfolgreicher Zugang zur Bewegung schlechthin verschafft werden. Den Zeitpunkt, wann ein an Selbstwert-, Kraft- und Erfolgsgefühl stabilisiertes Kind den Leistungsvergleich mit anderen wünscht, kann im Grunde nur es selbst bestimmen. Ein erfahrener Bewegungspädagoge hat ohnehin ein Gespür dafür, ob und wann ein solches 'Sorgenkind' leistungsbereit und wettbewerbsbereit ist. Dieser Verzicht auf Leistungszielsetzungen sollte auch den Bewegungsunterricht im Elementarbereich kennzeichnen.

Wie die Erfahrungen mit normalen Kindergartenkindern zeigen, kommt es auch hier mitunter dazu, daß sie ihr individuelles Leistungsvermögen im zweckfreien spielerischen Tun testen und erproben. Auch dieses Anstreben einer Individualleistung aus eigenem Antrieb dient der Persönlichkeitsreifung und psychomotorischen Selbstverwirklichung.

Das Kind will, daß andere seine Leistungen sehen und anerkennen. Jeder will besser sein als der andere. Damit wünscht das Kind im Grunde, daß der andere schlechter, langsamer und ungeschickter sei als es selbst. Hier ist es von motopädagogischer Seite notwendig, zwar das Streben nach einem eigenen Gütestandard und nach Leistungsverbesserung zu unterstützen, das Prinzip des Wettbewerbs und Wettstreits jedoch nicht überzubetonen. Mit anderen Worten: die kooperativen und kommunikativen Übungsanregungen sind vorrangig an die Kinder heranzutragen, unter weitgehendem Verzicht auf konkurrierendes oder gar den anderen bekämpfendes Bewegungsverhalten.

Nur wenn es der Wunsch aller Gruppenmitglieder ist, sollen Leistungsvergleiche und Wettkämpfe durchgeführt werden. Dies gilt sowohl für den Primar- als auch für den Sekundarbereich. Wenn irgend möglich, sollte auf solche motorischen Leistungssituationen zurückgegriffen werden, die einen Leistungsvergleich mit sich selbst ermöglichen, z. B. durch Wiederholung eines Circuit-Durchganges nach einer Woche.

3.5.7. Leistungsdifferenzierung

Eine Individualisierung des Unterrichts ist gerade dann dringend zu fordern, wenn es sich um eine Gruppe oder Klasse von unterschiedlichem Bewegungsleistungs-Niveau handelt. Hier genügt es freilich nicht, im Übungsaufbau vom Einfachen zum Schwierigen fortzuschreiten. Denn das Einfache ist für die Bewegungsleistungsfähigen nicht nur uninteressant, sondern oft sogar 'unter ihrer Würde'. Und da, wo man schon zum Schwierigen fortschreiten möchte, um diesen Kindern Anreize zum Mitüben zu geben, sind die Lernschwachen noch nicht soweit, den nächsten Lernschritt zu vollziehen.

Auch das Hintereinanderschalten eines leistungsgestaffelten Übungsangebotes ist bei derart gefächertem Leistungsniveau pädagogisch nicht vertretbar. Baut man z. B. Turnkästen verschiedener Höhe - vom flachsten bis zum höchsten - in Form einer Hindernisbahn hintereinander auf, so wird es immer Kinder geben, die nach dem dritten oder vierten Hindernis Schwierigkeiten haben, den noch höheren Kasten zu überklettern. Dadurch kommt es zu Stauungen mit entsprechend geäußerter Ungeduld, mit Vorwürfen und Beschimpfungen seitens der Leistungsstärkeren.

Derartige soziale Schwierigkeiten sind durchaus vermeidbar, wenn man die einzelnen Kästen, statt hintereinander, nebeneinander anordnet. Dann ist es keine Bahn mehr, mit einem allgemein verbindlichen Anfang und Ende, sondern im Grunde eine einzige Aufgabe (das Überklettern eines Kastens), die in verschiedenen Schwierigkeitsstufen nebeneinander angeboten wird. An welchem der Kästen sich ein Kind versucht, bleibt ihm selbst überlassen. Voraussetzung ist nur eine genügend große und variable Geräteausstattung, die ein gleichzeitiges Üben an verschiedenen Kastenhöhen ermöglicht.

Bei diesem selbsttätigen Ausprobieren an verschieden schwierigen Übungssituationen entdecken die Ängstlichen und Zaghaften, daß sie doch mehr vermögen, als sie sich bis dahin zugetraut hatten. Andererseits werden geltungssüchtige, leistungsansprüchige Kinder dazu neigen, ihre eigenen Fähigkeiten anfangs weit zu überschätzen. Ihre Erfolgserwartungen passen sich aber aufgrund der durch das überhöhte Anspruchsniveau entstandenen Mißerfolge bald der Realität an. Da es keine festgelegten Leistungserwartungen und Leistungsnormen gibt, kann jeder für sich seine persönliche Leistungsgrenze an den verschiedenen Übungsgeräten erproben.

Statt einer einzigen Hochsprungeinrichtung mit einer für alle geltenden Höhe müssen eben sechs oder acht Stationen mit unterschiedlicher Sprunghöhe eingerichtet werden. Dabei ist es den Teilnehmern freigestellt, an welcher Anfangshöhe sie sich versuchen wollen.

Statt des vorgegebenen gestaffelten Leistungsangebotes - hier in Form verschieden hoher Sprungeinrichtungen - kann man den Kindern auch Material zur Verfügung stellen, mit dem sie sich selbst Sprunghindernisse nach eigenem Ermessen bauen können. Das kann einzeln oder zu Partner geschehen. Verstellbare Hürden oder aufeinander zu stapelnde Schaumstoffplatten eignen sich hierzu vorzüglich.

Statt des Überspringens kann auch das Hinaufspringen auf verschieden hohe gepolsterte Kästen oder das Herabspringen von Turnkästen, Stegelbalken oder Sprossenwand auf dicke Weichmatten oder eventuell auch ins Wasser geübt werden. Desgleichen können schräggespannte Zauberschnüre nicht nur zum Überspringen Verwendung finden, sondern ebenso, wenn sie hoch aufgehängt sind, als Ziel für verschiedene Arten von Anschlagsprüngen (jump and reach). Dabei kann an die Schnur geschlagen werden, über der Schnur in die Hände geklatscht oder die Schnur im Sprung mit dem Kopf (Stirn) berührt werden.

Auf ähnliche Weise können Übungsstationen für Weitsprünge oder Weitschwünge mit dem Klettertau ('Tarzan-Sprung') angeboten werden. Dabei können zwei Langmatten konisch aneinandergelegt werden, so daß die Sprungentfernung von Matte zu Matte auf der einen Seite nur einen halben Meter beträgt und dann sukzessive zur anderen Seite hin ansteigt. Ähnlich wie beim selbständigen Bauen der Hochsprunghindernisse aus Schaumstoff können die einzelnen Kinder auch Teppichfliesen, Papierbogen oder Reifen als Sprungziel vor sich hinlegen und die Entfernung nach Wahl allmählich vergrößern.

Zur Leistungsdifferenzierung des Vorwärtsbalancierens über einen Steg oder Balken sind verschieden breite Balancierflächen notwendig, wie sie z. B. als Testmaterial beim Körperkoordinationstest (KTK) zur Verfügung stehen. Hieran wird deutlich, wie dringend das Übungsgeräteangebot in der Motopädagogik noch variiert und differenziert werden muß. Es ist z. B. technisch sicher möglich, die auf der Unterseite der Langbänke angebrachten 10 cm breiten Balancierflächen umdrehbar oder austauschbar zu machen gegen 8 cm, 6 cm und 4 cm breite Balancierleisten.

Weitere Leistungsdifferenzierungen lassen sich beispielsweise durch Schräglegen der Balken oder Stege erreichen. Die Variable Steigungsgrad läßt sich im übrigen auch beim bloßen Herauflaufen und Hinunterlaufen an verschieden geneigten Schrägflächen einsetzen. Man braucht dazu nur eine Reihe von Schwungbrettern des Lüneburger Stegels, welche sich leicht in verschieden hohe Sprossen der Sprossenwand einhängen lassen.

An jedem leistungsgestaffelten Übungsangebot lassen sich außerdem durch verschiedene, nacheinander anzubietende Übungssequenzen weitere Differenzierungen erreichen. Bei den Schrägbrettern wäre das beispielsweise das Herauflaufen mit Anlauf, das langsame Ersteigen in vorwärtiger oder rückwärtiger Richtung, das Stehenbleiben auf der Mitte des Schrägbrettes, das langsame Hinuntersteigen in Vorwärts- und Rückwärtsrichtung, wobei als zusätzliche Schwierigkeit das Ausbalancieren eines Sandsäckchens oder Tennisringes auf dem Kopf eingesetzt werden kann. Auch das Hochlaufen bis zur halben Höhe des Brettes mit blitzschnellem Wenden und Wiederhinunterlaufen erfreut sich bei Kindern größter Beliebtheit. Je nach dem Grad der individuellen Bewegungsbeherrschung werden sie sich flachere oder steilere Schrägwände dazu aussuchen.

Bei allen Wurf- und Fangübungen mit dem Ball haben wir zunächst die Variable 'Ballgröße' zur Verfügung. Ein Luftballon ist beispielsweise leichter zu fangen als ein Wasserball, und dieser wieder leichter als ein Gymnastik- oder Tennisball. Bei Reflexionswürfen gegen die Wand kommt die Variable Entfernung noch hinzu. Je größer die Entfernung, desto fester und höher muß geworfen werden, um den Ball, entweder nach dem Auftreffen am Boden oder direkt zu fangen. Verschiedenfarbige Klebestreifen am Boden können die verschiedenen Entfernungen markieren, die sich die Kinder gemäß ihrer Leistungsfähigkeit wählen können. Jedes Kind kann aber auch seine Teppichfliese, ein Stück Pappe oder einen Reifen zur Markierung der Abwurfstelle benutzen. Dabei wird es nach einer gewissen Übungszeit den Ball auch aus weiterer Entfernung von der Wand wieder zu fangen in der Lage sein.

Auch hier können Zusatzaufgaben die Übung erschweren, beispielsweise Händeklatschen vor dem Fangen, Körperdrehung, Hinsetzen usw. Bei Zielwürfen kommt noch die Variable der Zielgröße hinzu. Ein größeres Ziel ist leichter zu treffen, ein kleineres macht mehr Schwierigkeiten. So kann mit den Variablen Ballgröße, Entfernung vom Ziel und Zielgröße variiert werden. Der Lehrer sollte am besten zwei Variablen festlegen, z. B. Ball- und Zielgröße. Die Kinder variieren dann mit der Zielentfernung. Ist die Zielentfernung festgelegt, so müssen die Größen des zu treffenden Zieles leistungsgestaffelt angeboten werden. Durch ein solchermaßen differenziertes, individualisierendes Übungsangebot können Mißerfolgserlebnisse weitgehend vermieden, und wenn sie durch Fehleinschätzung hin und wieder auftreten, doch relativ schnell korrigiert werden.

3.5.8. Katalog didaktisch-methodischer Unterrichtshilfen

Die folgende Zusammenstellung erhebt keinen Anspruch auf Vollständigkeit und wird je nach Zusammensetzung der Gruppe oder Klasse verschiedene Verwendung finden. Sie ist aus der motopädagogischen Praxis entstanden, und zwar weitgehend unter dem Gesichtspunkt praktikabler Motivationshilfen, die jeder Pädagoge in Art eines Stufenprogrammes zusammenstellen kann.

- Lehrerbezogener Unterrichtsstil: Die Übungen 'spannend', 'abwechslungsreich' und 'erlebnisreich' gestalten.
- Häufige und später sparsam verwendete Verstärkungen durch den Pädagogen, die schon während der ersten Lernversuche einsetzen sollen: Blickkontakt, Kopfnicken, Zulächeln, über den Kopf streichen, auf die Schulter klopfen, Lob, etwas vormachen dürfen.
- Mutmachen durch sympathisierendes Zuschauen: Beflügelnder Lehreroptimismus, eventuell Cross-Sex-Effekt zwischen Lehrerin und Schüler oder Lehrer und Schülerin, anteilnehmendes Mitschwingen der beteiligten Altersgenossen.
- Sachbezogener Unterrichtsstil mit weitgehender Lehrer-Hintergrundhaltung: Aufforderungscharakter des Übungsgutes, wobei auf verbale Aufgabenstellung hin und wieder ganz verzichtet werden kann.
- Anreiz des Neuen: Immer wieder neue Übungssituationen durch variiertes Kombinieren der Großgeräte und Kleingeräte schaffen. Hierbei fehlt zum Teil noch das entsprechende Angebot durch die Gerätefirmen.
- Mobilisieren spontaner Bewegungsfreude bis hin zur exzessiven, emotional-motorischen Entladung als 'Ventilfunktion': Laufen, Galoppieren, Hüpfen, Springen und Tanzen, Bewegungsspiele, Trampolinspringen usw.
- Vorläufiger Verzicht auf Leistungsanforderungen, um so den Teufelskreis einer negativen Leistungserwartung zu durchbrechen.
- Zurückgreifen auf das Spiel als Primärmotivation: Induzierung von Spielideen, Aufgreifen der von den Kindern entgegengebrachten Spielvorstellungen.
- Zunächst auf den individuellen Stärken aufbauen, um Erfolgserlebnissen bei Übungen, die den Kindern leichtfallen und in denen sie sich hervortun können, zu erreichen. (Motivationsaufbau durch 'Erfolg auf Anhieb').
- Entscheidungsfreiheit bei der Übungswahl: Leistungsgestaffeltes Übungsangebot, verschiedene Übungsstationen (Circuit), Neigungsgruppen, Arbeitsgemeinschaften, induktive Lehrweise (Selbstfinden von Problemlösungen).
- Anbieten konkreter imd konstruktiver Bewegungsaufgaben mit überschaubaren Nahzielen in Form von 'Erfindungsübungen'.
- Gelenktes Hinführen zu individuellen Bewegungsfertigkeiten in einem Neigungsgebiet in Form von gezielten Übungsreihen: Ballgeschick, Jonglieren, Trampolinspringen, Bodenturnen, Balancieren usw.
- Anstreben einer bewußten Verhaltenskontrolle durch motorische Brems- und Steuerungsübungen mit anschließender psychophysischer Entspannung, besonders nach hochdynamischen Übungsteilen.
- Gewöhnung an gelegentliche Mißerfolge, um die Kinder tragfähiger und konflikttoleranter zu machen (Verlieren-Können).
- Hinführen zur sozialen Integration und Kommunikation durch kooperative Interaktionen in Form von Partneraufgaben, Gruppenstaffeln und Mannschaftsspielen.

3.5.9. Psychomotorisches Übungsgeräte-Angebot

Je reichhaltiger die dem Kinde angebotenen Wahrnehmungs- und Bewegungssituationen variiert werden, desto weitgehender können sich die kindlichen Bewegungsfunktionen ausdifferenzieren und weiterentwickeln. Visuelle, akustische und taktile Reize wollen beantwortet werden. Die Turnhallengeräte als Umweltobjekte im weitesten Sinne geben den Kindern 'Handlungsanweisungen'. Sie fordern auf, lösen Motivationen aus und erwecken Eroberungsgelüste. Sie werden mit entsprechenden Bewegungsaktionen beantwortet. Dabei werden ständig neue motorische Reizantwortmuster ausgebildet und alte entsprechend abgewandelt. Ihr Reichtum ist umso größer, je vielfältiger und variationsreicher das Umweltangebot ist. Insofern bestimmt das Übungsgeräteangebot als Entwicklungsreiz im weitesten Sinne den Grad und die Qualität der kindlichen Sinnes- und Bewegungserfahrung.

Das betrifft einmal die Großgeräte als grobmotorische Raumhindernisse, an die sich die Kinder mit ihren Bewegungshandlungen anpassen müssen. Leider stammen unsere meisten Turngeräte noch aus den Zeiten des Turnvaters Jahn. Sie sind in ihrem Gebrauchswert verhältnismäßig festgelegt. Dennoch sind auch hier Gerätekombinationen möglich, beispielsweise zwischen Turnkästen, Schwebebänken, Barren, Recks, Böcken und Turnpferden. Der Lüneburger Stegel als neueres Übungsgerät erlaubt eine ganze Reihe von Kombinationsmöglichkeiten. Viele dieser Geräte sind aber für kleinere Kinder zu schwer, um sie selbsttätig durch Anheben, Schieben oder Tragen in der von ihnen gedachten Weise neu zusammenzustellen. Was bisher fehlt, ist ein aus beliebig variierbaren und kombinierbaren leichten Einzelteilen zusammengesetzes, vielseitig verwendbares 'Baukastensystem', das auch von Kindern gehandhabt werden kann. Auch leicht zu handhabende Verbindungsteile zwischen den althergebrachten Turngeräten, sowie einfache Zusatzgeräte, die in Barren oder Recks eingehängt werden können, müßten dringend entwickelt werden.

Außer diesen Großgeräten müssen auch genügend unterschiedliche Materialien und Kleingeräte als spielerischer Anreiz zur Erprobung des Hand- und Fingergeschicks angeboten werden. Sie sind mit den üblichen Bällen, Ringen, Reifen, Stäben, Keulen und Seilen nicht erschöpft. Gerade einfache Textilien, Tücher, Bänder, Fähnchen, Deckchen, Schaumstoffplatten und -blöcke ergeben variationsreiche Übungsmöglichkeiten. Desgleichen Brettchen, Würfel, Walzen, Kugeln, Kegel, aber auch Baumwollseile, Bleischnüre, Gummischnüre, Gummischläuche (Fahrradschläuche) oder Plastikschläuche ('Heulschläuche') sowie alle möglichen Pappen und Papierbogen verschiedener Stärke können der Materialerfahrung der Kinder dienen und regen ihre handgeschickliche Kreativität an. Sie finden außerdem dabei Gelegenheit, kooperativ-soziale Verhaltensweisen einzuüben. Das ist besonders der Fall, wenn zwei oder mehrere Kinder, einem gleichen Handlungsmotiv folgend, gemeinsame Projekte zu verwirklichen trachten.

Die folgende Gerätezusammenstellung ist als Ausstattung für eine Turn- oder Gymnastikhalle für Gruppen von etwa 20 bis 25 Kindern gedacht. Dabei werden zuerst die leicht und billig zu beschaffenden Materialien, dann die Kleingeräte und zuletzt bewegliche und fest installierbare Großgeräte genannt.[1])

[1]) Vgl. auch Psychomotorische Übungsgeräte, Katalog „Spielen — Bewegen — Erleben — Lernen" von K. H. Schäfer (Großer Kamp 6—8, 4937 Lage-Heiden).

- Seidenpapier (DIN A 4-Durchschlagpapier), ebenso Normalpapier und Pappen gleicher Größen, ebenso Bierdeckel.
- Etwa 40 bis 50 cm lange Pappstreifen mittlerer Dicke, die zur Erhöhung der Stabilität in Längsrichtung einmal gefaltet werden und zum Balancieren dienen.
- Pfauenfedern, die auch für jüngere Kinder leicht auf der Hand oder dem Finger zu balancieren sind, die aber auch zu taktilen Berührungsreizen benutzt werden.
- Je 100 Sperrholzlatten, 10 und 20 cm lang, dgl. je 50 Halbbögen mit 10 und 20 cm Durchmesser (Buchstabenteile).
- 25 Bodentafeln aus Sperrholz mit Tafelanstrich (etwa 90 x 60 cm), dazu Kreide und Lappen.
- 50 rutschfeste, verschiedenfarbige Teppichfliesen, dgl. 50 verschiedenfarbige Tücher und 50 Gummiquadrate (etwa 80 x 80 cm).
- Zwirnrollen, Garnrollen, rechteckige Holzblöcke verschiedener Größe, dgl. quadratische Holzblöcke, Holzkugeln, Holzwalzen sowie auch abgeschnittene Besenstiele von etwa 10 cm Länge, die man auch senkrecht aufstellen kann.
- Stabile Papprollen von verschiedener Länge und verschiedenen Durchmessers zum Aufstellen, Rollen und Überspringen, dgl. 1 1/2 bis 2 m lange, möglichst leichte Plastikröhren.
- 50 Bambusstäbe, 50 Holz- oder Plastikstäbe, möglichst mit Gummipuffern an den Enden und auswechselbaren Bodenständern sowie auch Hockeyschläger-Aufsetzer.
- 50 leichte, durchsichtige Plastikflaschen, 25 verschiedenfarbige Plastikkegel sowie 25 hölzerne Gymnastikkeulen.
- Je 25 doppelt genähte Säckchen verschiedenen Inhaltes (Sand oder Salz, Bohnen, Erbsen usw.) Größe etwa 20 x 25 cm.
- Je 100 Schaumstoffbacksteine (10 x 20 x 30 cm) sowie rechteckige Schaumstoffplatten (5 x 2o x 60 cm).
- 25 Baumwollseile, etwa 2 m lang, ebenso 25 Gardinen-Bleischnüre gleicher Länge sowie 25 Sprungseilchen.
- Vier Gummi-'Zauberschnüre' (8 m Länge), 2 Weichhanf-Ziehtaue (10 m lang, 25 mm Durchmesser).
- Je 25 farbige Schwingbänder (etwa 2 m lang) sowie Schwingfahnen verschiedener Größe.
- Riesenschwungtuch aus leichtem Leinen (5 x 5 m).
- Etwa 100 Luftballons sowie 50 japanische Papierbälle zum Aufblasen.
- 25 Stoffbälle, aus alten im Fuß vollgestopften und danach zugeknoteten Strümpfen hergestellt, die mit einem 'Schweif' durch die Luft fliegen.
- Je 25 sprungelastische Schaumstoffbälle in den Durchmessern: 8 cm, 12 cm, 15 cm, 18 cm, 21 cm.
- 25 Wasserbälle (50 oder 60 cm Durchmesser), dgl. 25 'Zeitlupenbälle' (30 oder 40 cm Durchmesser).
- 25 Gymnastikbälle verschiedener Farbe, dgl. 25 Tennisbälle sowie 25 Tischtennisbälle mit Schlägern.
- 25 Handtrommeln als Schlaggerät für Tennis- und Tischtennisbälle sowie als rhythmisches Gerät.
- Ein Riesenballon (115 cm Durchmesser), ein großer Rauf- und Push-Ball gleicher Größe.
- 25 Schaumstoffwurfscheiben (Durchmesser 20 bis 25 cm), dgl. 25 Plastikwurfringe oder -wurfscheiben gleicher Größe.
- Je 25 Plastik- und Gummi-Tennisringe.
- Je 25 möglichst leichte Hula-Hoop-Reifen aus Plastik, ebenfalls 25 Fahrradschläuche und 25 Plastikschläuche (Heulschläuche) gleicher Größe zum Ineinanderstecken.
- 50 Doppel-Klöppel (Knies-Patent), bestehend aus einem Bambusstab mit zwei Moosgummibällen an den Enden, für Handgeschicklichkeitsübungen.

- 25 Sportkreisel oder Therapiekreisel als Balanciergerät mit punktförmiger Balancebasis (Fachhandel).
- Je 4 Balancierbalken von 2 bis 3 m Länge, 5 cm Höhe, in den Breiten 8, 6, 4 und 2 cm, gegen Umkippen durch untergeschraubte Leisten abgesichert.
- Für kleinere Kinder: Je einen Känguruh-Hüpfball passender Größe.
- 25 in der Höhe verstellbare Hürden zum Überspringen.
- 25 Paar in den Höhen verstellbare Stelzen.
- 25 Doppel-Pedalos als fahrbares Balancegerät.
- 25 Paar Rollschuhe.
- 25 Rollbretter mit kugelgelagerten Gelenkrollen (Größe 35 x 55 cm).
- Kombinations-Material (Schäfer-Patent), bestehend aus gepolstertem Kastendeckel mit Lederbezug sowie einzelnen Kastenteilen, 10 oder 15 cm hoch, Größe 60 x 40 cm, Steckklötzen als Verbindungsstücke, dgl. Stab- und Reifenklammern zum Zusammenfügen von Stäben, Reifen und Sperrholzplatten sowie Balancierleisten (1,50 m lang und 7 cm breit) mit dazugehörigen Verbindungssteckern.
- Je 10 kleine (einteilige) und große (fünfteilige) Turnkästen, dazu 10 Extra-Oberteile (Kastendeckel).
- 10 Kleinst-Trampoline (Trimmpoline).
- 10 kleine Turnmatten zur Unfallsicherung, dgl. 2 große Bodenmatten aus Zellkautschuk mit glatter Oberfläche, Länge etwa 10 m.
- Lüneburger Stegel als Mehrzweckgerät, mit 4 zusätzlichen Leitern und 10 zusätzlichen Schwungbrettern.
- 4 Langbänke (Schwebebänke) zum Herstellen schiefer Ebenen usw.
- 3 große Trampoline mit allem Zubehör.
- 4 Sprossenwände, wenn möglich ausklappbar.
- 2 Wandtafelgroßflächen à 10 m Länge, in Reichhöhe für Kinder, leicht nach hinten geneigt, oder aber 1 1/2 m breiter Tafelanstrich auf dem Turnhallenboden selbst, am besten an den beiden Längsseiten gegenüberliegend.
- Nach Möglichkeit 10 Klettertaue mit dicken Knoten am unteren Ende.

3.5.10. Bewertung des Lehrerverhaltens

Dem ständigen Beobachten und Registrieren kindlicher Reaktionen kommt in der Motopädagogik eine hervorragende Bedeutung zu. Damit ist gemeint, daß auch das beste, auf Grund eines diagnostischen Ausgangsstatus sorgfältig geplante und profund ausgearbeitete Förderprogramm einer ständigen Kontrolle, einer immer wieder neuen Rückkoppelung bedarf, um optimal wirksam zu sein. Hier sind selbstverständlich die motodiagnostischen Möglichkeiten zur Ermittlung eines durch gezielt angeregte Lernprozesse erreichten Entwicklungsfortschritts heranzuziehen (vgl. 2. 'Motodiagnostik' auf Seite 25).

Es scheint uns aber darüber hinaus notwendig zu sein, das Lehrerverhalten selbst einer Kontrolle zu unterziehen. Dabei ist sowohl an die Möglichkeit einer Fremdbewertung als auch an die einer Selbsteinschätzung gedacht. Ersteres kann beispielsweise während der Ausbildung in Frage kommen. Dabei wird sich der Ausbilder auch über das Verhalten eines Studenten oder Praktikanten in den verschiedenen motopädagogischen Situationen anhand schriftlicher Eindrucksanalysen Aufschluß verschaffen müssen.

Die Selbsteinschätzung anhand eines Checksystems ergibt andererseits eine Möglichkeit der ehrlichen Selbstbefragung auch ohne Fremdkontrolle. Dabei denke ich vor allem an die irgendwo vor Ort allein auf sich gestellt arbeitenden Kollegen, die sonst keine Möglichkeit zum Feedback ihres eigenen therapeutischen Tuns haben.

Zu dieser Art von Selbstbewertung ist nicht etwa nur die letzte Übungsstunde in Betracht zu ziehen, sondern die pädagogischen Verhaltensgewohnheiten während der gesamten letzten Zeit, um so zu einer gewissen Mittelwertaussage zu kommen. Dabei wird es auch ohne fremde Hilfe nötig sein, herauszufinden, welche eigenen Verhaltens- und Handlungsweisen noch nicht dem Ideal entsprechen. Das schafft die Möglichkeit, sich um Verhaltensverbesserung zu bemühen. Wirkliche Perfektion wird wohl niemals erreichbar sein. Allein das Bemühen zeichnet uns aus.

So wie es in einem guten psychomotorischen Förderunterricht einerseits darauf ankommt, die Bedürfnisse und Wünsche der Kinder entsprechend zu berücksichtigen, andererseits aber auch Forderungen an sie zu stellen und sie zu aktivem Üben zu motivieren, so sind auch in der folgenden Checklist zur Bewertung des pädagogischen Verhaltens diese beiden Dimensionen berücksichtigt worden.

Anders ausgedrückt, geht es hier einmal um das Einfühlungsvermögen und Verständnis, welches ein Erwachsener Kindern gegenüber zeigt. Die zweite Verhaltensdimension beleuchtet mehr das motopädagogische Handeln in dem Sinne einer didaktisch-methodischen Systematik der Lernzielverwirklichung. Man kann diese beiden Aspekte auch auf zwei Grundfragen zurückführen:

1. Kommen die Kinder auch zu ihrem Recht?
2. Haben sie dabei auch Lernfortschritte gemacht?

Diese beiden Grundrichtungen in der Verhaltensbeurteilung eines Motopädagogen werden in dem folgenden Verhaltensbewertungsbogen in eine Reihe von Einzelfragen aufgegliedert. Das erleichtert ein systematisches Durchchecken, gleich ob es sich hier um Fremd- oder Eigenkontrolle handelt. Das optimale Lehrer- bzw. Therapeutenverhalten als Synthese von Gewährenlassen und Anforderungen-Stellen bleibt naturgemäß ein Ideal und wird in der Realität sicher nur bis zu einem gewissen Grade erreichbar sein. Aber es ist die Arbeit an uns selbst, um die wir uns bemühen und die mit dem folgenden Kontrollbogen systematisch unterstützt werden soll.

CHECKLISTE

zur Selbst-/Fremdbewertung des motopädagogischen / mototherapeutischen Verhaltens

Bewertungskategorien	**Bewertungsgrade**		
A. **Gewährende Verhaltensweisen**	ja immer	nicht immer	selten
1. Wird den Kindern gleichbleibend Zuneigung und Wohlwollen entgegengebracht?			
2. Wird auf die Verhaltensreaktion der Kinder geachtet?			
3. Ist der Bewegungsdrang der Kinder befriedigt worden?			
4. Herrscht beim Üben eine unbeschwert fröhliche und lustbetonte Atmosphäre?			
5. Wird nach Möglichkeit auf die Ideen und Vorschläge der Kinder eingegangen?			
6. Haben die Kinder Gelegenheit zur freien Übungswahl gehabt?			
7. Blieb den Kindern ein Freiraum zur Entfaltung selbständigen Handelns?			
8. Haben die Kinder bei der Aufstellung notwendiger Spielregeln aktiv mitgewirkt?			
9. Werden alle Kinder gleich behandelt, ohne eines vorzuziehen?			
10. Wird auch störenden und aggressiven Kindern gegenüber Verständnis und Geduld gezeigt?			
11. Gelingt es, auf Ermahnungen und moralische Vorhaltungen zu verzichten?			
12. Wird nicht das Kind selbst, sondern lediglich sein Verhalten kritisiert?			
13. Kommen auch schwächere Kinder zu ihrem Recht und wird auf sie ermutigend und verstärkend eingegangen?			
14. Hat jedes einzelne Kind kleine Übungserfolge für sich zu verbuchen gehabt?			
15. Ist versucht worden, soziale Interaktionen zu initiieren oder zu fördern?			

Checkliste zur Selbst-/Fremdbewertung (Fortsetzung)

Bewertungskategorien	Bewertungsgrade		
B. Fordernde Verhaltensweisen	ja immer	nicht immer	selten
16. Werden die Stunden schriftlich vorbereitet und sind sie integrativer Teil einer Gesamtplanung?			
17. Werden dabei besondere Schwierigkeiten, Insuffizienzen und Störungen einzelner Kinder berücksichtigt?			
18. Sind die Lernschritte im Hinblick auf das Übungsziel systematisch strukturiert worden?			
19. Sind bei der Planung Möglichkeiten zur Leistungsdifferenzierung geschaffen worden, damit jedes Kind eine ihm gemäße optimale Lernsituation vorfindet?			
20. Wird rechtzeitig vor jeder Stunde für die Bereitstellung benötigter Geräte am Übungsort Sorge getragen?			
21. Werden mögliche Unfallgefahren von vornherein erkannt und entsprechend ausgeschaltet?			
22. Ist es gelungen, den Stundenverlauf unbemerkt, d.h. ohne zu sehr zu dominieren, zu lenken?			
23. Sind bei aller Freiheit feste Regeln und Grenzen aufgezeigt worden?			
24. Verläuft die Übungsstunde ohne Leistungsdruck?			
25. Werden konzentrative Übungen jeweils beendet, bevor die Kinder unruhig geworden sind?			
26. Sind die verbalen Instruktionen dem Aufgabenverständnis der Kinder angepaßt?			
27. Werden bei der Einführung neuer Übungen langatmige Erklärungen vermieden?			
28. Gelingt es, die Übungen so „spannend“ zu machen, daß die Kinder begeistert mitüben?			
29. Können alle Kinder immer gleichzeitig üben, ohne daß längere Wartezeiten entstehen?			
30. Machen die Kinder in jeder Stunde gezielte motorische Lernfortschritte?			
31. Haben die Kinder sowohl grobmotorische als auch feinmotorische Lernerfahrungen machen können?			
32. Ist auf Kritik und Korrektur während des Übens verzichtet worden?			
33. Sind die Kinder wenigstens einmal zur Ruhe und zur kurzzeitigen Entspannung geführt worden?			
34. Werden die Stunden nach Ablauf schriftlich reflektiert, um danach die Lernziele für die nächste Stunde zu überprüfen?			

Literaturverzeichnis

Literatur zur Motopädie und Motologie (zu Seite 9 ff)

DREIKURS, R.: Grundbegriffe der Individualpsychologie. Stuttgart (Klett) 1970

DINKMEYER, D. und DREIKURS, R.: Ermutigung als Lebenshilfe, ebd. 1970

DECKER, R.: Die psychomotorische Erziehung im Kindes- und Jugendalter. In: Hahn/Preising (Red.): Die menschliche Bewegung. Schorndorf (Hofmann) 1976, 139 - 157

EGGERT, D. (Hrsg.): Psychomotorisches Training. Weinheim/Basel (Beltz) 1975

EGGERT, D. und KIPHARD, E. J. (Hrsg.): Die Bedeutung der Motorik für die Entwicklung normaler und behinderter Kinder. Schorndorf (Hofmann) 1976, 3. Aufl.

EGOLF, H. und GRÜNWALDT, P.: Die französische 'Psychomotorik' – ein Verfahren einer Leibeserziehung mit Behinderten. Heilpädagogik und ihre Nachbargebiete (VHN), 42, 3, 1973, 264 - 273

ERIKSON, E. H.: Kind und Gesellschaft. Stuttgart (Klett) 1968, 3. Aufl.

FEUDEL, Elfriede: Dynamische Pädagogik. Eine elementare Anleitung für rhythmische Erziehung. Freiburg/Basel/Wien 1963

FROSTIG, Marianne: Bewegungserziehung. Neue Wege der Heilpädagogik. München (Reinhardt) 1973

GALPERIN, P. J.: Die Entwicklung der Untersuchung über die Bildung geistiger Operationen. In Hiebsch (Hrsg.): Ergebnisse der sowjetischen Psychologie. Stuttgart (Klett), 1969, S. 367 - 405

HILDENBRANDT, E.: Bewegung und Sprache. In Hahn/Preising (Red.): Die menschliche Bewegung. Schorndorf (Hofmann), 1976, S. 168 - 182

derselbe: Editorial zum Heft 2, 1978 der Zschr. Motorik

HÜNNEKENS, H. und KIPHARD, E. J.: Bewegung heilt. Psychomotorische Übungsbehandlung mit entwicklungsrückständigen Kindern. Gütersloh (Flöttmann) 1977, 6. Aufl.

KIPHARD, E. J.: Leibesübung als Therapie. ebd. 1975 2. Aufl.

derselbe und LEGER, A.: Psychomotorische Elementarerziehung. Ein Bildbericht. (deutsch-engl.) ebd. 1977, 2. Aufl.

derselbe und HUPPERTZ, H.: Erziehung durch Bewegung. Leibesübungen mit behinderten Kindern. Bonn-Bad Godesberg (Dürr) 1979, 5. Aufl.

derselbe: Psychomotorische und sensomotorische Übungstherapie bei Kindern. Deutsches Ärzteblatt, 72, 44, 1975, 3053 - 3055

derselbe: Curriculumentwurf zum Fachstudium der Psychomotorik und Motologie. Sportunterricht, 11, 1975, 364 - 369

derselbe, HÜNNEKENS, H. und SCHILLING, F.: Der Motodiagnostiker und Mototherapeut - Grundlegung einer neuen Fachdisziplin der Psychomotorik und Motologie. Internat. Zschr. f. Sportpädagogik, 12, 4, 1975

LAPIERRE, A.: Die psychomotorische Erziehung, Grundlage jeder Vorschulerziehung. In: Müller/Decker/Schilling (Red.): Motorik im Vorschulalter. Schorndorf (Hofmann) 1975, 42 - 46

LE BOULCH, J.: L'éducation par le mouvement. Paris (Ed. Scolaires Francaises) 1969, 5. Aufl.

LEONTJEW, A. N.: Probleme der Entwicklung des Psychischen. Frankfurt (Athenäum Fischer) 1973

MÜLLER, H.-J.: DECKER, R. und SCHILLING, F. (Red.): Motorik im Vorschulalter. Wissenschaftliche Grundlagen und Erfassungsmethoden. Schorndorf (Hofmann) 1975

NAVILLE, Suzanne: Heilpädagogische Rhythmik. Lobpreisung der Musik Zürich), 4/5, 1964

dieselbe: Psychomotorische Therapie, ebd. 24, 10, 1966

PFEFFER, Charlotte: Bewegung - aller Erziehung Anfang. Zürich (Sämann) 1958

PICQ, L. und VAYER, P.: Education psycho-motrice et arrieration mentale. Paris (Ed. Doins) 1965, 2. Aufl.

PIAGET, J.: Das Erwachen der Intelligenz beim Kinde. Stuttgart (Klett 1976)

RIEDER, H.: Sport als Therapeutikum bei neurotischen Kindern. Prax. d. Psychotherapie, 5, 4, 1960, 176 - 187

derselbe: Sport als Therapie. Psychomotorische und soziomotorische Untersuchungen an verhaltensgestörten Kindern. Berlin/München/Frankfurt (Bartels u. Wernitz) 1978, 2. Aufl.

RITTNER, V.: Zur Soziomotorik. Motorik, 1, 3, 1978, 81

RUBINSTEIN, S. L.: Grundlagen der allgemeinen Psychologie. Berlin (Volk und Wissen, DDR) 1971, 4. Aufl.

RÜSSEL, A.: Psychomotorik. Empirie und Theorie der Alltags-, Sport- und Arbeitsbewegungen. Darmstadt (Steinkopf) 1976

RUIJTERS-GANTENBEIN, H.: Die psychomomotorische Therapie als Prophylaxe sekundärer psychoreaktiver Störungen. Therapeutische Rundschau, 34, 1, 1977, 44 - 48

SCHILLING, F.: Zum Stand des Faches Motologie und der Ausbildung von Motologen und Mototherapeuten. Psychomotorik (Dortmund), 1, Juni 1976, 4 - 10

derselbe: Diagnose und Therapie motorischer Störungen bei Kindern mit minimaler zerebraler Dysfunktion. Psychomotorik (Dortmund), 2, 2, 1977, 47 - 66
derselbe: Bewegungsentwicklung, Bewegungsbehinderung und das Konzept der 'Erziehung durch Bewegung'. Sportwissenschaft (Schorndorf) 7, 4, 1977, 361 - 373
UEXKÜLL, T. V.: Grundfragen der psychosomatischen Medizin. Reinbek 1970
VAYER: Die Person des Kindes in einer ganzheitlichen Erfassung. In: Müller/Decker/Schilling (Red.): Motorik im Vorschulalter, Schorndorf (Hofmann) 1975, 17 - 22
VOLKAMER, M.: Leibesübungen als psychotherapeutisches Mittel bei verhaltensgestörten Kindern. In: Eggert/Kiphard (Hrsg.): Die Bedeutung der Motorik für die Entwicklung normaler und behinderter Kinder. Schorndorf (Hofmann) 1977 3, 41 - 53
derselbe: Zur Bedeutung der Psychomotorik. Psychomotorik (Dortmund), 2, 1976, 3
WEIZSÄCKER, V. v.: Der Gestaltkreis. Theorie der Einheit von Wahrnehmen und Bewegen. Leipzig (Thieme) 1940 und Baden-Baden (Suhrkamp) 1972
WIEGERSMA, P. H.: Sporttherapie mit milieugeschädigten und lernbehinderten Kindern. In: Grupe (Hrsg.): Sport in unserer Zeit - Chancen und Probleme. Berlin/Heidelberg/New York (Springer) 1973, 304 - 309
derselbe: Psychomotorische Erziehung für Kinder mit Lernschwierigkeiten. In: Müller/Dekker/Schilling (Red.): Motorik im Vorschulalter. Schorndorf (Hofmann) 1975, 30 - 39

Zeitschriften:

'Psychomotorik' (verlag modernes lernen, Dortmund) 1976 - 1977

'Praxis der Psychomotorik' (ebd.) seit 1978

'Motorik' (Hofmann Verlag, Schorndorf) seit 1978

Literatur zur Entwicklungsfrühdiagnostik (zu Seite 27 ff)

ALBITRECCIA, S.: La préparation à la scolarité des enfants infirmes moteurs cérébraux. Paris: L association nationale des infirmes moteurs cérébraux 1961.
ARAI, S.; ISHIKAWA, J.; TOSHIMA, K.: Développement psychomoteur des enfants japonais. Rev. Neuropsychiat. infant, Paris 5/6 (1958).
ARNHEIM, D. D.; PESTOLESI, R. A.:Developing Motor Behaviour in Children. St. Louis: Mosby 1973.
ASMUSSEN, E.; HEEBOLL-NIELSEN, K.: Physical Performance and Growth in Children. J. appl. Physiol., Bethesda 8 (1956), 4.
BAYLEY, N.: The Development of Motor Abilities during the First Three Years. Monogr. Soc. Child Developm., Washington 1, P. 1 - 26.
BERGES, J.; LEZINE, I.: Test d'imitation des gestes. Paris: Masson 1963.
BLANKENSTEIN, M. van; WELBERGEN, U.; HAAS, J. H. de: Le développement du nourisson. Paris: Presses Universitaires de France 1962.
BROCK, J. (Hrsg.): Biologische Daten für den Kinderarzt. Bd. II. Berlin: Springer 1934
BRUNET, O.; LEZINE, I.: Le développement psychomoteur de la première enfance. Paris: Presses Universitaires de France 1971
BÜHLER, C.; HETZER, H.: Kleinkindertests. Entwicklungstests vom 1. bis 6. Lebensjahr. (Nachdruck d. 3. Aufl. 1961) München: Barth 1970
CAIN, L. F.; LEVINE, S.; FREEMAN, F. E.: Cain-Levine Social Competency Scale. Manual. Palo Alto (Calif.): Consulting Psychologists Press 1963
CASATI, I.; LEZINE, I.: Les étapes de l'intelligence sensori-motrice. Paris: Centre du Psychologie appliquée 1968
CATTELL, P.: The Measurement of Intelligence of Infants and Young Children. New York: The Psychological Corporation 1947
CRATTY, B. J.: Perceptual and Motor Development in Infants and Children. New York: MacMillan 1970
derselbe; MARTIN, St. M. M.: Perceptual-Motor Efficiency in Children. Philadelphia: Lea&Febiger 1969
CRICKMAY, M. C.: Sprachtherapie bei Kindern mit zerebralen Bewegungstörungen auf der Grundlage der Behandlung nach Bobath. Berlin: Marhold 1972
DARLEY, F. L.; WINITZ, H.: Age of the First Word, J. Speech and Hearing Diseases, 26 (1961), P. 272
DAVIS, D. R.: Kritische Perioden in der Entwicklung des Kindes. In: Das schwererziehbare Kind. Hrsg.: Ebermaier, Carl, Düsseldorf: Bagel 1959

DIEM, L.: Zur motorischen Entwicklung des Kleinkindes. In: Erste Fachtagung 15. - 17. Dezember 1967 anläßl. des 20jährigen Bestehens der Deutschen Sporthochschule Köln. Hrsg.: Deutsche Sporthochschule Köln, P. 85 - 89
DOBLER, H.-J.: Biologische Reifung der neurologischen und statomotorischen Entwicklung. FdM-Tabellen. 1. Fortschr. Med., Gauting 88 (1970), P. 21 - 25
DOMAN, G. J.; DELACATO, C. H.; DOMAN, R. J.: The Doman-Delacato Developmental Mobility Scale. Philadelphia: Rehabilitation Center 1960
DOWNS, M. P.: Proposed Guidelines for Infant Hearing Screening Programs. Denver (Colorado): Joint Comittee on Newborn Screening Meeting. 1971, P. 1 - 3 (mimeographed monograph)
ESPENSCHADE, A. S.; ECKERT, H. M.: Motor Development. Columbus (Ohio): Merrill 1967
FAY, T.: The Origin of Human Movement. Amer. J. Psychiat., Hannover (USA) 111 (1965), P. 644 - 652
FEER, E.: Diagnostik der Kinderkrankheiten. Berlin: Springer 1931
FLEHMIG, I.: Neurologische Untersuchung zur Früherkennung zerebraler Bewegungstörungen bei sogenannten Risikokindern. Mat. Med. Nordmark, Uetersen 22 (1970), 6, P. 340 - 356
dieselbe (Hrsg.): Der Denver Suchtest. Deutsche Standardisierung. Harburg: Spastiker-Verein 1973
FRANKENBERG, W. K.; DODDS, J. B.: The Denver Developmental Screening Test. J. Pediat. St. Louis 71 (1967), 2, P. 181-191
GESELL, A.: Infant Development. New York: Harper 1952
derselbe; THOMPSON, H.: Infant Behaviour: Its Genesis and Growth. New York: McGraw-Hill 1934
derselbe; AMES, L. B.: The Ontogenetic Organization of Prone Behaviour in Human Infancy. J. genet. Psychol., Provincetown 56 (1940), P. 247 - 263
derselbe; AMATRUDA, K. S.: Developmental Diagnosis. Normal and Abnormal Child Development. 8th ed. New York/London: Hoeber 1958
derselbe; ILG, F. L.: Säugling und Kleinkind in der Kultur der Gegenwart. 6. Aufl. Bad Nauheim: Christian 1967
GOLDSCHMIDT, P.; GESELL, A.: Language and Speech Development from Birth onward, o. O., o. J. (Unpublished study)
GRIFFITH, R.: The Abilities of Babies. New York/London: University Press 1954
GUILMAIN, E.; GUILMAIN, G.: L' activité psycho-motrice de l' enfant. Son évolution jusqu'à 10 ans. Tests d' ages moteur et tests psycho-moteurs. Paris: Vigné 1971
GUTTRIDGE, M. V.: A Study of Motor Achievements of Young Children, Arch. Psychol., Genf 244 (1939), P. 1 - 178
HAHN, E.: Motorische Leistungsfähigkeit und Schulreife. Eine empirische Überprüfung beim Einschulungsjahrgang 1970. Die Leibeserziehung, Schorndorf 21 (1972), 2, P.53 - 59
HALVERSON, H.M.:An Experimental Study of Prehension in Infants by Means of Systematic Cinema Records. Genet. Psychol. Monogr., Provincetown 10 (1931), P. 107 - 286
HELLEBRANDT, F. A.; RARICK, G. L.; GLASSOW, R.; CARNS, M.L.: Physiological Analysis of Basic Motor Skills. I. Growth and Development of Jumping. Amer. J. phys. Med., Baltimore 40 (1961), P. 14 - 25
HELLBRÜGGE, T.: Frühdiagnostik bei Risiko-Kindern. In: Hilfe für das mehrfach behinderte Kind, Hrsg.: Bundeszentrale für gesundheitliche Aufklärung, Köln, o.J., P. 16 - 20
derselbe; PECHSTEIN, G.: Entwicklungsphysiologische Tabellen für das Säuglingsalter: Diagnostik der statisch-motorischen Entwicklung. FdM-Tabellen 11 und 14. Fortschr. Med., Gauting 86 (1968), P. 481 - 484, 608 - 609
derselbe; PECHSTEIN, G.: Differenzierte Entwicklungsdiagnostik im Säuglingsalter. Eine neue Untersuchungsmethode für die pädiatrische Praxis. Mitt. Kinderärz., Lübeck 63 (1969), Febr., P. 1408 - 1414
derselbe; MENARA, D.; REINER-SCHAMBERGER, R.; STÜNKEL, S.: Funktionelle Entwicklungsdiagnostik im 2. Lebensjahr. FdM-Tabellen 13. Fortschr. Med., Gauting 89 (1971), P. 558 - 562
HILGARD, J. R.: Learning and Maturation in Preschool Children. J. genet. Psychol., Provincetown 41 (1932), P. 36 - 56
HOLLE, B.: Normale og retarderede Borns motoriske udvikling. Kopenhagen: Munksgaard 1971
HÜNNEKENS, H.; KIPHARD, E. J.: Heilpädagogische Leibesübung als Mittel zur Verhaltensintegration bei Schwererziehbaren. Wiss. Inform. Schr. AFET, Hannover 1 (1967), P. 1 - 16
HURLOCK, E.: Die Entwicklung des Kindes. Weinheim: Beltz 1970
ILLINGWORTH, R. S.: The Development of the Infant and Young Child: Normal and Abnormal. 4th ed. Edinburgh/London: Williams&Wilkins 1970
IRWIN, O. C.: Language and Communication. New York: Wiley 1960
JOHNSON, M. K.; ZUCK, F. N.; WINGATE, K.: The Motor Age Test; Measurement of Motor Handicaps in Children with Neuromuscular Disorders such as Cerebral Palsy. J. Bone Jt. Surg., Boston 33 a (1951), 3
KEOGH, J. F.: Analysis of Individual Tasks on the Stott Test of Motor Impairment. Los Angeles (Calif.): University of California 1968. Technical Report 2 (1968)

KIPHARD, E. J.: Wie weit ist ein Kind entwickelt? Eine Anleitung zur Entwicklungsüberprüfung. Dortmund: verlag modernes lernen 3. Aufl. 1977
derselbe: Sensomotorische Frühdiagnostik und Frühtherapie. In: Die Bedeutung der Motorik für die Entwicklung von normalen und behinderten Kindern. Hrsg.: Eggert, D.; Kiphard, E. J. Schorndorf: Hofmann 1973, P. 12 - 40
KNOBLOCH, H.; PASAMANICK, B.; SHEPHARD, E. S.: Developmental Screening Inventory for Infants. Pediatrics, Springfield 38 (1966), 6, Part II, P. 1095 - 1133
KOPPITZ, E. M.: Die Menschendarstellung in Kinderzeichnungen und ihre psychologische Auswertung, Stuttgart: Hippokrates 1972
KREBS, H.; KURTH, B.: Unterstuchungen der statischen und dynamischen Koordination bei Kindern. Beiheft zum gleichnamigen Film C 1076/1972. Göttingen: Institut für den wissenschaftlichen Film 1973
LAURENDEAU, M.; PINARD, A.: Une méthode rationelle de localisation des tests dans les échelles d'âge. Canadian J. Psychol., Toronto 11 (1957), P. 33 - 57
LEWIS, M. M.: Infant Speech: A Study of the Beginning of Language. New York: Humanisties 1951
LEZINE, I.; STAMBAK, M.; CASATI, I.: Les étapes de l'intelligence sensori-motrice. Paris: Centre de psychologie appliquée 1969
MATER, H. W.: Three Theories of Child Development: Erikson, Piaget and Sears. New York: Harper & Row 1965
MCCARTHY, D.: Language Development in Children. In: Manual of Child Psychology. Ed.: Carmichael, I., 2nd ed. New York 1954, P. 492 - 630
MCGRAW, M.: The Neuromuscular Maturation of the Human Infant. New York: Hafner 1963
MILANI-COMPARETTI, A.; GMONI, E. A.: Routine Development Examination in Normal and Retarded Children. Develop. Med. Child Neurol., London 9 (1966), 5, P. 631 - 638
MOSSTON, M.: Developmental Movement. Columbus (Ohio): Merrill 1965
NELIGAN, G.: PRUDHAM, D.: Norms for Four Standard Developmental Milestones by Sex, Social Class, and Place in Family. Develop. Med. Child Neurol., London 11 (1969), P. 413 - 422
OSERETZKY, N.: Zur Methodik der Untersuchung motorischer Komponenten. Z. angew. Psychol. Charakterk., Leipzig 32 (1969), P. 257 - 293
derselbe: Psychomotorik. Z. angew. Psychol. Charakterk., Leipzig, Beiheft 57 (1931), P. 1 - 162
PEIPER, A.: Die Eigenart der kindlichen Hirntätigkeit. 3. Aufl., Leipzig: Thieme 1963
PIAGET, J.: The Language and Thought of the Child. New York: World Publishing 1955
PIAGET, J.: Psychologie der Intelligenz. Zürich/Stuttgart: Rascher 1966
PICQ, L.; VAYER, P.: Education psycho-motrice et arriération mentale. Paris: Doin 1968
RARICK, L. G.: Motor Development During Infant and Childhood. Madison, Wisconsin: Univ. of Wisconsin 1961, (mineographed monograph)
RUSSEL, D. H.: Children s Thinking. Boston: Ginn 1956
SCHMIDT-KOLMER, E.: Verhalten und Entwicklung des Kleinkindes. Berlin: Akademie-Verlag 1959
SCHNEEBERGER DE ATAIDE, J.: Sur l'importance de développement moteur du nourrison pour le prognostic de l évolution mentale de l'enfant. Acta paedopsychiat., Basel 3 (1964), P. 52 - 59
SHIRLEY, M. M.: The First Two Years. Vol. I. Postural and Locomotor Development. Minneapolis: University of Minnesota Press 1931
derselbe: The First Two Years. Voll. II. Intellectual Development. Minneapolis: University of Minnesota Press 1953
SPITZ, R. A.: Die Entstehung der ersten Objektbeziehungen. Direkte Beobachtungen an Säuglingen während des ersten Lebensjahres. Stuttgart: Klett 1960
STOTT, D. H.: Child Development. London, 1960
derselbe; BALL, R. S.: Infant and Preschool Mental Test:. Review and Evaluation. Society for Research in Child Development, 30 (1965), 3
derselbe: A General Test of Motor Impairment for Children. Develop. Med. Child Neurol., London 8 (1966), P. 523 - 531
VALETT, R. E.: A Psychoeducational Profile of Basic Learning Abilities. Palo Alto (Calif.) 1966
Van RIPER, C.: Teaching your Child to Talk. New York: Harper 1950
Van RIPER, C.; IRWIN, J.: Voice and Articulation. Englewood Cliffs: Prentice Hall 1958
VIOLET-CONIL, M.; CANIVET, N.: La motricite. In: l' exploration expérimentale de la mentalité infantile. Paris: Presses Universitaires de France 1946. P. 133 - 189
VLACH, V.: Die neurologische Untersuchung beim Neugeborenen und Säugling. In: Diagnose und Therapie cerebraler Bewegungstörungen im Kindesalter. Hrsg.: Bundesverband für spastisch Gelähmte. Frechen: Bartmann 1969. P. 117 - 123
derselbe: Ein Screeningtest zur Früherkennung von Entwicklungsstörungen beim Säugling. Pädiatr. Prax., München 11 (1972), P. 385
VÓJTA, V.: Die cerebralen Bewegungsstörungen im Säuglingsalter. Frühdiagnose und Frühtherapie. Stuttgart: Enke 1974
WELLMANN, B. L.: Motor Achievements of Preschool Children. Child Educ., 13 (1937), P. 311 - 316

WILD, M. R.: The Behavior Pattern of Throwing and Some Observations Concerning its Course of Development in Children. Res. Quart., Washington 9 (1938), 3, P. 20 - 24
WURST, F.: Sprachentwicklungsstörungen und ihre Behandlung. Wien: Österr. Bundesverlag für Unterricht 1973
ZIMMERMANN, L. D.; CALOVINI, G.: Toys as Learning Materials for Prechool Children Uincl. Child Development Profiles). Except. Children, Arlington (Virginia) 37 (1971), P. 642 - 654

Literatur zur motorischen Schulreife (zu Seite 37 ff)

BAAR, Edeltrud; TSCHINKEL, Ingeborg: Schulreife-Entwicklungshilfe. Jugend und Volk, Wien 1969
DIEM, Liselott: Sport im Kindergarten. 16 mm-Film, Institut f. d. Wiss. Film, Göttingen 1975
dieselbe; GERHARDUS, Hiltrud: Sport im 4. bis 6. Lebensjahr. Kösel, München 1973
EGGERT, D. (Hrsg.): Psychomotorisches Training. Beltz, Weinheim/Basel 1975
derselbe und KIPHARD, E. J.: Die Bedeutung der Motorik für die Entwicklung normaler und behinderter Kinder Hofmann, Schorndorf 1973, 2. Aufl.
FREYTAG, Erna: Die motorische Reife von Schulkindern und die Oseretzky-Skala. Med. Diss., Marburg 1956.
GESELL, A.: Das Kind von fünf bis zehn. Christian, Bad Nauheim 1954, 2. Aufl.
GIESELBERG, I.; KUNTZE, H.; MANSFELD, E.; MOSER, G.: Motorik im Vorschulalter. Öff. Gesundh.-Wesen 35, 1973, 560 - 566
GRAU, U.; KLAUS, F.: Das Skelettalter nach Tanner-Whitehouse und die sog. 'körperliche Schulreife'. Prax. Kinderpsychol. 24, 3, 1975, 94 - 101
HAHN, W.: Motorische Leistungsfähigkeit und Schulreife. Die Leibeserziehung 21, 2, 1972, 5 - 59
HESS, H.: Vorschulische Erziehung in medizinisch-biologischer Sicht. In Deutscher Sportbund (Hrsg.): Bewegung, Spiel und Sport im Elementarbereich (6. Werkwoche 194 in Malente), 44 - 62
HILLEBRAND, M. J.: Zum Problem der Schulreife. Reinhardt, München/Basel (Erziehung und Psychologie, Heft 2)
HÜNNEKENS, H. und KIPHARD, E. J.: Bewegung heilt. Flöttmann. Gütersloh 1975 5
HÜNNEKENS, Mechthild: Die pädagogische Entwicklungshilfe durch die sensomotorische Übungsbehandlung bei entwicklungsrückständigen Kindern infolge zerebraler Dysfunktion. Dipl.-Arb., P. H. Freiburg i. Br. 1977
KATZ, O.: Mit 9 Jahren schulreif? Medizin heute 11, 1976, 6 - 7
KEMMLER, Lilly: Erfolg und Versagen in der Grundschule. Göttingen 1967
KESSELMANN, G.: Mündliche Mitteilung
KIPHARD, E. J.: Unser Kind ist ungeschickt. Reinhardt, München/Basel 1966
derselbe und HUPPERTZ, H.: Erziehung durch Bewegung. Dürr, Bonn-Bad Godesberg 1973, 3. Aufl.
derselbe und LEGER, A.: Psychomotorische Elementarerziehung. Flöttmann, Gütersloh 1975
KORNMANN, R.: Die Bedeutung motorischer Prüfverfahren für die Differentialdiagnose schulunreifer Kinder. In Eggert/Kiphard: Die Bedeutung der Motorik für die Entwicklung normaler und behinderter Kinder. Hofmann, Schorndorf 1977, 3. Aufl.
derselbe: Untersuchungen zur Wirksamkeit verschiedener Förderprogramme bei Schulanfängern mit reduzierten Lernvoraussetzungen. In Eggert (Hrsg.): Beiträge zur sonderpädagogischen Forschung. Marhold, Berlin 1975, 79 - 93
derselbe: Hirnschädigung und fehlende Schulreife. Berlin 1971
KRIESEL, Ursula: Kinderturnen. Volk und Wisen, Berlin 1961
LEWIN, Käthe: Turnen im Vorschulalter. ebd 1967
dieselbe: Zur Erfassung motorischer Qualitäten bei Kindern im Vorschulalter. Wiss. Zschr., d. DHfK (Leipzig), 8, 2, 1966, 61 - 64
MAIER, E.: Schulreife-Probleme in der Praxis. Schroedel, Berlin/Hannover/Darmstadt 1957
MEINERT, R.: Schulreifeuntersuchungen. In Köttgen/Hartung/Mansfeld. (Hrsg.): Leitfaden für den Schularzt. Thieme, Stuttgart 1972, 41 - 47
derselbe: Bewegung beweist Entwicklung, 16 mm-Film, Institut f. d. Wiss. Film, Göttingen 1963
derselbe; KOMM, K. H.: Der Schritt ins Schulleben. Gieseking, Bielefeld 1958
MÜLLER, H.-J.:, DECKER, R. und SCHILLING, F. (Red.): Motorik im Vorschulalter. Hofmann, Schorndorf 1975
MÜLLER, P.: Der 'erste Gestaltwandel' (Zeller) findet nicht statt. Prax. Kinderpsychol. 21, 8, 1972, 278 - 282
NAVILLE, Suzanne: Psychomotorische Therapie. Lobpreisung der Musik (Zürich), 24, 10, 1966
PEAKE, L.: Motor Ability Test for Six Year Old Children. University of Victoria, British Columbia, Canada, Mimeographed Manuscript o. J
RETTER, H.: Die Bedeutung motivierender Bewegungserziehung in der vorschulischen Kindheit für den Schulsport. Sportunterricht 23, 7, 1974, 229 - 233
RICHTER, A.: Eine vergleichende Untersuchung zur motorischen Leistungsfähigkeit und Schulreife bei ausgewählten Kindern von Vorschulklassen der Stadt Münster mit Hilfe des KTK. Ex. Arb. Päd., Münster 1973

RIELAND, R.: Auswertung der Erfahrungen über ein sensomotorisches Förderungsprogramm für Besucher eines Schulkindergartens und Vorschlag zur Verbesserung. Ex. Arb. Päd., Heidelberg 1973

SEYBOLD, Annemarie: Untersuchungen über den motorischen Bestand des Schulanfängers als Voraussetzung für die Leibeserziehung. Die Leibeserziehung, 18, 1969, 72 - 80

SCHILLING, F.: Motodiagnostik des Kindesalters. Marhold, Berlin 1973

derselbe und KIPHARD, E. J.: Der Körperkoordinationstest für Kinder (KTK), Beltz, Weinheim/Basel 1974

VOGT, W.: Bewegungsförderung. Schroedel, Hannover 1975

ZÖLLER, Gerda: Musik und Bewegung im Elementarbereich. Auer, Donauwörth 1974

Literatur zur CMV (zu Seite 45 ff)

FTHENAKIS, E.: Förderung Fünfjähriger im Kindergarten, ein Interview. WWD Wehrfritz Wissenschaftlicher Dienst 4, 1976, 9 - 11

ROHDE, E.: Motorische Verhaltenskategorien im Schulalter. Versuche zur Standardisierung. Med. Diss., Marburg 1973

SCHILLING, F.: Checklist motorischer Verhaltensweisen (CMV), Handanweisung. Westermann, Braunschweig 1976

Literatur zum KTK (zu Seite 48 ff)

HÜNNEKENS, H.; KIPHARD, E. J. und KESSELMANN, G.: Untersuchungen zur Motodiagnostik im Kindesalter, Acta Pädopsychiatrica 34, 1967, 17 - 27

JOCHMUS, Ingeborg; KRIENITZ, Beate; REY, Ursula: Die motometrische Untersuchung in der Diagnostik und Verlaufsbeobachtung, Morbus Wilson, Nachr. Kinderheilk. 117, 1969, 496 - 499

KIPHARD, E. J.: Beitrag zur Diagnostik zentralmotorischer Störungen, Zsch. f. Heilpäd. 18, 1967, 33 - 38

derselbe: A Learning disabilities Approach to Retardation (the Hamm-Marburg-Body Coordination Test für Children -BCT), Second National Conference on Physical Activity, Los Angeles 1974

derselbe; SCHILLING, F.: Der Hamm-Marburger Körperkoordinationstest für Kinder (HMKTK), Nachr. Kinderheilk. 118, 8, 1970, 43 - 479

RABENAU, K. H. von: Differenzierende Motodiagnostik - Fortschritte in der Beurteilung der kindlichen Motorik, Medizin 9, 1974, 247 - 248

RAPP, G.; SCHODER, G.: Bewegungsschwache Kinder - einige diagnostische und therapeutische Hinweise, Die Schulwarte (Villingen), 11, 1972, 25 - 31

SCHENCK, K.: Das zerebralparetische Kind in der Erziehungsberatungsstelle, in Matthiaß, Brüster und v. Zimmermann (Hrsg.): Spastisch gelähmte Kinder, Stuttgart: Thieme 1971, 270 - 278

SCHILLING, F.: Untersuchungen zum Hamm-Marburger Körperkoordinationstest für Kinder, in: Eggert und Kiphard (Hrsg.): Die Bedeutung der Motorik für die Entwicklung normaler und behinderter Kinder, Schorndorf: Hofmann 1973 2, 210 - 239

derselbe; KIPHARD, E. J.: Der Körperkoordinationstest für Kinder (KTK) in der Bearbeitung von F. Schilling, Manual, Weinheim: Beltz 1974

derselbe; KIPHARD, E. J.: The Body Coordination Test (BCT), JOPER, Journal of Physical Education and Recreation, April 1976, 37

SCHOOT, P. van der; HEMMER, B.: Untersuchung über die Wirksamkeit eines dreimonatigen Organtrainings auf die motorische Leistungsfähigkeit acht- bis zehnjähriger geistig behinderter Kinder, Jahrbuch Deutsche Vereinigung für die Rehabilitation Behinderter 1972, Stuttgart: Thieme 1973, 110 - 138

WIEGERSMA, P. H.: De Relatie tussen Milieu en Psychomotorisch Niveau bij het Jonge Schoolkind, de lichamelijke opvoeding, 6, 1970, 199 - 213

WUNNERLICH, Annemarie: Vergleichende Untersuchung an hirngeschädigten und hirngesunden Kindern mit der 'motometrischen Funktionsprüfung' von Hünnekens, Kiphard und Kesselmann, Acta Paedopsychiatrica 36, 3/4, 196, 82 - 90

Literatur zur Trampolin-Diagnostik und -therapie (zu Seite 54 ff)

BAUER, A.; HEMMER, B.; von der SCHOOT, P.; KRAUSE, W.: Trampolinturnen mit geistig behinderten Kindern. Ergebnisse einer Untersuchung. In: Kölner Beiträge zur Sportwissenschaft 2, Jahrbuch der DSHS, Köln, Schorndorf: Hofmann, 1973, 7 - 19

BÖTTCHER, H.: Trampolinspringen als Therapie im Jugendwerk Gailingen. Motorik 1978, 1, 13 - 15 (Hofmann, Schorndorf)

CRATTY, J.: Trampoline Activities for Atypical Children. Peek Publications, Palo Alto, Calif. (USA) 1969

ERICHSEN, Hauke und BÖTTCHER, H.: Trampolin-Therapie bei hirngeschädigten Kindern und Jugendlichen. Die Rehabilitation 1976 (15. Jhg.), 2, 100 - 102

EULENBURG, Udo Graf zu: Turnen mit Dysmelie-Kindern. Armgeschädigte auf dem großen Trampolin. Frohe Gemeinschaft 1967, 5, 58 (Off. Organ Versehrtensportverband NRW)
HÜNNEKENS, H.; KIPHARD, E.J.: Untersuchungen und Betrachtungen zur Individualmotorik von Schulkindern. Gesundheitsfürsorge 5, 1963, 73 - 80
derselbe; KIPHARD, E. J.: Motoskopische Untersuchungen beim Trampolinspringen. Acta Paedopsychiatrica 6/7 und 9/10, 1963, 231 - 247 und 324 - 341
JAHN, Waltraut: Der Trampolin-Körperkoordinationstest für Kinder. Dipl.-Arb. Psychol., Mannheim 1975
KIPHARD, E. J.: Federtuchspringen bei entwicklungsrückständigen Kindern. Die Leibeserziehung 6, 1961, 194 - 195
derselbe: Leibesübung als Therapie. Flöttmann, Gütersloh 1975 2. Darin: Die bewegungstherapeutische und psychotherapeutische Bedeutung des Trampolins für die Heilpädagogik, S. 174 - 184 und Möglichkeiten und Grenzen einer Koordinationsschulung durch das Trampolin, S. 193 - 199
derselbe: Bewegungsdiagnostik bei Kindern, ebd. 1978 2, darin: Bewegungsdiagnostik mit dem Trampolin, S. 108 - 130
derselbe: Bewegungs- und Koordinationsschwächen im Grundschulalter. Hofmann, Schorndorf 1977 3, darin: Der Trampolin-Körperkoordinationstest, S. 53 - 61
derselbe: Diagnostik pathologischer Bewegungsmuster. Filmbegleitschrift, Publ. zu wissensch. Filmen C 1252, Institut f. d. Wiss. Film, Göttingen 1977, 4, 3 - 17
derselbe: Testanalysen zum Trampolin-Körperkoordinationstest (TKT). Psychomotorik 1977 (2. Jhg.), 3, 111 - 114 (verlag modernes lernen, Dortmund)
derselbe: Symptomorientierte psychomotorische Lernprozesse als Basistraining für stotternde Kinder. Motorik 1978, 2, 61 - 69
KIPHARD, E. J.; HÜNNEKENS, H.: Bewegungsdiagnostik beim Trampolinspringen, 16 mm Stummfilm mit Titeln, Hamm 1963
KIPHARD, E. J.; HUPPERTZ, H.: Erziehung durch Bewegung. Leibesübung mit behinderten Kindern. Dürr, Bonn-Bad Godesberg 1979 4. Darin: Trampolinspringen für Anfänger, S. 193 - 196
KIPHARD, E. J.; LEGER, A.: Psychomotorische Elementarerziehung. Ein Bildbericht. Flöttmann, Gütersloh 1975. Darin: Das Trampolin, 56 - 61
KNAB: Leselernhilfen über Buchstabentransfer beim Trampolinspringen. Eine Falldarstellung. Psychomotorik (Dortmund) 70 - 74
KRAMER, K.: Das Trampolin als Sportgerät für körperbehinderte Kinder. das behinderte Kind, 9, 1, 1972, 10 - 11
LIEBCHEN, J.: Das Trampolin in der Leibeserziehung der Sonderschule für Lernbehinderte. Zschr. Heilpädag. 7/8, 1965, 361 - 374
LORENZEN, H.: Trampolin als therapeutisches Gerät. Versehrtensportler, 1962, 11, 192 - 194
RAUTENBERG, E.; SOEFFKY, E.; TEPPER, Gudrun: Trampolinspringen mit Hemiplegikern (ICP). Krankengymnastik, 25 , 9, 1973, 306 - 309
SCHOENHOLZER, G.: Das Trampolinspringen aus ärztlicher Sicht. Schweiz. Zschr. Sportmed., 1, 1962, 6 - 22
STOLBERG, Elisabeth Gräfin zu; KERKHOFF, W.: Trampolinturnen bei lern- und geistigbehinderten Kindern. Heilpädag. (Luzern), VHN 40, 3, 1971, 207 - 212
TEPPER, Gudrun: Kinder mit zerebralen Bewegungsstörungen (Hemiplegie) lernen Trampolinspringen, 16 mm-Film. Institut für Leibeserziehung der Freien Univ., Berlin 1971
TEPPER, Gudrun; SOEFFKY, E.; RAUTENBERG, E.: Trampolinspringen mit Kindern, die an einer spastischen Hemiplegie leiden. Zschr. Heilpädag. 25, 2, 1974, 116 - 126
TREBES, Gisela: Krankengymnastische Behandlung der Dysmelie-Kinder auf dem Trampolin. Krankengymnastik, 10, 1966, 334 - 337
TREBES, Gisela: Kinder auf dem Trampolin. Das behinderte Kind, 3, 1967
WEHAUS, Brigitte: Untersuchungen zur Reliabilität und Validität des Trampolin-Tests. Dipl.-Arb. Psychol., Mannheim 1973
WEHAUS, Brigitte; LÖSSL, E.: Reliabilitäts- und Validitätsstudie zur Verwendung des Trampolins bei der Diagnose von motorisch gestörtem Verhalten bei Kindern. Prax. Kinderpsychol. Kinderpsychiatr. 23, 1974
ZUHRT, Renate: Kinder einer Körperbehindertenschule springen Trampolin. Krankengymnastik 27, 1975, 406 - 407

Literatur zur LOS KF 18 (zu Seite 60 ff)

BONDY, C., COHEN, R.; EGGERT, D. und LÜER, G.: Die Testbatterie für geistig behinderte Kinder (TBGB). Weinheim (Beltz) 1969
EGGERT, D.: Test für geistig Behinderte. ebd. 1970
EGGERT, D., (Hrsg.): Zur Diagnose der Minderbegabung - ein Handbuch und Textbuch zur TBGB. ebd. 1971

GÖLLNITZ, G.: Ergebnis einer Überprüfung der motorischen Skala von Oseretzky. Psychiat. Neurol. und Psychol. (Leipzig), 4, 1952, 119 - 127
KIPHARD, E. J.: Untersuchungen über den bewegungsdiagnostischen Wert des Oseretzky-Tests bei der Erkennung frühkindlicher Hirnschäden. Heilpäd. Forsch. II, 1, 1969, 44 - 83
KIPHARD, E. J. und SCHILLING, F.: Der Hamm-Marburger-Körperkoordinationstest für Kinder (HMKTK). Monatsschrift f. Kinderheilk., 118, 6, 1970, 473 - 479
OSERETZKY, N. I.: Zur Methodik der Untersuchung der motorischen Komponenten. Z. f. angew. Psychol. 32, 1929
derselbe: Psychomotorik - Methoden zur Untersuchung der Motorik. ebd. Beiheft 57, 1931
RIEDER, H.: Psychomotorische und Soziometrische Diagnostik als Grundlage einer heilpädagogischen Sporttherapie für verhaltensgestörte Kinder. Diss. Univ. Würzburg, 1970
SCHILLING, F.: Zur Aussagefähigkeit des Oseretzky-Tests bei normalen und hirngeschädigten Kindern. Acta paedopsychiatrica, 37, 9/10, 1970, 249 - 267
SLOAN, W.: The Lincoln Adaption of the Oseretsky Tests. Lincoln State School, 1949
SLOAN, W.: The Lincoln-Oseretsky Motor Development Scale. Genet. Psychol. Monographs, 1955, 183 - 252
VOLKAMER, M.: Untersuchungen zur Validität der Lincoln-Oseretzky-Motor-Development Scale. Phil. Diss. Univ. Kiel, 1969

Literatur zur Handgeschicklichkeits-Diagnostik (zu Seite 63 ff)

BAEDKE, D.: Empirische Untersuchungen zur Differenzierung der manuellen Geschicklichkeit im Kindesalter. Dipl.-Arbeit, Gießen 1972
derselbe: Handgeschicklichkeit bei Kindern. Psychomotorik 2, 4, 1977, 136 - 147 (Dortmund)
GLEISS, J.: Zur Prüfung der Psychomotorik beim Kind. Beschreibung und erste Ergebnisse eines Suchtests zur Prüfung der visuo-manuellen Fein-Motorik bei gesunden und hirngeschädigten Kindern. Klin. Pädiat. 185, 1973, 103 - 127
derselbe: Weitere Erfahrungen mit einem psychomotorischen Suchtest für den Kinderarzt. Klin. Pädiat. 186, 1974, 287 - 296
GOODENOUGH, F. L.: Measurement of Intelligence by Drawings. New York 1926
dieselbe und HARRIS, D. B.: Studies in the Psychology of Childrens Drawings, II, 1928 - 1949, Psychol. Bull. 47, 1950, 339 - 433
KELLOGG, R.: What Children Scribble and Why. Palo Alto, Calif. 1959
KIPHARD, E. J.: Untersuchungen über den bewegungsdiagnostischen Wert des Oseretzky-Tests bei der Erkennung frühkindlicher Hirnschäden. Heilpäd. Forsch., 2, 1969, 44 - 83
KOPPITZ, Elisabeth M.: Die Menschendarstellung in Kinderzeichnungen und ihre psychologische Auswertung. Stuttgart 1972
NEUHÄUSER, G.: Zur Bedeutung motorischer Tests für die entwicklungsneurologische Diagnostik. Fortschr. Med. 93, 25, 1975
derselbe: Möglichkeiten und Grenzen des Erfassens kindlicher Bewegungsäußerungen. Z. Krankengymn. 29, 1, 1977
ORPET, R. E.: Frostig Movement Skills Test Battery. Palo Alto, Calif. (Consulting Psychologists Press) 1972
OSERETZKY, N. I.: Psychomotorik. Methoden zur Untersuchung der Motorik. Z. angew. Psychol., Beiheft 57, 1931.
SCHILLING, F.: Zur Aussagefähigkeit des Oseretzky-Tests bei normalen und hirngeschädigten Kindern. Acta paedopsychit. (Basel), 37, 1970, 249 - 267
derselbe: Motodiagnostik des Kindesalters. Berlin (Marhold) 1973
derselbe: Untersuchungen zur diagnostischen Valenz der manuellen Geschicklichkeit im Kindesalter. Mschr. Kinderheilk., 122, 1974, 763 - 766
derselbe: Neue Ansätze zur Untersuchung der Hand- und Fingergeschicklichkeit im Kindesalter. Sportwissenschaft, 3, 1974, 1 - 23
SEIFERT, R.: Referat über Untersuchungsmethoden der Psychomotorik. Psychomotorik und Fliegerauslese I. Diagnostica 5, 4, 1959, 135 - 154
THORN, A.: Untersuchungen zur manuellen Geschicklichkeit hirngeschädigter und verhaltensgestörter Kinder. Med. Diss. Marburg 1972

Literatur zur Wahrnehmungsdiagnostik (zu Seite 68 ff)

AFFOLTER, Félicie: Entwicklung visueller und auditiver Prozesse. Schweiz. Zschr. f. Psychol. 31, 3, 1972, 207 - 223
ALTHERR, P.: Wahrnehmungsdiagnostik im Kindesalter. Motorik 1, 1, 1978, 2 - 8 (Schorndorf)

FROSTIG, Marianne; LEFEVER, D. W. und WHITTLESEY, J. R. B.: A Developmental Test of Visual Perception for Evaluating Normal and Neurologucally Handicapped Children. Perc. and Motor Skills 12, 1961, 383 - 394

FROSTIG, Marianne; HORNE, D. und MILLER, Ann-Marie: Visuelle Wahrnehmungsförderung. Dortmund (Crüwell) 1977 2

HERMELIN, Beate; O'CONNOR, O.: Recognition of Shapes by Normal and Subnormal Children. Brit. J. Psychol. 52, 1961, 281 - 284

KEOGH, Barbara K.: Pattern Copying under Three Conditions of an Expanded Spatial Field. Developm. Psychology, 4, 1, 1971

LOCKOWANDT, O.: Frostigs Entwicklungstest der visuellen Wahrnehmung (FEW). Weinheim (Beltz) 1974

SEIDEL, Christa; BIESALSKI, P.: Psychologische und klinische Erfahrungen mit dem Frostig-Test und der Frostig-Therapie bei sprachbehinderten Kindern. Prax. Kinderpsychol. Kinderpsychiatr. 22, 1, 1973, 3 - 14

VAN UDEN: Zit. bei Wiegersma

WIEGERSMA, P. H. et al.: Taubheit und motorische Funktionen. Eine Pilotstudie. In Bauss/Roth (Hrsg.): Motorische Entwicklung (4. Motorik-Symposium, Darmstadt, Kongr. Ber.), Institut f. Sportwiss. Darmstadt 1977

WITKIN, H. A.; LEWIS, H. B.; HERTZMAN, M.; MACHOVER, K.; BRETNALL et al.: Personality Through Perception. An Experimental and Clinic Study. New York (Harper) 1954

Literatur zur Wahrnehmungsförderung (zu Seite 81 ff)

ARNDT, Marga (Red.): Didaktische Spiele. Stuttgart (Klett) 1970

BÖNNINGHAUSEN, Inge v.: Spiel mit mir - lern mit mir. ZDF-Elternschule. Köln (Rudolf Müller) 1972

CRATTY, B. J.: Active Learning. Englewood Cliffs, New Jersey (Prentice Hall) 1971

FROSTIG, Marianne und REINARTZ, A. und Erika: Individualprogramm zum Wahrnehmungstraining. Dortmund (Crüwell) 1974

dieselben: Wahrnehmungstraining. ebd. 1972

HARDE, O., SIERSLEBEN, W. und WOGATZKI, R.: Lernen im Vorschulalter. Hannover (Schroedel) 1970

HERZKA, H. S.: Das Kind von der Geburt bis zur Schule. Bilderatlas. Basel (Schwabe) 1975

derselbe und BINSWANGER: Spielsachen für das gesunde und behinderte Kind. ebd. 1974

HOLT, J.: Wie Kinder lernen. Weinheim (Beltz) 1971

LIEPMANN, Lise: Sehen, hören, riechen, tasten. Das Kind und die Welt der Sinne. Olten/Freiburg i. Br. (Walter) 1975

MONTAGU, A.: Körperkontakt. Die Bedeutung der Haut für die Entwicklung des Menschen. Stuttgart (Klett) 1974

MOOG, W. und MOOG, Susanne: Die entwicklungspsychologische Bedeutung von Umweltbedingungen im Säuglings- und Kleinkindalter Berlin (Marhold) 1976 3

NIESSELER, M.: So fördere ich Kinder im Vorschulalter. Donauwörth (Auer) 1972

OREM, R. C., MAYRHOFER, H. und Zacharias, W.: Neues Spielen mit Kindern. Ravensburg (Otto Maier) 1976

PAINTER, Genevieve: Baby-Schule. Programmiertes Intelligenztraining für Kleinkinder. Gütersloh (Bertelsmann) 1972

REINARTZ, A., REINARTZ, Erika und REISE, Helga (Hrsg.): Wahrnehmungsförderung behinderter und schulschwacher Kinder. Berlin (Marhold) 1978

SANDER, E.: Wahrnehmungstraining und kognitive Lernförderung. In Kanter und Speck (Hrsg.): Handbuch der Sonderpädagogik, Band IV, Lernbehindertenpädagogik. Berlin (Marhold) 1976, S. 212 - 219

SINNHUBER, Helga: Spielmaterial zur Entwicklungsförderung - von der Geburt bis zur Schulreife. Dortmund (modernes lernen) 1978

SPECK, O. (Hrsg.): Frühförderung entwicklungsgefährdeter Kinder. München (Reinhardt) 1977

Literatur zur Bewegungsförderung (zu Seite 105 ff)

BARSCH, R. H.: Achieving Perceptual-Motor Efficiency. Special Child Publications, Seattle, Wash., 1968

BAUMANN, S.: Der Einfluß des Körperschemas auf die Qualität der sportmotorischen Gewandtheit. Diss. Phil., Univ. Salzburg 1975

BAYLEY, N.: The Development of Motor Abilities During the First Three Years. Monogr. Soc. Child Developm. Washington, 1, 1935, 1 - 26

BORNHORST, J.; BURGGRAF, H.; KESSELMANN, G.; TIEMANN, G. und WILHELM, R.: Übungsmöglichkeiten mit dem Pedalo. Motorik (Schorndorf), 1, 1, 1978, 22 - 25

BRAECKLEIN, H.: Trampolinturnen. 1. Teil, Grundschule. Frankfurt (Limpert) 1976 3

BURGSTHALER, E.: Psychomotorische Übungspraxis mit Heinkindern. Psychomotorik (Dortmund), 3, 1976

derselbe: Rollschuhlaufen in einer motorischen Übungsbehandlung älterer Heimkinder. Motorik (Schorndorf), 1, 3, 1978, 94 - 97
FROSTIG, Marianne: Bewegungserziehung. Neue Wege der Heilpädagogik. Reinhardt, München/Basel 1973
dieselbe; LEFEVER und WHITTLESEY: A Developmental Test of Visual Perception For Evaluating Normal and Neurologically Handicapped Children. Percept. Motor Skills, 12, 1961, 383 - 394
GEISHECKER, Gabriele und VÖLKER, Cordula: Probleme der motorischen Untersuchung im Vorschulalter. Prax. Kinderpsychol. u. Kinderpsychiatr. 24, 7, 1975, 266 - 270
GLEES, P.: Das menschliche Gehirn. Stuttgart (Hippokrates) 1968
HENZE, R.: Psychomotorische Übungsbehandlung in einem Heim für verhaltensgestörte Kinder. Motorik (Schorndorf), 1, 3, 1978, 98 - 104
HERING, R.: Grundschule für das Federtuchspringen. Darmstadt 1961
JOHN, H.-G. und KRÜGER, H.: Zur Verbesserung des Bewegungsgefühls im Schwimmen. Leibesübungen, 4, 1961, 3 - 8
KEPHART, N. C.: Das lernbehinderte Kind im Unterricht. München (Reinhardt) 1977
KESSELMANN, G. und KIPHARD, E. J.: Geschicklichkeits-Circuit - eine Form heilpädagogischer Bewegungserziehung. Z. Heilpäd. 5. 1966
KRÜGER, Ruth: Der größte Spaß: Wasser ist naß. Kleine Schwimmfibel für kleine Kinder. Eigenverlag, Bochum, 1976 (Nußbaumweg 25)
LAWRENCE, C. C. and HACKETT, L. C.: Water Learning - A New Adventure. Palo Alto, California (Peek) 1975
LEGER, A.: Das 'Tandem-Pedalo'. Motorik (Schorndorf) 2, 1, 1979
derselbe: Übungsmöglichkeiten mit dem Kleinsttrampolin. Psychomotorik (Dortmund), 2, 2, 1977, 61 - 64
LEWIN, G.: Schwimmen mit kleinen Leuten. Berlin/Ost (Sportverlag) 1973
dieselbe: Zu Fragen der schwimmerischen Grundausbildung der Kinder im Vorschulalter und im frühen Schulalter. Wissens. Zsch. d. Deutschen Hochschule f. Körperkultur Leipzig, 8, 2, 1966
LITUDIS, G.: Hilfsgeräte beim Schwimmen. Der Übungsleiter. Arbeitshilfen für Übungsleiter in den Mitgliedsverbänden des Deutschen Sportbundes (Duisburg) 6, 1977
LORENZEN, H.: Baden und Schwimmen mit Kindern. Wuppertal (Putty) 1953, 2. Aufl.
MÖLLER, M.: Lernalter und Leistungsfähigkeit im Schwimmunterricht. Zum Problem des günstigsten Lernalters im Schwimmen. Theor. u. Prax. d. Körperkultur, 15, 8, 1966, 745 - 751
MONTESSORI, Maria: Selbsttätige Erziehung im frühen Kindesalter. Stuttgart (J. Hoffmann) o. J.
RÖDER und DIWISCHEK: Zit. bei Geishecker und Völker
SCHILLING. F.: Diagnose und Therapie motorischer Störungen bei Kindern mit minimaler zerebraler Dysfunktion. Psychomotorik (Dortmund) 2, 2, 1977, 47 - 56
1976, 2. Aufl.
ÜBERHORST, H.: Kleinkinderschwimmen unter besonderen soziologischen Aspekten. Die Leibeserziehung, 10, 1967

Literatur zur emotionalen und sozialen Entwicklungsförderung (zu Seite 145 ff)

BORN, H.: Die Bedeutung der Ausdrucksphänomene für die Behandlung der Neurosen. Zsch. Psychother. Med. Psychol. 3, 1977, 75 - 82
CRATTY, B. J.: Aktive Spiele und soziales Lernen. Ravensburg (Maier) 1977
DIEM, Liselott: Auf die ersten Lebensjahre kommt es an. Stuttgart (DVA) 1976
ECKSTEIN, L.: Die Sprache der menschlichen Leibeserscheinung. München 1956, 2. Aufl.
ERIKSON, E. H.: Kindheit und Gesellschaft. Stuttgart 1968, 3. Aufl.
FELDENKRAIS, M.: Bewußtheit durch Bewegung. Suhrkamp Taschenbuch 429, 198
KESSELMANN, G.: 'Dreiercircuit' als Möglichkeit soziomotorischen Trainings. Motorik (Schorndorf) 1, 4, 1978, 135 - 136
KIPHARD, E. J. und HÜNNEKENS, H.: Bewegung heilt. Gütersloh (Flöttmann) 1977, 6. Aufl.
derselbe und HUPPERTZ, H.: Erziehung durch Bewegung. Bonn (Dürr) 1979, 5. Aufl.
derselbe und LEGER, A.: Psychomotorische Elementarerziehung. Gütersloh (Flöttmann) 1977, 2. Aufl.
KLAGES, L.: Grundlagen der Wissenschaft vom Ausdruck. Bonn 1950. 7. Aufl.
KRIMM-VON FISCHER, Catherine (Hrsg.): Musikalisch-rhythmische Erziehung. Freiburg i. Br. (Herder) 1974
LANGEVELD, M. J.: Die Bedeutung des eigenen Körpers für das Selbsterlebnis des Kindes. Psychol. Rundschau (Göttingen) 1954
LEGER, A.: Das 'Tandem-Pedalo'. Motorik (Schorndorf) 2, 1, 1979, 23 - 25
MÜLLER, H. J.; DECKER, R. und SCHILLING, F. (Red.): Motorik im Vorschulalter. Schorndorf (Hofmann) 1978, 2. Aufl.

SCHEFELEN, A. E.: Körpersprache und soziale Ordnung. Stuttgart (Klett) 1976
SCHILLING, F.: Bewegungsentwicklung, Bewegungsbehinderung und das Konzept der 'Erziehung durch Bewegung'. Sportwissenschaft 7, 4, 1977, 361 - 373
SCHMOLKE, Anneliese: Das Bewegungstheater. Wolfenbüttel/Zürich (Möseler) 1976
dieselbe und LANGHANS, H.: Bewegung als Grundlage des Darstellenden Spiels. 16-mm-Tonfilm. Institut für Film und Bild in Wissenschaft und Unterricht, München (zweiteilig)
SCHOOP, Trudi und MITCHELL, Peggy: Won' t You Join the Dance? Palo Alto, Calif. (National Press Books) 1974
SCHWUNG, Henriette: Ausdruckstherapie mit Ausdrucksübungen für gehemmte Kinder. Göttingen (Hogrefe) 1956
SHELEEN, Laura: La sensibilisation psycho-motrice. Une méthode d expression corporelle. L'homme sain 2, 1967, 83 - 87
SOUBRYRAN, J.: Die wortlose Sprache. Lehrbuch der Pantomime. Schriftenreihe 'Theater heute' (Velber) 4, 1963
STOLZE, H.: Bewegungserlebnis als Selbsterfahrung. In Hahn/Preising (Hrsg.): Die menschliche Bewegung. Schorndorf 1976, 105 - 113
TAUSCH, Anne-Marie und andere: Weinen, Wüten, Lachen. Ravensburg (Maier) 1975
TAUSCHER, Hildegard: Die rhythmisch-musikalische Erziehung in der Heilpädagogik. Berlin (Marhold) 1975, 4. Aufl.
ZIHLMANN, H.: Rhythmische Erziehung. Hitzkirch/Schweiz (Comenius) 1975
ZÖLLER, Gerda: Musik und Bewegung im Elementarbereich. Ein Beitrag zur Kommunikations- und Kreativitätserziehung. Donauwörth (Auer) 1974

Fach- und Fremdworterklärungen

abstrakt; abstrahieren: theoretisch, begrifflich; zum Begriff erheben
Adaptation; adaptiv: Anpassung; auf Anpassung beruhend
adäquat: angemessen, entsprechend
Affekt; affektiv: Zustand heftiger Erregung; gefühlsbetont, gefühlsmäßig
analog: ähnlich, entsprechend
Analyse; analytisch: Zergliederung, 'Auflösung'; zergliedernd, zerlegend
Anomalie; anomal: Normabweichung; nicht normal
Areal: Fläche, Gebiet
Aspekt: Betrachtungsweise, Blickwinkel
Asymmetrie; asymmetrisch: Ungleichmäßigkeit; seitenungleich
Ataxie: Koordinationsstörung der Balance und Zielfähigkeit
Athetose: Nervenkrankheit mit ungewollten, wurmartig gewundenen Drehbewegungen, insbesondere der Finger
Ausdifferenzierung: vielschichtige, in Einzelheiten gehende Aufgliederung
Autismus: krankhafte Ichbezogenheit mit Abkapselung und Kontaktunfähigkeit
Behaviorismus: amerikanische Verhaltensforschungsrichtung
Beschäftigungstherapie (Syn. Ergotherapie): Verfahren zur Steigerung der manuellen Leistungsfähigkeit
Bewegungsstereotypien: immer gleich ablaufende Bewegungsmuster
Biomechanik: mechanische Beschreibung und Berechnung biologischer Bewegungsabläufe in Arbeit und Sport
Checklist(e); checken: Kontrolliste; kontrollieren, nachprüfen
Cortex (vgl. auch kortikal): Hirnrinde
Curriculum (pl. Curricula): Lehrplan, Lehrprogramm
Defizit; defizitär: Fehlbetrag, Mangel; mit einem Mangel belastet
Depersonalisation: Verlust des Persönlichkeitsgefühls
Deprivation: Verlust, Entzug von etwas Erwünschtem,
Desintegration: Spaltung, Auflösung eines Ganzen
Diagnostik; diagnostisch: Krankheitserkennung; durch Diagnose festgestellt
Didaktik; didaktisch: Unterrichtswissenschaft; Lehrstoff vermittelnd
Differentialdiagnostik: abgrenzende Krankheitsunterscheidung
Differenz; differenzieren: Unterschied; unterscheiden
Dimension: Größe, Ausmaß, (räumlicher) Umfang
Dysfunktion: gestörte Funktion
Dysmetrie: Störung des räumlichen Bewegungsausmaßes bei Zielbewegungen
Effektivität, Effizienz: Wirksamkeit
Elementarbereich: Kindergartenbereich
Emotion; Emotionalität; emotional: Gefühl; Gemütsbewegtheit; gefühlsmäßig (syn. affektiv)
Expansion; expansiv: Ausdehnung; auf Ausbreitung und Erweiterung bedacht
Expression; expressiv: Ausdruck; ausdrucksbetont, ausdrucksmäßig

Fähigkeit: ein In-der-Lage-Sein und Bereitsein zu bestimmten Leistungen
Faktorenanalyse: statistische Methode zur Ermittlung von Einzelfaktoren innerhalb eines Gesamtgeschehens
Feinmotorik: kleinräumige, vor allem manuelle Bewegungsabläufe sowie Feinsteuerung beanspruchendes Balancieren
Fertigkeit: hochgeübte und sicher beherrschte Geschicklichkeitsleistungen (engl.: skill)
Frustration: Enttäuschung, Zurücksetzung
Fundierung; fundiert: Grundlegung; auf solider Grundlage ruhend
gravierend: schwerwiegend
Grobmotorik: großräumige, dynamische Bewegungsabläufe der Arme, Beine und des Körpers
Hemiplegie: Lähmung einer Körperseite
Hemisphärendominanz: Vorherrschen einer Hirnhälfte
Heterogenität; heterogen: Ungleichartigkeit; uneinheitlich zusammengesetzt
Hirntopograhie: Lagebeschreibung von Hirnregionen
Homogenität; homogen: Gleichartigkeit; gleichartig, einheitlich
Homöostasie: Aufrechterhaltung eines Systemgleichgewichts
Hospitalismus: Krankheitserscheinungen als Folge von längeren Heimaufenthalten, Krankenhausaufenthalten usw.
Hyperaktivität: übermäßige Aktivität
Hyperkinesie; hyperkinetisch: Bewegungsüberschuß, Extrabewegungen; unwillkürliche Extrabewegungen zeigend
Hypermetrie; hypermetrisch: Bewegungsübermaß; übers Ziel hinausschießend
Hypokinesie; hypokinetisch: Bewegungsverminderung; verarmte Bewegungen zeigend, sich wenig bewegend
Hypothese; hypothetisch: unbewiesene Annahme; nur auf Vermutung beruhend
Identität: die als 'Selbst' erlebte innere Einheit der Person
Indikator; Indikation: Merkmal, Hinweis; Heilanzeige
Individuation: Reifungsprozeß des Ich, Selbstwerdung
Informationstheorie: Theorie der elektronischen Nachrichtenübermittlung
Inkoordination (syn.: Dyskoordination): Koordinationsstörung
Innervation; Innervationsschemata: 'Benervung'; Pläne oder Muster der Reizleitung
Input: 'Zugeführtes', Eingabe von Daten und Informationen
Instabilität: Unbeständigkeit, Unsicherheit
Insuffizienz: Unzulänglichkeit, Schwäche
Interaktion: zwischenmenschliche Wechselbeziehungen, anregende Aktivitäten und Aktionen
interdisziplinär: mehrere Fachgebiete umfassend
Interrater-Konsistenz: Zusammenhang zwischen den Ergebnissen mehrerer Beobachter
Intervention; intervenieren: Vermittlung, Einmischung; sich einmischen
Intuition: unreflektiertes Erkennen des Wesentlichen
Item: Einzelelement, einzeln aufgeführter Bestandteil
Kapazität: Fassungs- oder Leistungsvermögen
Kategorie; kategorisieren: Klasse, Gattung; etwas nach Klassen einordnen
Kinästhesie; kinästhetisch: Bewegungsempfindung; die Bewegungsempfindung betreffend
Kinderneurologie: Nervenheilkunde für das Kindesalter
Kinesie; kinetisch: Bewegungslehre (auch: Kinetik); bewegend
Koeffizient: statistisches Maß für den Grad von Beziehungen (z. B. Korrelationskoeffizienz)
Kognition; kognitiv: Erkenntnis; geistige Prozesse betreffend
Kombinationsmotorik: Verbindung mehrerer Bewegungsmuster
Kommunikation: Verständigung im zwischenmenschlichen Verkehr
Kompensation; kompensieren: Ausgleich; ausgleichen
Kompetenz: Fähigkeit, Zuständigkeit
komplementär: sich gegenseitig ergänzend
Komplexität; komplex: Vielschichtigkeit; umfassend, vielschichtig
konkret: anschaulich, gegenständlich
Konstruktvalidierung: Untersuchung der inhaltlichen Gültigkeit eines Tests über hypothetische Merkmale
Kontext: Zusammenhang
Konzeption; konzipieren: Grundvorstellung, Entwurf; entwerfen
Kooperation; kooperieren: Zusammenarbeit; zusammenarbeiten
Koordinaten: senkrechte und waagerechte Linien im dreidimensionalen Raum
Koordination: Zusammenwirken von Nerven und Muskeln, aber auch der Sinnesorgane bei einer Bewegung
Körperschema: schematisches Struktur- und Funktionsbild vom eigenen Körper
Korrelation: Wechselwirkung
kortikal: von der Hirnrinde ausgehend

Kreativität: schöpferische Gestaltungsfähigkeit
Kriterium: Unterscheidungsmerkmal
kurativ: heilend
Kybernetik: Lehre von den technischen und biologischen Steuerungs- und Regelungsvorgängen
Lernmedien: beim Lernen verwendete Mittel
manuel: mit der Hand ausgeführt
mehrdimensional: durch verschiedene Ausmaße oder Vorgehensweisen gekennzeichnet
Methodik: planmäßige Unterrichtsgestaltung
Metrum; metrisch: Takt; taktmäßig
Modalität: Art und Weise
Modifikation: Abwandlung, Veränderung
Monitor: Kontrollbildschirm
Motilität: Gesamtheit der unwillkürlichen Bewegungsäußerungen
Motiv; Motivation: Beweggrund; Summe der Beweggründe zum menschlichen Handeln
Motodiagnostik: Bewegungserkennung, Feststellen und Klassifizieren von Bewegungsmerkmalen
Motologie: Lehre von der menschlichen Bewegung
Motometrie: Bewegungsermessung durch normierte Testverfahren
Motopädagogik: Bewegungserziehung
Motopädie; Motopäde: Bewegungslehre für das Kindesalter; Bewegungsfachmann für das Kindesalter
Motopathologie: Lehre von den Bewegungsstörungen
Motorik; motorisch: das Gesamt der menschlichen Bewegung; selbstbewegend
Motoskopie: Bewegungsbeobachtung, optische Bewegungsuntersuchung
Mototherapie: Bewegungsbehandlung
multipel: vielfältig
Neurologie: Wissenschaft vom Aufbau und der Funktion des Nervensystems
Neurophysiologie: Funktionslehre des Nervensystems
Normierung: Festsetzung von altersbezogenen Leistungsnormen für einen Test
Objektivität: Testkriterium, welches besagt, daß mehrere Untersucher zu gleichen Ergebnissen kommen müssen
operational: auf eine Handlung bezogen, handlungsmäßig
Output: 'Ausstoß', Abgabe von Daten aus einem Computer
Perzeption: Wahrnehmung
Phänomen; phänomenologisch: Erscheinung; von der Erscheinung ausgehend
Polio-Lähmung (Poliomyelitis): spinale Kinderlähmung
postulieren: etwas noch nicht Bewiesenes als These aufstellen
pragmatisch: sachbezogen
Prävention; präventiv: Vorbeugung; vorbeugend, verhütend
Primärmotivation: unmittelbares Motiviertsein für eine Tätigkeit
Primarstufe: Grundschulbereich
Proband: Versuchsperson, Testperson
Profilinterpretation: graphische Darstellung unterschiedlicher Untertestergebnisse
Prognose: Vorhersage
Prozentrang: skalenmäßige Angabe, wieviel Prozent einer Altersgruppe unterhalb einer erreichten Maßzahl liegen
psychisch: seelisch
psychometrisch: auf quantitativen psychologischen Meßmethoden aufbauend
Psychomotorik: unter affektiven und kognitiven Aspekten betrachtete Bewegungsvorgänge
psychopathologisch: seelisch gestört, seelisch krankhaft
psychosomatisch: körperlich-seelische Beziehungen betreffend
Psychotechnik: psychologische Testmethoden zur Klärung der Berufseignung
Pubertät: Zeit der Geschlechtsreifung
qualitativ: die Güte (Qualität) betreffend
quantitativ: die Menge (Quantität) betreffend
rational: verstandesmäßig, vernünftig
Reflex; reflektorisch: unmittelbar auftretende Reaktion auf einen Reiz; durch einen Reflex bedingt
Reflexion; reflektieren: Überlegung; über etwas nachdenken
Rehabilitation; rehabilitieren: Maßnahmen zur Wiedereingliederung in die Gesellschaft; wieder eingliedern
Reliabilität: Zuverlässigkeit, statistisch ermittelter Genauigkeitsgrad eines Tests
Retardierung, retardiert: Verlangsamung; zurückgeblieben
Retest: Testwiederholung
Revision: Wiederdurchsicht, Nachprüfung
Rezeption; rezeptiv: Aufnahme, Empfang; aufnehmend
Rückkoppelung (syn.: Feedback): Rückmeldung in einem Regelkreis

Screening(-Test): Ausleseverfahren durch Reihenuntersuchung
Segment; segmental: Abschnitt, Einzelglied; aus Segmenten zusammengesetzt
Seitendifferenz: Seitenunterschied
Sekundarstufe: Hauptschulbereich
Selektion: Auslese, Auswahl
Sensomotorik (auch Sensumotorik): unter dem Aspekt der Sinnesreaktionen in Form einer Wahrnehmungs-Handlungs-Einheit betrachtetes Bewegungsgeschehen
Sequenz: Aufeinanderfolge, Serie, Reihe
Signifikanz; signifikant: statistische Bezeichnung für bedeutungsvolle, überzufällige Beziehungen; bedeutsam
Situation; situativ: Gesamtheit der äußeren Bedingungen; durch die jeweilige Situation bedingt
skurril: sonderbar
somatisch: körperlich
Sonderpädagogik: Erziehung auffälliger, gestörter und behinderter Kinder
Sozialisation: Prozeß des Aufbaus sozialer Beziehungen sowie der Annahme gesellschaftlicher Normen
Spastik; spastisch: muskuläre Verkrampfung; krampfhaft, verkrampft
Standardisierung: statistisches Vorgehen der Vereinheitlichung nach bestimmten Normen (vgl. Normierung)
Statistik: wissenschaftliche Methode der mathematischen Erfassung von Massenerscheinungen
Strukturierung; strukturieren: Aufbau, innere Gliederung; etwas gliedern
Subcortex, subkortal: Gebiet unterhalb der Hirnrinde; unterhalb des Cortex liegend
Symbol; symbolisieren: Zeichen oder Wort zur stellvertretenden *Symbol; symbolisieren*: Zeichen oder Wort zur stellvertretenden Darstellung eines Gegenstandes, Sachverhaltes oder Vorganges; sinnbildlich darstellen
Symptom: (Krankheits-)Kennzeichen, Merkmal
Syndrom: charakteristisches Zusammentreffen von Krankheitsmerkmalen, Symptomenbündel
taktil: tastmäßig, den Tastsinn betreffend
Team: Arbeitsgemeinschaft, Mannschaft
Terminus: Begriff, Fachausdruck
Testgütekriterien: Objektivität, Zuverlässigkeit und Gültigkeit eines Tests
Therapieindikation: Anzeige für die Durchführung einer Therapie
Transparenz; transparent: Durchsichtigkeit; durchscheinend
Valenz: Wertigkeit
Validität: Gültigkeit
Variable: veränderliche Größe
verbal; verbalisieren: wörtlich, mündlich; sprachlich ausdrücken
Verhaltenstherapie: psychologische Behandlungsmethode mit dem Ziel der Verhaltensänderung
Verifizierung (syn.: Verifikation): Bewahrheitung einer Annahme
Vestibularapparat: Gleichgewichtsorgan im Innenohr
Vorpubertät: Zeit vor der Geschlechtsreife
Wahrnehmungsmuster: strukturell gleiche Wahrnehmungseindrücke
Zäsur: Einschnitt
Zyklus; zyklisch: periodisch ablaufendes Geschehen; regelmäßig wiederkehrend

Neue Literatur zur Motopädagogik

AKTIONSKREIS PSYCHOMOTORIK, (Hrsg.): Motopädagogik. Materialien zur Vor- und Nachbereitung der Lehrgänge zur Zusatzqualifikation (Sammelmappe mit Lehrbriefen). Geschäftsstelle, Kleiner Schratweg 36, 4920 Lemgo 1

BAEDKE, D.: Zur Situation der Psychomotorischen Erziehung. Motorik 4, 1979, 137 - 143

BIELEFELD, J.: Sportunterricht und/oder Motopädagogik? Motorik 1, 1987, 30 - 40

BOUACHBA/GÖBEL/PANTEN: Psychomotorik – Einführung in die Motodiagnostik. Video-Kassette und Begleitheft. München: Pflaum 1985

CHEREK, R.: Babyschwimmen als Entwicklungsanregung bei unbehinderten und behinderten Kindern. Motorik 4, 1981, 150 - 159

CLAUSS, A. (Hrsg.): Förderung entwicklungsgefährdeter und behinderter Heranwachsender. Erlangen: perimed 1981

DECKER, R.: Psychomotorische Erziehung im Vor- und Grundschulalter. Motorik 1, 1980, 17 - 23

ECKMANN, T.: Motopädagogische Interventionsformen bei körperbehinderten Kindern zur Förderung ihrer Identität. Motorik 3, 1986, 85 - 92

EGGERT, D. (Hrsg.): Psychomotorisches Training. Weinheim: Beltz 1975
EGGERT, D. und RATSCHINSKI, G.: Interventionsorientierte Diagnostik psychomotorischer Basisfaktoren bei lern- und entwicklungsgestörten Kindern. Motorik 1, 1984, 3 - 13
EGGERT, D. und KIPHARD, E. J. (Hrsg.): Die Bedeutung der Motorik für die Entwicklung normaler und behinderter Kinder. Schorndorf 1980
FRÖHLICH, A.: Möglichkeiten der Psychomotorik mit schwerstbehinderten Kindern. Praxis der Psychomotorik 1, 1984, 23 - 26
FROSTIG, M.: Bewegungserziehung. Neue Wege in der Heilpädagogik. München/Basel: Reinhardt 1985
FROSTIG, M.: Grundlagen der Bewegungserziehung. Praxis der Psychomotorik 2, 1980, 47 - 55
FROSTIG, M.: Der humanistische Gesichtspunkt in der Bewegungserziehung. Motorik 1, 1984, 20 - 27
FUNKE, J.: Psychomotorik in der Schule. Motorik 4, 1988, 119 - 128
GÖBEL, H.; JAROSCH, B. und PANTEN, D.: Das Airtramp in der psychomotorischen Therapie. Praxis der Psychomotorik 3, 1987, 99 - 104
HÖLTER, G.: Balancieren ist nicht immer genug. Motorik 4, 1984, 167 - 171
HÖLTER, G.: Mototherapie und Sporttherapie. Plädoyer für ein Rendezvous. Motorik 1, 1985, 1 - 2
HÖSS, H. und WOLF, G. (Hrsg.): Psychomotorische Förderung geistig Behinderter. Stuttgart: Wittwer 1982
HORN, A.: Sensomotorische und psychomotorische Förderung autistischer Kinder. Praxis der Psychomotorik 5, 1983 und 1, 1984
HÜNNEKENS, H. und KIPHARD, E. J.: Bewegung heilt. Psychomotorische Übungsbehandlung bei entwicklungsrückständigen Kindern. Gütersloh: Flöttmann 1985
INNENMOSER, J.: Schwimmspaß für Behinderte. Ein Leitfaden für Behinderte, Eltern und Betreuer. Bockenem: Fahnamann 1983
IRMISCHER, T.: Motopädagogik bei geistig Behinderten. Schorndorf: Hofmann 1980
IRMISCHER/FISCHER (Red.): Psychomotorik in der Entwicklung. Band 8, Reihe Motorik. Schorndorf: Hofmann 1989
JETTER, K.: Dialektisch-materialistische Aspekte der Theoriebildung zur Psychomotorik. In BAUSS, R. und ROTH, K. (Hrsg.): Motorische Entwicklung. Darmstadt: ISSW 1977, S. 378 - 382
KEMPER, F. J.: Motorik und Sozialisation. Bad Homburg: Limpert 1982
KESSELMANN, G.: Therapeutisch-orientierte Bewegungserziehung im Rahmen einer kinder- und jugendpsychiatrischen Betreuung. Motorik 2, 1984, 74 - 85
KIPHARD, E. J.: Unser Kind ist ungeschickt. München/Basel: Reinhardt 1989
KIPHARD, E. J.: Psychomotorik als Prävention und Rehabilitation. Gütersloh: Flöttmann 1979
KIPHARD, E. J.: Psychomotorik - Motopädagogik - Mototherapie. Fragen der Gegenstandsbestimmung und Abgrenzung. Motorik 2, 1984, 49 - 51
KIPHARD, E. J.: Präventive und rehabilitative Motopädagogik bei alten Menschen. Praxis der Psychomotorik 4, 1983, 125 - 130
KIPHARD, E. J.; MIEDZINSKI, K. und PRENNER, K.: Psychomotorische Förderung im Verein. Motorik 4, 1983, 158 - 163
KIPHARD, E. J. und LEGER, A.: Psychomotorische Elementarerziehung. Ein Bildbericht. Gütersloh: Flöttmann 1986
KIPHARD, E. J. und HUPPERTZ, H.: Erziehung durch Bewegung. Dortmund: verlag modernes lernen 1987
KIPHARD, E. J.: Das Problem der Hyperaktivität aus motopädagogischer Sicht. Motorik 1, 1988, 2 - 9
KIPHARD. E. J.: Bewegungsauffälligkeiten bei Kindern. Aktionskreis Psychomotorik, Kleiner Schratweg 32, 4920 Lemgo 1988
KIPHARD, E. J.: Psychomotorik in Praxis und Theorie. Gütersloh: Flöttmann 1989
KNAB, E. (Hrsg.): Motopädagogik in der Heimerziehung. Frankfurt/Bern: Lang 1984
KÖHLER, W.: Psychomotorik mit stotternden Jugendlichen. Praxis der Psychomotorik 4, 1983, 151 - 155
KRUG, F. K.: Die Bedeutung der Motologie im Arbeitsbereich Schule für Sehbehinderte. Motorik 4, 1985, 141 - 148
KUNTZ, S.; GRUNDWALD, V.; IRMISCHER, T. und FISCHER, K.: Motopädagogik für pädagogische Fachkräfte der Jugend- und Behindertenhilfe in Hessen. Motorik 3, 1982, 93 - 105
KUSCH, G.: Psychomotorische Übungen im Wasser. Praxis der Psychomotorik 4, 1983, 144 - 148
LINN/HOLTZ: Übungsbehandlung bei psychomotorischen Entwicklungsstörungen. München/Basel: Reinhardt 1987

LORY, P.: Psychomotorische Therapie im Rahmen der Kinder-Psychotherapie. Praxis der Psychomotorik 3, 1982, 81 - 87

LUTTER, H. und RÖTHIG, P. (Red.): Das leistungsschwache Kind im Schulsport. Schorndorf: Hofmann 1983

MATTNER, D.: Angewandte Motologie als ganzheitliche Therapie. Motorik 2, 1985, 67 - 72

MATTNER, D.: Zum Problem der Ganzheitlichkeit innerhalb der Motologie. Motorik 1, 1987, 19 - 29

MERTENS, K.: Die psychomotorische Erziehung im Kindes- und Jugendalter. Heidelberg: Schindele 1981

MERTENS, K.: Lernprogramm zur Wahrnehmungsförderung. Dortmund: verlag modernes lernen 1983

MERTENS, K.: Körperwahrnehmung und Körpergeschick. Dortmund: verlag modernes lernen 1986

MERTENS, K.: Motopädagogik und Sportpädagogik im Konsens? Praxis der Psychomotorik 4, 1984, 121 - 129

MIEDZINSKI, K.: Die Bewegungsbaustelle. Dortmund: verlag modernes lernen 1987

NEUHÄUSER, G.: Mototherapie im Spannungsfeld zwischen Physiotherapie und Psychotherapie. Motorik 2, 1985, 41 - 42

OLBRICH, I.: Auditive Wahrnehmung und Sprache. Band 6, Psychomotorische Entwicklungsförderung. Dortmund: verlag modernes lernen 1989

ORLICK, T.: Kooperative Spiele. Weinheim: Beltz 1982

PANTEN, D.: Kritische Betrachtungen zur Effizienz psychomotorischer Therapie. Motorik 4, 1980, 153 - 157

PRECHTL, S.: Kommt der Aspekt des subjektiven Bewegungserlebens in der Theorie der Motopädagogik zu kurz? Motorik 4, 1986, 120 - 126

RADIGK, W.: Motodiagnostik mit Hilfe von Fernsehaufzeichnungen. Praxis der Psychomotorik 3, 1981, 65 - 71

RADIGK, W.: Kognitive Entwicklung und zerebrale Dysfunktion. Dortmund: verlag modernes lernen 1986

RIEDER, H.; BUTTENDORF, T. und HÖSS, H. (Hrsg.): Förderung der Motorik geistig Behinderter. Berlin: Marhold 1981

ROOB, I.: Motorische Adaptionsleistungen bei geistig behinderten Kindern. Weinheim: Beltz 1980

RUDOLF, H.: Psychomotorische Entwicklung als affekt-dynamischer Prozeß. Motorik 3, 1981, 90 - 94

RUDOLF, H.: Graphomotorische Testbatterie. Manual. Weinheim: Beltz 1986

SCHICK, E.-M.: Zur Bewegungserziehung in der Familie. Schorndorf: Hofmann 1983

SCHILLING, F.: Ansätze zu einer Konzeption der Mototherapie. Motorik 2, 1986, 49 - 67

SCHILLING, F.: Mototherapie vorerst nicht verordnungsfähig. Motorik 3, 1984, 101 - 102

SCHILLING, F.: Die Psychomotorik läuft Gefahr, nur Aushängeschild zu werden. Motorik 2, 1982, 57 - 58

SCHILLING, F. und KIPHARD, E. J.: Zur Ganzheitlichkeit in der Motologie. Motorik 2, 1987, 53 - 55

SCHULKE-VANDRE, J.: Grundlagen der psychomotorischen Erziehung. Köln: Pahl-Rugenstein 1982

SINNHUBER, H.: Spielmaterial zur Entwicklungsförderung. Dortmund: verlag modernes lernen 1978

SINNHUBER, H.: Optische Wahrnehmung und Handgeschick. Übungsanleitungen. Dortmund: verlag modernes lernen 1983

STEHN, M. und EGGERT, D.: „Ganzheitlichkeit" zur Verwendung gestalt- und ganzheitspsychologischer Konzepte in der Psychomotorik. Motorik 1, 1987, 4 - 18

TEUFEL, G.: Der Einsatz psychomotorischer Übungsmaterialien in der Sonderschule für Praktisch-Bildbare (geistig Behinderte). Praxis der Psychomotorik 2, 1982, 59 - 65

TRESS/TRESS/MÖLLER: Soziale Kommunikation und Integration. Band 7, Psychomotorische Entwicklungsförderung. Dortmund: verlag modernes lernen 1990

VOLKAMER, M. und ZIMMER, R.: Kinderzentrierte Mototherapie. Motorik 2, 1986, 49 - 58

WASMUND-BODENSTEDT, U.: Die tägliche Bewegungszeit in der Grundschule. Schorndorf: Hofmann 1984

ZIMMER, R. und VOLKAMER, M.: MOT 4 bis 6. Motoriktest für vier- bis sechsjährige Kinder. Manual. Weinheim: Beltz 1984

ZIMMER, R.: Motopädagogik als Erziehungsprinzip im Kindergarten. Motorik 3, 1985, 81 - 82

ZIMMER, R.: Sport und Spiel im Kindergarten. Stuttgart 1980

ZIMMER, R.: Motorik und Persönlichkeitsentwicklung bei Kindern im Vorschulalter. Schorndorf: Hofmann 1981

ZIMMER/CICURS: Psychomotorik. Neue Ansätze im Sportförderunterricht und Sonderturnen. Schorndorf: Hofmann 1987

ZIMMER, R.: Kreative Bewegungsspiele. Psychomotorische Förderung im Kindergarten. Freiburg/Basel/Wien: Herder 1989